中国城市社会史名篇精读

常建华　主编

序

以城市化为标志的现代化，使得城市生活方式成为具有现代性的普遍选择。然而，中国现代城市生活并非完全是现代化的产物，一定程度上也可视为是传统社会城市生活的延续与更新。汉唐时代的长安、洛阳，宋以后的苏州、杭州，明清北京、南京等，都以都市繁华闻名于世，近代沿海商埠上海、天津的崛起，属于对外开放与发展工商的产物，具有近代城市的明显特色。了解中国城市的前世，有利于认识中国城市的今生。

为此，我们编选了有关中国城市史的六篇名作，以方便学生从事城市史的学研以及社会人士阅读。其中包括三位中国学者和三位美日学者的研究成果，既注重断代性的整体论述，如对宋、清城市研究的选文即是；也注重单体城市社会的研究，如长安、苏州、天津的研究成果。特别是中国城市史研究的先驱、著名历史学家、美国学者牟复礼有关苏州的论文，是首次译成中文，相信读者会有很大兴趣。

秦汉史、社会史专家王子今教授的《西汉长安的公共空间》讨论城市空间问题，这也是城市史研究的核心问题之一。北京师范大学徐畅副教授的导读信息量较大，不仅讨论西汉长安的自然空间，也讨论了社会空间，对于学术界的争论予以介绍，将读者带到学术研究的前沿。除了直接分析王子今教授收入本书的论文外，也介绍了他的相关论文，有助于进一步认识王子今教授的研究。徐畅对于王文结构的介绍，言简意赅，往往抓住关键例证说明，给人以深刻印象。

日本中央大学妹尾达彦教授是唐代城市社会史研究的国际著名学者，他对都市史的探讨是从对城市空间结构的研究开始的。妹尾教

授《唐代后期的长安与传奇小说——以〈李娃传〉的分析为中心》一文，通过长安城市结构的变化的论述，指出长安城的街东与街西生活面貌与文化形象迥异，特别呈现出当时的平民文化。夏炎教授的导读归纳了妹尾达彦教授城市社会史的研究范式为“结构—社会”的模式，并指出妹尾教授从《李娃传》男主人公的视角发现人物在不同空间之间的移动，赋予传统史料以新的生命。

包伟民教授所著《宋代城市研究》是宋代城市研究的力作，我们选择其中的“发展瓶颈”部分介绍给读者。广东社科院历史研究所宋史学者杨芹博士与周鑫副研究员的导读首先介绍了全书，指出该书是作者“唐宋城市研究学术史批判”之后，以更为全面、更为综合的视角来观察和阐述两宋时期城市的发展历程。作者不仅对于宋代“城市革命”“城市化”等理论进行反思，而且通过睿智而仔细的学术考证，纠正了以往似是而非的诸多说法，有助于更加真实地认识宋代城市。本文“导读”认为，“第八章《发展瓶颈》是全书最能体现其自觉批判思维、多元观察视角与娴熟历史学技艺的一章。”故而，推荐给大家一同欣赏。

施坚雅教授主编的《中华帝国晚期的城市》一书，在中国广为人知，该书收入牟复礼教授《元末明初时期南京的变迁》一文。此外，牟复礼还对苏州城市史有精深的研究，1973 年发表于荷兰《莱斯大学学报》的《中国城市史一千年：苏州城的形态、时间和空间观念》一文，与牟氏研究南京的文章堪称中国城市史研究的双璧。该文长期没有中文译本，中文学者往往仅能从西方学者的评述中略窥一二。本书将该文译出并加以导读，不仅有益于国内苏州城市史研究，而且可使我们系统认识牟氏关于中国城市的整体思想。“导读”准确地抓住了牟文的特色，一是作者从比较文化的视野看待中国城市，发现中国城市不同于西方城市以及城市理论的特色，二是作者提出中国城市“城乡连续统一体”的概念。“导读”不仅为此提炼了牟文的主旨与卓见，而且从学术史的角度予以解读。特别是关于“城乡连续统一体”理论与苏州城市史的研究，既追述了牟复礼最早在研究南京的论文中提出的

“城乡连续统一体”的问题，又介绍了后来西方学者徐亦农《时空中的中国城市：苏州城市形态的发展》这一重要论文和牟文理论与苏州研究的关联，也介绍了中国学者相关苏州城市史的研究。不仅如此，“导读”对于牟复礼城市史研究与施坚雅城市史研究关系的探讨，将读者带入到城市社会史的学术史。最后，“导读”还评论了西方有关苏州城市史研究的最新成果——美国学者柯必德的《天堂与现代性之间：建设苏州（1895—1937）》一书。阅读“导读”，不仅有助于读者理解牟文，而且可以使读者进入国际城市社会史与苏州城市社会史研究的学术前沿。“导读”出自城市史研究专家、苏州科技大学张笑川教授与合作者之手，评论十分到位。

郭松义先生《农民进城和我国早期城市化——历史的追索与思考》一文从城市发展和劳动力需求的角度，对明清城市史的研究作了新的尝试。郭先生认为，明清时期出现的农村人口大量流向城市，特别是往中心城市集中，可以视为早期城市化。我的“导读”介绍了郭先生的相关研究成果，有助于读者联系郭先生对于清代北京以及其他城市的研究；同时补充了与郭先生原文密切相关的学术成果，以深化对于郭先生原文的认识。

贺萧（Gail Hershatter）是美国加州大学圣克鲁兹分校历史学特聘教授，美国亚洲研究协会前主席（2011—2012）。主要从事1800年至今妇女和中国革命历史的研究和写作。她的成名作《天津工人，1900—1949》由美国斯坦福大学出版社1986年出版，2016年天津人民出版社首次推出中译本。贺萧的研究，受到了新劳工史理论的重要开拓者汤普森《英国工人阶级的形成》的深刻影响。汤普森主张从工人生活史当中寻找工人阶级形成的线索，着力于探讨英国工匠在进入工业资本形成时期所特有的思维方式、惯习以及联合的模式。贺萧在《天津工人，1900—1949》，特别是第七章《大鼓书与鬼市：工人阶层的生活方式》，尤其体现出由生活探讨工人阶层的特色，从而也将读者带入天津的城市社会与城市生活。“导读”很好地从汤普森《英国工人阶级的形成》的强大学术影响导入美国关于中国的新劳工史研究，显

示出贺萧《天津工人,1900—1949》研究的学术背景与理论资源。在准确介绍贺萧关于工人研究的关注外,还特地从城市史的视野加以导读,引导读者对于贺萧这部经典的新理解。不仅如此,“导读”还介绍了相关的天津城市工人研究,以便读者把握研究现状,了解后续研究对于贺萧研究的突破与发展。“导读”的论述涉及近代上海的城市研究,有助于认识近代中国城市社会、生活研究的整体把握。“导读”作者、苏州科技大学许哲娜,原是天津社科院历史所副研究员,对天津近代城市史颇有研究,又恰是贺萧原著的中文译者,她对于原著有准确把握就再自然不过了。

最后,衷心感谢本书所选论文原作者慨然允诺授权出版,衷心感谢撰写导读各位学者的精心之作!

常建华

2020年1月于津门

目录

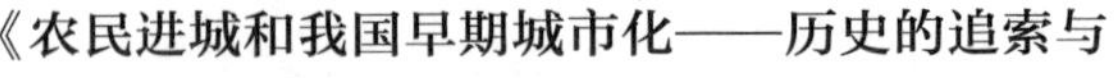

西汉长安的公共空间

王子今

西汉长安有公众活动利用都市空间的记载。都市结构服务普通居民的若干要素开始初步具备。都市社会生活实现了历史的进步。然而正如有的学者所指出的,"西汉长安城内,宫室、宗庙和官署占全城面积三分之二以上",规模巨大的"皇宫、宗庙、官署、附属机构以及达官贵人、诸侯王、列侯、郡主的邸第,占据了长安城的绝大部分"。①汉长安城内面向普通民众的公共空间因而相对有限。西汉长安因宫殿区的规模宏大,使得都市功能的全面实现不得不以诸陵邑作为必要的补充。

东汉洛阳则已经有更为充裕的公众活动场所。较多人数的集会具有了基本条件。比较西汉长安和东汉洛阳的城市结构,公共空间的规模有显著的区别。城市史的这一具有进步意义的变化,也体现了汉代都市社会构成和社会生活的若干历史特征。

阙:标志性建筑与公众集会场地

萧何初建长安城,曾经和刘邦发生关于都市规划理念的争执。《史记》卷八《高祖本纪》记载:

---

① 杨宽:《中国古代都城制度史研究》,上海:上海人民出版社,2003年,第110、112页。贺业钜在《中国古代城市规划史》中也指出,"(西汉长安)庞大的宫殿区""配合府库、官署和府第等,规划用地之多,几占全城总面积的三分之二。不仅如此,而且又在毗邻未央宫的西城垣外,营建了'千门万户'的宏伟壮丽的建章宫,并通过跨越西城垣的复道与城内诸宫连成一片,进一步显现了宫廷区在全城规划中的庞大分量"。北京:中国建筑工业出版社,1996年,第323—324页。

萧丞相营作未央宫，立东阙、北阙、前殿、武库、太仓。高祖还，见宫阙壮甚，怒，谓萧何曰："天下匈匈苦战数岁，成败未可知，是何治宫室过度也？"萧何曰："天下方未定，故可因遂就宫室。且夫天子四海为家，非壮丽无以重威，且无令后世有以加也。"①高祖乃说。

关于未央宫建设工程，首先说到"立东阙、北阙"，甚至置于未央宫"前殿"之前，可知"阙"在宫殿区规划中的重要性。张守节《正义》："颜师古云：'未央殿虽南向，而当上书奏事谒见之徒皆诣北阙，公车司马亦在北焉。是则以北阙为正门，而又有东门、东阙，至于西南两面，无门阙矣。萧何初立未央宫，以厌胜之术理宜然乎？'按：北阙为正者，盖象秦作前殿，渡渭水属之咸阳，以象天极阁道绝汉抵营室。"

秦都咸阳的建设，曾经首先注重"阙"的修筑。《史记》卷五《秦本纪》："（孝公）十二年，作为咸阳，筑冀阙。"张守节《正义》："刘伯庄云：'冀犹记事，阙即象魏也。'"卷六八《商君列传》："作为筑冀阙宫庭于咸阳，秦自雍徙都之。"司马贞《索隐》："冀阙，即魏阙也。冀，记也。记列教令当于此门阙。"《商君列传》又记载赵良和商鞅有关"治秦"行政的讨论。商鞅自谓："大筑冀阙，营如鲁卫矣。子观我治秦也，孰与五羖大夫贤？"赵良则批评道："相秦不以百姓为事，而大筑冀阙，非所以为功也。"双方都重视"大筑冀阙"事。阙，是宫殿标志性建筑。西汉宫阙基于"天子四海为家，非壮丽无以重威"的考虑，又为了容留"上书奏事谒见之徒"，前面应有较宽阔场地，应是汉长安城值得重视的公共空间。正如有的学者所指出的，"人们从外地要进入未央宫，多数还是从宣平门或横门入城，经横门大街南下进未央宫北阙，或者再经安门大街南下进未央宫东阙"。②

《商君列传》司马贞《索隐》所谓"记列教令当于此门阙"，指出宫阙是公布政令的地方。而西汉长安发生的有意扩大政治影响的公众

① 实际上所谓"无令后世有以加也"的设想，并没有阻挡汉武帝时代宫殿的扩建，建章宫甚至超越了汉初的长安城区。但是汉长安城的建设确实超越前代，其许多特点"也是以后所少见的"。刘致平：《中国居住建筑简史——城市 · 住宅 · 园林》，北京：中国建筑工业出版社，2000 年，第 18 页。

② 杨宽：《中国古代都城制度史研究》，上海：上海人民出版社，2003 年，第 114 页。

集会，也因同样思路，专意利用了“阙”前空间。《汉书》卷七二《鲍宣传》记载了汉哀帝时代发生的一次太学生运动：

> 丞相孔光四时行园陵，官属以令行驰道中，(鲍)宣出逢之，使吏钩止丞相掾史，没入其车马。摧辱宰相，事下御史[①]，中丞侍御史至司隶官，欲捕从事，闭门不肯内。宣坐距闭使者，亡人臣礼，大不敬，不道，下廷尉狱。博士弟子济南王咸举幡太学下，曰：“欲救鲍司隶者会此下。”诸生会者千余人。[②] 朝日，遮丞相孔光自言，丞相车不得行，又守阙上书。上遂抵宣罪减死一等，髡钳。[③]

这次集会，是以“守阙上书”的形式进行的。[④] 阙前的场地，可以容纳“诸生会者千余人”。

有学者在讨论汉长安城“城市分区规划”时指出，“汉长安城也和渭北咸阳故城一样，实系由以宫为主之政治活动中心和以市为主之经济活动中心两个综合区(规划结构单元)所组成”。[⑤] “阙”是宫廷的显著标志，也是这两个“综合区(规划结构单元)”的标志性界点。

《汉书》卷六六《刘屈氂传》记载了汉武帝征和二年(前91)“巫蛊之祸”情景，说太子刘据“殴四市人凡数万众，至长乐西阙下，逢丞相军，合战五日，死者数万人”。中国古代罕见的正规军镇压都城市众的政治事件中最惨烈的决战，就发生在长乐宫“西阙下”。这可能与刘据举事得到卫皇后赞许，所控制的基本武装是“长乐宫卫”有关。[⑥] 而

① 中华书局标点本作“没入其车马，摧辱宰相。事下御史……”，文义不通。

② 《山堂肆考》卷一〇六“举幡救鲍宣”条：“汉司隶校尉鲍宣，字子都，以摧辱宰相下廷尉。博士弟子王成举幡太学下，曰：‘欲救鲍司隶者会此。’诸生会者千余人。”“王成”应是“王咸”误写。

③ 《前汉纪》卷二九关于太学诸生请愿具体情节的记载，文字表述略有不同：“博士弟子济南王咸等，举幡太学下，曰：‘欲救鲍司隶者立此幡下。’会者千余人，守阙上书，遂免宣抵罪减死一等。”

④ 参看王子今《西汉长安的太学生运动》，《唐都学刊》2008年6期。

⑤ 贺业钜：《中国古代城市规划史》，北京：中国建筑工业出版社，1996年，第324页。

⑥ 《汉书》卷六三《武五子传·戾太子刘据》：“太子使舍人无且持节夜入未央宫殿长秋门，因长御倚华具白皇后，发中厩车载射士，出武库兵，发长乐宫卫，告令百官曰江充反。乃斩充以徇，炙胡巫上林中。遂部宾客为将率，与丞相刘屈氂等战。长安中扰乱。”颜师古注：“中厩，皇后车马所在也。”

"长乐西阙下"能够成为会战战场,自然应当有相对广阔的对阵空间。

九年之后,汉昭帝始元五年(前 82),一位自称卫太子刘据的可疑男子突然出现。《汉书》卷七一《隽不疑传》:

> 始元五年,有一男子乘黄犊车,建黄旐,衣黄襜褕,著黄冒,诣北阙,自谓卫太子。公车以闻,诏使公卿将军中二千石杂识视。长安中吏民聚观者数万人。右将军勒兵阙下,以备非常。

这是"北阙"前可以集会"数万人"的史例。而假冒的"卫太子""诣北阙",又有"长安中吏民聚观者数万人"。城市公众行为动辄有多达"数万众""数万人"集中的记载,也可以为我们推算长安户口数字,认识长安社会生活提供某种参考。而对于"阙"在都市建筑体系中的特殊作用,也因此可以加深理解。

汉宣帝五凤二年(前 56),"三月辛丑,鸾凤又集长乐宫东阙中树上,飞下止地,文章五色,留十余刻,吏民并观"。[①] 也是一则类似的阙下"吏民聚观"的记载,只是没有人数的估计。不过,这样的故事告诉我们,"阙",是西汉长安社会公众可以自由聚合的场所。

太学规模与王莽时代征天下学者的京师学术会议

太学的规模,西汉历代逐步扩大。汉武帝元朔五年(前 124)创建太学。虽然最初的太学规模很有限,只有几位经学博士和五十名博士弟子,但是这一文化雏形,却代表着中国古代教育发展的方向。太学生的数量,汉昭帝时增加到一百人,汉宣帝时增加到二百人,汉元帝时增加到一千人,汉成帝末年,增加到三千人。前说"王咸举幡太学下""诸生会者千余人"事,似说明"太学下"自有集合"千余人"的场地。

① 《汉书》卷八《宣帝纪》。

汉平帝时，太学生已经多达数千人。王莽时代进一步扩建太学，一次就曾经兴造校舍"万区"。①

《汉书》卷九九上《王莽传上》记载元始四年(4)事："是岁，莽奏起明堂、辟雍、灵台，为学者筑舍万区，作市、常满仓，制度甚盛。立《乐经》，益博士员，经各五人。征天下通一艺教授十一人以上，及有逸《礼》、古《书》《毛诗》《周官》《尔雅》、天文、图谶、钟律、月令、兵法、《史篇》文字，通知其意者，皆诣公车。网罗天下异能之士，至者前后千数，皆令记说廷中，将令正乖缪，壹异说云。群臣奏言：'昔周公奉继体之嗣，据上公之尊，然犹七年制度乃定。夫明堂、辟雍，堕废千载莫能兴，今安汉公起于第家，辅翼陛下，四年于兹，功德烂然。公以八月载生魄庚子奉使，朝用书临赋营筑，越若翊辛丑，诸生、庶民大和会，十万众并集，平作二旬，大功毕成。"在按照儒学经典的理想主义规划进行基础设施建设和相关制度建设的同时，也开始注意进行学术层次的建设。李约瑟说，"网罗天下异能之士，至者前后千数"，可以看作在王莽的倡议下召开的"中国历史上第一次科学专家会议"。②

关于这次"科学专家会议"，《汉书》卷一二《平帝纪》关于与会人数有不同的说法："征天下通知逸《经》、古《记》、天文、历算、钟律、小学、《史篇》、方术、《本草》及以《五经》《论语》《孝经》《尔雅》教授者，在所为驾一封轺传，遣诣京师。至者数千人。"言"至者数千人"。而《资治通鉴》卷三六"汉平帝元始四年"取《王莽传》"至者前后千数"说。

这次"会议"参与人即使按照《王莽传》的说法，非"数千"而为"千数"，规模也值得关注。人们自然会联想，这些来自各地的"天下异能之士"是以"皆诣公车""在所为驾一封轺传"的形式集中到长安城中的③，

---

① 《汉书》卷九九上《王莽传上》。

② 李约瑟：《中国科学技术史》第一卷《导论》，王铃协助，袁翰青等译，科学出版社、上海古籍出版社，1990年，第112—113页。

③ 对于"在所为驾一封轺传"，颜师古注："如淳曰：'律，诸当乘传及发驾置传者，皆持尺五寸木传信，封以御史大夫印章。其乘传参封之。参，三也。有期会累封两端，端各两封，凡四封也。乘置驰传五封也，两端各二，中央一也。轺传两马再封之，一马一封也。'师古曰：'以一马驾轺车而乘传。'"李约瑟的理解是"每辆马车上加套第二匹马(作为一种特殊的荣誉标志)"。《中国科学技术史》第一卷《导论》，第113页。

他们的食宿接待以及会议场所等条件，也都应当有相当高的水准。

辟雍：礼学空间的考古探察

我们还注意到，“营筑”“明堂、辟雍”的工程，“诸生、庶民大和会，十万众并集，平作二旬，大功毕成”，也是一次长安人众集合的特殊史例。其形势，可以和长安城市史初期汉惠帝时代“营筑”长安城垣的工程相比。“城长安”工程“三十日罢”①，或称“速罢”②，王莽时代的这一礼制建筑工程“平作二旬，大功毕成”，也可以看作“速罢”，施工管理的效率应当是相当高的。与“城长安”的工程有所不同，“十万众并集”于“明堂、辟雍”有限的工作场地，人员的密集程度是惊人的。

我们可以试探以完工之后的“辟雍”的建筑形制作为局部资料讨论汉长安城公共空间的情形。

从考古发掘获得的关于“辟雍”的遗迹资料看，“圜水沟”内的圆形空间，“其直径东西 368 米、南北 349 米”，总面积约 100 941 平方米。有论著称“总占地面积达 11 万余平方米”。③ 中心建筑“南北通长 42、东西 42.4 米”。除去中心建筑及围墙、四门和四角配房④，空地面积仍有约 98 050 平方米。大致相当于现今北京天安门广场面积的 25.81%，对应当时长安人口总数⑤，规模可以说已经相当可观。只不过，其性质是皇家礼制建筑，而并非民众可以随意集会的社会公共空间。

---

① 《史记》卷九《吕太后本纪》：“三年，方筑长安城，四年就半，五年六年城就。”《汉书》卷二《惠帝纪》：“三年春，发长安六百里内男女十四万六千人城长安，三十日罢。”“（五年）春正月，复发长安六百里内男女十四万五千人城长安，三十日罢。”“九月，长安城成。”《汉书》卷二七中之上《五行志中之上》：“（惠帝五年）先是发民男女十四万六千人城长安，是岁城乃成。”

② 《汉书》卷二《惠帝纪》颜师古注：“郑氏曰：‘城一面，故速罢。’”

③ 刘叙杰主编：《中国古代建筑史》第一卷（原始社会、夏、商、周、秦、汉建筑），北京：中国建筑工业出版社，2003 年，第 430 页。

④ 唐金裕：《西安西郊汉代建筑遗址发掘报告》，《考古学报》1959 年 2 期；中国社会科学院考古研究所编著：《西汉礼制建筑遗址》第九章《大土门遗址》，北京：文物出版社，2003 年，第 197—207 页。

⑤ 《汉书》卷二八上《地理志上》“京兆尹”条：“长安，高帝五年置。惠帝元年初城，六年成。户八万八百，口二十四万六千二百。王莽曰常安。”

然而,比照发生在王莽"营筑""明堂、辟雍"52 年之后,建武中元元年(56)汉明帝即位初于辟雍"亲行其礼"又正坐讲学,回答诸儒提问,"观听者盖亿万计"的情形①,可以推想长安辟雍空间的设计思路,或许也有容纳众多群众的考虑。

长安的"市"与服务业经营

西汉末年太学的扩建,有"为学者筑舍万区"的记载。随后的文字,就是"作市"。长安的"市",自是最为典型的公共空间。对于长安的"市"的位置尚多有争议,然而,以为"市"应当"适应居民需要",临近"居民聚集之区"的分析②,是合理的。

《史记》卷二二《汉兴以来将相名臣年表》:(高皇帝六年)"立大市",(惠帝六年)"立太仓、西市"。《汉书》卷二《惠帝纪》:(惠帝六年)"起长安西市"。有学者指出,长安的东市和西市,与未央宫均营造于西汉初期,"建筑于高祖和惠帝时期,属于统一规划的布局",体现出"面朝后市"的原则。③ 可知"市"的营建,是受到重视的。不过,按照礼制传统规划的"市",管制的严格压抑了经济的自由性。④

汉长安城的"市"的设置,讨论多集中于所谓"九市"的位置。⑤ 也有学者认为,"九市"可能只是约数,长安市场的数量可能会超过"九市"。⑥ 或说汉长安城并非只有"九市",文献中记载的"九市"当指汉

① 《后汉书》卷七九上《儒林列传上》。

② 杨宽:《中国古代都城制度史研究》,上海:上海人民出版社,2003 年,第 117 页。

③ 中国社会科学院考古研究所编著:《中国考古学·秦汉卷》,北京:中国社会科学出版社,2010 年,第 226 页。

④ 傅筑夫指出:"市是城的一部分,城既然是官家根据自身统治的需要有目的有计划地建立起来的,不是自由发展而成的,则城中之市当然也是由官家设立,并且是由官家管理的。"因而不可能"是自治的和自由的"。《中国封建社会经济史》第 2 卷,北京:人民出版社,1982 年,第 128 页。

⑤ 杨宽:《西汉长安布局结构的探讨》,《文博》1984 年创刊号;孟凡人:《汉长安城形制布局中的几个问题》,《汉唐与边疆考古研究》第 1 辑,北京:科学出版社,1994 年;刘运勇:《再论西汉长安布局及其形成原因》,《考古》1992 年 7 期。

⑥ 刘庆柱、李毓芳:《汉长安城的宫城和市里布局形制述论》,《考古学研究——纪念陕西省考古研究所成立三十周年》,西安:三秦出版社,1993 年;刘庆柱:《汉长安城的考古发现及相关问题研究——纪念汉长安城考古工作四十年》,《考古》1996 年 10 期。

长安城九个主要的且有一定规模的市场。①

班固《西都赋》以十分热烈的语调形容长安城区的“市”的繁荣：

> 内则街衢洞达，闾阎且千，九市开场，货别隧分。人不得顾，车不得旋。阗城溢郭，傍流百廛。红尘四合，烟云相连。于是既庶且富，娱乐无疆，都人士女，殊异乎五方。游士拟于公侯，列肆侈於姬姜。②

《文选》卷一李善注：“《汉宫阙疏》曰：‘长安立九市，其六市在道西，三市在道东。”张衡《西京赋》也有类似文字：

> 尔乃廓开九市，通阛带阓，旗亭五重，俯察百隧。周制大胥，今也惟尉。瑰货方至，鸟集鳞萃，鬻者兼赢，求者不匮。尔乃商贾百族，裨贩夫妇，鬻良杂苦，蚩眩邉鄙，何必昏于作劳，邪赢优而足恃。彼肆人之男女，丽美奢乎许、史。若夫翁伯、浊、质、张里之家，击钟鼎食，连骑相过，东京公侯，壮何能加。

汉赋作品多夸张虚饰。从西汉长安城市布局看，“市”的所在空间十分有限。而且又限于人口数量，似乎不大可能出现“红尘四合，烟云相连”的景况。人们首先会考虑，东汉学者班固《西都赋》和张衡《西京赋》有关“市”的文字，很可能不免掺杂有对东汉洛阳的“市”的文化感觉。然而据《汉书》卷七六《张敞传》，“长安市偷盗尤多，百贾苦之”，张敞“一日捕得数百人，穷治所犯或一人百余发，尽行法罚”。可见“市”中商贾数量可观，当绝不止一般约数所谓“百贾”或“商贾百族”。又如《汉书》卷六六《刘屈氂传》说“巫蛊之祸”情节：“太子引兵去，殴四市人凡数万众，至长乐西阙下，逢丞相军，合战五日，死者数万

① 何岁利：《汉唐长安城市场探析》，《汉长安城考古与汉文化：汉长安城与汉文化——纪念汉长安城考古五十周年国际学术研讨会论文集》，北京：科学出版社，2008 年。

② 《后汉书》卷四〇上《班固传》。

人，血流入沟中。”“四市人”竟然有“数万众”，可知确实“定居在市内的商贾人数是很多的”。[①] “市”上往往“人不得顾，车不得旋”的情形，有可能是真实的。

有学者指出，“汉代公开执行死刑与陈尸称为‘显戮’，通常在闹市举行”“显戮的刑场多设于市楼鼓下”。[②] 这一行刑示众以造成行政宣传和社会威慑效果的司法形式也说明了“市”作为公共空间的作用。

长安又有另一处特别的市，即“槐市”。据《艺文类聚》卷三八引《三辅黄图》：“（常满）仓之北为槐市，列槐树数百行为隧，无墙屋，诸生朔望会此市，各持其郡所出货物及经传书记、笙磬乐器，相与买卖。雍容揖让，论说槐下。”都城中有以槐树为标志的专门设置的空地，国家官学的学生们在月初和月中聚会在这里，以家乡土产以及“经传书记、笙磬乐器”彼此交换，“相与买卖”。这样定时交易的图书和文化用品市场，参与流通者是特定的人群，所谓“雍容揖让，论说槐下”，形容了这个特殊的市场的特殊的文化气氛。通过古人咏叹“槐市”的诗句[③]，似乎“槐市”的商业色彩较为淡薄，而学术气氛相当浓烈。这里其实是一处文化交流的场所。后世诗文或以“槐市”与“杏坛”为对[④]，或以“槐市”与“兰台”为对[⑤]，也体现出这样的事实。“槐市”虽然场地规模有限，“会此市”的时间每月不过两天，却是富有文化深意的社会交往所在。而长安“诸生”在社会公共活动中的活跃，又得一史例可以说明。

《汉书》卷九九中《王莽传中》记载，王莽始建国四年（12），曾经至

---

① 傅筑夫：《中国封建社会经济史》第2卷，北京：人民出版社，1982年，第132页。

② 宋杰：《汉代死刑中的“显戮”》，中国秦汉史研究会第十三次年会暨国际学术研讨会会议论文，南阳，2011年8月。

③ 如唐代诗人刘禹锡《秋萤引》：“槐市诸生夜对书，北窗分明辩鲁鱼。”《刘宾客文集》卷二一。又如宋代诗人葛胜仲诗：“旧直蓬山无俗梦，今官槐市有清阴。”《丹阳集》卷二〇。周必大也有这样的诗句：“君不见，汉京辟雍载《黄图》，博士直舍三十区，分行数百曰槐市，下有诸生讲唐虞。”《文忠集》卷四三。

④ 如〔唐〕黄滔《谢试官》：“槐市三千杏坛七十。”《黄御史集》卷七。〔宋〕欧阳修《早赴府学释奠》：“雾中槐市暗，日出杏坛明。”《文忠集》卷五六。

⑤ 如〔宋〕苏轼《次韵徐积》：“但见中年隐槐市，岂知平日赋兰台。”《东坡全集》卷一五。〔宋〕喻良能《挽黄泰之》：“槐市师模邃，兰台史笔遒。”《香山集》卷七。

明堂授诸侯茅土,宣布:"其以洛阳为新室东都,常安为新室西都。邦畿连体,各有采任。"于是洛阳具有了与常安(长安)相并列的地位。第二年,王莽又策划迁都洛阳。这一决定,一时在长安引起民心浮动,许多百姓不愿修缮房屋,甚至拆除了原有住宅。"是时,长安民闻莽欲都雒阳,不肯缮治室宅,或颇彻之。"王莽于是宣布:"以始建国八年,岁缠星纪,在雒阳之都。其谨缮修常安之都,勿令坏败。敢有犯者,辄以名闻,请其罪。"王莽预定在三年之后,即"始建国八年"正式迁都洛阳。又宣布在此之前,常安(长安)的城市建设,不能受到影响。看来,"长安民"对于执政中心是否转移是颇为关注的。他们甚至在听说王莽"欲都雒阳"之后,"不肯缮治室宅,或颇彻之"。通过这种态度,应当可以推知其政治地位、社会身份和职业特征。他们可能是政府机构即所谓"中都官"的从业人员或者附属人口,也可能是服务于这些人等的社会构成的就业者。

《史记》卷一二九《货殖列传》写道:"长安诸陵,四方辐凑并至而会,地小人众,故其民益玩巧而事末也。"而长安城区所谓"玩巧""事末"之民,多有专门从事服务业者。例如司马迁论述"夫纤啬筋力,治生之正道也,而富者必用奇胜"时,于"田农,掘业,而秦扬以盖一州;掘冢,奸事也,而田叔以起;博戏,恶业也,而桓发用富;行贾,丈夫贱行也,而雍乐成以饶"。之后又写道:

> 贩脂,辱处也,而雍伯千金。卖浆,小业也,而张氏千万。洒削,薄技也,而郅氏鼎食。胃脯,简微耳,浊氏连骑。马医,浅方,张里击钟。此皆诚壹之所致。

这就是张衡《西京赋》所谓"翁伯、浊、质、张里之家,击钟鼎食,连骑相过"。"翁伯"应即"雍伯"[①],"质"应即"郅"。"贩脂",张守节《正义》:"《说文》云'戴角者脂,无角者膏'也。""洒削",裴骃《集解》引徐

① 裴骃《集解》引徐广曰:"雍,一作'翁'。"司马贞《索隐》:"雍,於恭反。《汉书》作'翁伯'也。"

广曰:“洒,或作‘细’。”裴骃案:“《汉书音义》曰‘治刀剑名’。”司马贞《索隐》:“洒削,谓摩刀以水洒之。”所谓“胃脯”,司马贞《索隐》引晋灼云:“太官常以十月作沸汤燖羊胃,以末椒姜粉之讫,暴使燥,则谓之脯,故易售而致富。”张守节《正义》:“案:胃脯谓和五味而脯美,故易售。”联想到《后汉书》卷一一《刘玄传》的记载:“王匡、张印横暴三辅。其所授官爵者,皆群小贾竖,或有膳夫庖人,多着绣面衣、锦袴、襜褕、诸于,骂詈道中。长安为之语曰:灶下养,中郎将。烂羊胃,骑都尉。烂羊头,关内侯。”可知两汉之际长安“胃脯”即“烂羊胃”一类饮食业经营,依然颇为繁荣。

这些都市服务业的经营,都应有消费者公众以为市场支持。这种支持是群体性的。经营者因此方能“鼎食”“连骑”“击钟”,于是可以致“千金”“千万”。

诸陵社会生活

杨宽指出,西汉陵邑应看作构成汉长安城的要素之一。[①] 长安城内有限的平民居地集中“口二十四万六千二百”,以当时的居住习惯判断,生存空间十分狭小。然而通过“乡”的设置推想,有部分长安户籍资料统计的民众居住在城外的可能。而长安大都市功能的实现,又因诸陵邑的作用而有以补充。[②]

《汉书》卷二八下《地理志下》说,西汉前期的关中移民,大都围护于帝陵附近,“汉兴,立都长安,徙齐诸田,楚昭、屈、景及诸功臣家于长陵。后世世徙吏二千石、高訾富人及豪杰并兼之家于诸陵”。西汉王朝在帝陵附近设置陵邑的制度,使官僚豪富迁居于此,每个陵邑大约聚居五千户到一万多户,不仅以此保卫和供奉陵园,还形成了相对集中的文化中心。陵邑直属位列九卿的太常管辖。于是,从高祖长陵

① 杨宽:《西汉长安布局结构的探讨》,《文博》1984 年创刊号;《西汉长安布局结构的再探讨》,《考古》1989 年 4 期。

② 参看王子今《西汉长安居民的生存空间》,《人文杂志》2007 年 2 期。

起，到昭帝平陵止，形成了若干个异常繁荣的直辖中央的准都市。

关于西汉陵区布局的原则及其文化背景，学者曾经进行了有益的讨论。[①] 尽管目前对于有些问题尚难作出确定的结论，然而帝陵和陵邑的规划对于形成以长安为中心的新的区域文化格局的意义，应当是可以肯定的。[②]

班固在《西都赋》中，评述了长安"晞秦岭，睋北阜，挟沣灞，据龙首"的胜状，又说到临秦岭与倚北阜的诸陵邑的形势：

> 若乃观其四郊，浮游近县，则南望杜、霸，北眺五陵，名都对郭，邑居相承，英俊之域，绂冕所兴，冠盖如云，七相三公。与乎州郡之豪杰，五都之货殖，三选七迁，充奉陵邑，盖以强干弱枝，隆上都而观万国也。

"万国""豪杰""英俊"，于是聚萃于"上都"。实际上"五陵""近县"也成为"英俊之域，绂冕所兴，冠盖如云，七相三公"的文明胜地。《后汉书》卷四〇上《班固传》李贤注对"浮游近县"的解释是"'浮游'谓周流也"。长安"四郊""近县"的特殊关系，使得史籍出现"长安诸陵"[③]"诸陵长安"[④]以及"长安五陵"[⑤]等区域代号。长安周围的诸陵邑在某种意义上已经成为长安的卫星城[⑥]，或亦可看作"大长安"的有机构成。

诸陵邑广聚天下"英俊"，集会四方"豪杰"，又能够较为显著地打破传统的地域文化界域，能够毫无成见地吸取来自不同区域的文化营

---

① 杜葆仁：《西汉诸陵位置考》，《考古与文物》1980 年创刊号；刘庆柱、李毓芳：《关于西汉帝陵诸形制问题的探讨》，《考古与文物》1985 年 5 期；叶文宪：《西汉帝陵的朝向分布及其相关问题》，《文博》1988 年 4 期。

② 王子今：《西汉帝陵方位与长安地区的交通形势》，《唐都学刊》1995 年 3 期。

③《史记》卷一二九《货殖列传》。

④《汉书》卷七〇《爰盎传》。

⑤《汉书》卷九二《游侠传 · 原涉》。

⑥ 刘文瑞：《试论西汉长安的卫星城镇》，《陕西地方志通讯》1987 年 5 期；《我国最早的卫星城镇——试论西汉长安诸陵邑》，《咸阳师专学报》1988 年 1 期。王子今：《西汉帝陵方位与长安地区的交通形势》，《唐都学刊》1995 年 3 期；《西汉诸陵分布与古长安附近的交通格局》，《西安古代交通志》，西安：陕西人民出版社，1997 年。

养，于是文化的积累和文化的创获也有突出的历史贡献。正如武伯纶总结五陵人物的文化贡献时曾经指出的，“他们都以迁徙的原因而列于汉帝诸陵。他们从汉代各个地区(包括民族)流动而来，造成了帝陵附近人口的增殖及人才的汇合，形成一个特殊的区域文化”。“这无疑是中国汉代历史上人文地理研究中的一个重要课题。”“对这种人物的流动促成的汉代某些地区文化的扩散和融合现象，以及对后代的影响，如果加以研究，将会更加丰富汉代的文化史及中国文化史的内容，并有新的发现。”①

诸陵邑的社会生活，较长安城区有更明显的平民化的特征。从另一角度也可以说，平民在诸陵的生活，有更大的自由度。汉宣帝的经历，体现出“诸陵”特殊的社会文化氛围对于高层政治的影响。汉宣帝刘询出生仅数月就遭遇“巫蛊”大案，在襁褓中就被牵连入狱。后来受到有关官员的怜护，被安置由女犯乳养。后逢大赦，释放出狱，并且恢复了皇族身份。刘询幼年得到应有的教育，“高材好学，然亦喜游侠”，于研习《诗》《书》之余，又欣赏豪迈奔放的任侠之风。他经常往来于长安附近地方，“数上下诸陵，周遍三辅，常困于莲勺卤中。尤乐杜、鄠之间，率常在下杜”。在民间与平民少年一同斗鸡走马，于是“具知闾里奸邪，吏治得失”②，熟悉了贵族阶层难以知晓的下层政治生活和社会生活的种种隐秘细微之处，多少了解了一些民间疾苦。正因为经历过平民生活，使汉宣帝具有了与一般“生于深宫之中，长于妇人之手，未尝知忧，未尝知惧”③的皇族子弟不可能具有的政治素质。由于他对于底层社会情状和基层行政特点以及若干政治关系的深层奥秘都有一定的感性认识，所以在他主持政务期间，能够有功必赏，有罪必罚，政治风格表现出注重实效的倾向，于是一时“吏称其职，民安其业”④。这样的比较清明安定的政治局面的形成，绝不是偶然的。考

① 武伯纶：《五陵人物志》，《文博》1991年5期。

② 《汉书》卷八《宣帝纪》。

③ 《汉书·景十三王传》赞引《荀子》。

④ 《汉书》卷八《宣帝纪》赞美当时政治的成就：“孝宣之治，信赏必罚，综核名实，政事文学法理之士咸精其能，至于技巧工匠器械，自元、成间鲜能及之，亦足以知吏称其职，民安其业也。”

察“昭宣中兴”的政治成功，不能忽略汉宣帝“数上下诸陵”经历平民生活时得到民间文化营养的人生条件。

“诸陵”的交往条件优越，强势人物四周可以形成较宽广的辐射面，以便于施行社会影响。如张衡《西京赋》所说：“都邑游侠，张赵之伦，齐志无忌，拟迹田文，轻死重气，结党连群，寔蕃有徒，其从如云。茂陵之原，阳陵之朱，趫悍虓豁，如虎如貙，睚眦虿芥，尸僵路隅。”所谓“结党连群”“其从如云”的凝聚力，应有充备的交往空间方能形成。张衡又说到“诸陵”地方社会舆论力量的强大：“若其五县游丽辩论之士，街谈巷议，弹射臧否，剖析毫厘，擘肌分理。所好生毛羽，所恶成疮痏。”[①]能够相互“辩论”，能够“街谈巷议，弹射臧否”，自当有充备的公共空间以为信息集中与传播的必要条件。

流民“西入关至京师”以及“聚会里巷仟佰”

西汉时期多次发生影响广泛的流民运动。农人离开土地的流动，有走向都市的选择。有学者指出，“大体说来，每一个朝代的前期和中期政局稳定、经济上升的时候，人口逐渐向城市集中”。[②] 就西汉时期的情形来说，对于这样的认识，也许还应当作更细致的考论。

《汉书》卷一一《哀帝纪》记载了西汉晚期的一次典型的“向城市集中”的人口移动，直接冲击的对象就是长安。建平四年（前 3）春，“大旱，关东民传行西王母筹，经历郡国，西入关至京师。民又会聚祠西王母，或夜持火上屋，击鼓号呼相惊恐”。对于这一历史事件，《汉书》卷二七下之上《五行志下之上》记述更为详尽：

> 哀帝建平四年正月，民惊走，持稿或棷一枚，传相付与，曰“行诏筹”。道中相过逢，多至千数，或被发徒践，或夜折关，或逾墙入，或乘车骑奔驰，以置驿传行，经历郡国二十六，至京师。其夏，京师

---

① 《文选》卷二。

② 赵文林、谢淑君：《中国人口史》，北京：人民出版社，1988 年，第 625 页。

> 郡国民聚会里巷仟佰,设张博具,歌舞祠西王母。又传书曰:"母告百姓,佩此书者不死。不信我言,视门枢下,当有白发。"至秋止。

这是由特殊社会意识动因导致的大规模的流民运动。当时曾经有人分析说:"讹言行诏筹,经历郡国,天下骚动,恐必有非常之变。"[①]发出即将发生"非常之变"的警告。班固在分析这一事件时曾写道:"民,阴,水类也。水以东流为顺走,而西行,反类逆上。"又说:"白发,衰年之象,体尊性弱,难理易乱。"班固又指出,通过这种特殊的乱局的"类"与"象"的分析,似乎已经可以隐约察觉政治"逆""乱"的先兆。这一历时长达半年,"经历郡国二十六,至京师",涉及地域极其广阔的富有神秘主义色彩的民间运动,其真正的文化内涵我们今天尚不能完全明了,但是大体可以知道,其原始起因可能是"大旱",而所谓"曰'行诏筹'"或"传行西王母筹",所谓"道中相过逢,多至千数",则暗示流民群体已经形成了某种类似于后世秘密社会结构的组织形式。所谓"京师郡国民聚会里巷仟佰,设张博具,歌舞祠西王母"以及"或被发徒践,或夜折关,或逾墙入,或乘车骑奔驰""或夜持火上屋,击鼓号呼相惊恐"等行为所表现的以西王母崇拜为信仰主题的类似宗教狂热的情绪,在条件适合时能够集聚极强大的社会冲击力。在"京师"和其他都市"击鼓号呼""聚会""歌舞"诸行为表现,书写了秦汉都市史与秦汉社会意识史的特殊的一页。[②] 这一动乱明确冲击到"京师"。从发起到平息,《五行志》说"正月"发生,"至秋止"[③],整个夏季影响了"京师"的正常秩序。

特别值得我们注意的,是"里巷仟佰"成为"聚会"进行"设张博具,歌舞祠西王母"等活动的场所。类似反映都市基层社会公众活动

---

① 《汉书》卷四五《息夫躬传》。

② 王子今:《两汉流民运动及政府对策的得失》,《战略与管理》1994 年 3 期;王子今、周苏平:《汉代民间的西王母崇拜》,《世界宗教研究》1999 年 2 期;王子今:《秦汉农人流动对都市生存空间的压抑》,《学术月刊》2010 年 8 期。

③ 《汉书》卷二六《天文志》:"(汉哀帝建平)四年正月、二月、三月,民相惊动,讙哗奔走,传行诏筹祠西王母。"

的历史资料，我们又看到《盐铁论·国病》有这样的说法："里有俗，党有场。康庄驰逐，穷巷蹋鞠。"所谓"驰逐""蹋鞠"，都是集体参与的以"街巷"为比赛和游乐场地的娱乐竞技运动。

司马迁在《史记》卷三〇《平准书》赞赏文景时代政策得宜，社会经济再生的形势，有"众庶街巷有马，阡陌之间成群，而乘字牝者傧而不得聚会"语，也说到了"街巷"和"聚会"的曲折关系。裴骃《集解》引《汉书音义》曰："皆乘父马，有牝马间其间则相踶啮，故斥不得出会同。"

据《汉书》卷九九下《王莽传下》记载，"流民入关者数十万人，乃置养赡官禀食之。使者监领，与小吏共盗其禀，饥死者十七八。先是，莽使中黄门王业领长安市买，贱取于民，民甚患之。业以省费为功，赐爵附城。莽闻城中饥馑，以问业。业曰：'皆流民也。'"王莽得知"城中饥馑"，询问曾经"领长安市买"的王业，回答道："皆流民也。"可知"流民"入居长安城中，往往在十分艰难的生活境况中挣扎。

也许汉平帝"起五里于长安城中，宅二百区，以居贫民"事，所谓"贫民"也包括"流民"。这样的新的街闾，也会成为"贫民""聚会"的方便场所。涌入长安的流民具体的生活情状，还可以由霸桥失火事件得到说明。《汉书》卷九九下《王莽传下》记载：新莽地皇三年(22)，"二月，霸桥灾，数千人以水沃救，不灭"。灾情引起王莽心理的震动。"莽恶之，下书曰：'……惟常安御道多以所近为名。乃二月癸巳之夜，甲午之辰，火烧霸桥，从东方西行，至甲午夕，桥尽火灭。大司空行视考问，或云寒民舍居桥下，疑以火自燎，为此灾也。……'"霸桥位于关东至长安的要道上，火灾可能因"寒民舍居桥下""以火自燎"发生，火势"从东方西行"，也正与流民入居长安的行进方向一致。"霸桥灾"被王莽看作"戒此桥空东方之道"的警告。他宣布："今东方岁荒民饥，道路不通，东岳太师亟科条，开东方诸仓，赈贷穷乏，以施仁道。其更名霸馆为长存馆，霸桥为长存桥。"面向"东方"的"赈贷"政策和更名霸桥为"长存桥"，说明王莽在内心把两者视作有密切的文化联系。我们还应当注意的，是"舍居桥下，疑以火自燎"导致霸桥烧毁的"寒民"们，依赖霸桥避寒也形成了事实上的聚居。大约霸桥的引桥下，也成为极其特别的情况下的公共空间。

《国语·周语上》记载了周幽王压制民声,终于导致政治失败的故事:"厉王虐,国人谤王。邵公告曰:'民不堪命矣!'王怒,得卫巫,使监谤者,以告,则杀之。国人莫敢言,道路以目。王喜,告邵公曰:'吾能弭谤矣,乃不敢言。'"邵公批评说:"是障之也。"于是发表了"防民之口,甚于防川"的名言,警告说:"川壅而溃,伤人必多,民亦如之。"他建议"为川者决之使导,为民者宣之使言"。关于开放言论渠道,有"庶人传语"语。《史记》卷四《周本纪》复述了这一历史情节,只不过"防民之口,甚于防川"写作"防民之口,甚于防水"。对于所谓"庶人传语",张守节《正义》的解释是:"庶人微贱,见时得失,不得上言,乃在街巷相传语。"由"道路以目"和"在街巷相传语",可知都市中的"道路""街巷"通常可以成为社会舆论形成和传播的场所。

"传行西王母筹"事可见如下情节:"道中相过逢,多至千数,或被发徒践,或夜折关,或踰墙入,或乘车骑奔驰,以置驿传行,经历郡国二十六,至京师。"所谓"道中相过逢",所谓"徒践"以及"夜折关""踰墙入",乃至"乘车骑奔驰,以置驿传行"等,都是交通行为。交通与合聚社会力量的关系,值得重视。

郅支"县头藁街蛮夷邸间"故事

《汉书》卷七〇《陈汤传》记载,汉军破郅支城(今哈萨克斯坦江布尔),击杀匈奴单于之后,甘延寿、陈汤上疏:"臣闻天下之大义,当混为一,昔有唐虞,今有强汉。匈奴呼韩邪单于已称北藩,唯郅支单于叛逆,未伏其辜,大夏之西,以为强汉不能臣也。郅支单于惨毒行于民,大恶通于天。臣延寿、臣汤将义兵,行天诛,赖陛下神灵,阴阳并应,天气精明,陷陈克敌,斩郅支首及名王以下。宜县头藁街蛮夷邸间,以示万里,明犯强汉者,虽远必诛。"这是西汉帝国军事史和外交史上富有光彩的一页。

就郅支单于是否"县头藁街蛮夷邸间",朝廷进行了讨论。事下有

司。丞相匡衡、御史大夫繁延寿以为,“郅支及名王首更历诸国,蛮夷莫不闻知。《月令》春‘掩骼埋胔’之时,宜勿县”。车骑将军许嘉、右将军王商则以为,“春秋夹谷之会,优施笑君,孔子诛之,方盛夏,首足异门而出。宜县十日乃埋之”。于是,“有诏将军议是”。看来郅支终于悬首藁街。

关于所谓“县头藁街蛮夷邸间”,颜师古解释说:“晋灼曰:‘《黄图》在长安城门内。’师古曰:‘藁街,街名,蛮夷邸在此街也。邸,若今鸿胪客馆也。’”[①]“藁街”作为公共交通道路,又与一般的“街巷”不同,由于是“蛮夷邸”集中的街区,可以生成“以示万里”的宣传效应。

西汉长安与东汉洛阳公共空间的比较

虽然有学者认为,东汉时期“洛阳整个城属于‘皇城’(内城)性质”[②],但从许多迹象看来,东汉洛阳都市功能较西汉长安已经有重要的历史性进步。东汉都城洛阳较频繁的公共空间得以利用的史例,显现出这种历史变化。

东汉太学生运动较西汉王咸举幡事迹有更深远的社会文化影响。自汉光武帝建武年间就有名儒欧阳歙下狱,“诸生守阙为歙求哀者千余人,至有自髡剔者”的事件。[③] 东汉晚期,更形成以支持清流派官僚为主要诉求目的的请愿运动。朱穆因为与宦官集团的冲突被治罪,罚往左校服劳役。太学生刘陶等数千人诣阙上书,申明朱穆出以忧国之心,志在肃清奸恶的立场,指责宦官不仅在中朝以非法手段把持国家权力,而且父兄子弟分布地方,如虎狼一般残害小民,赞扬朱穆亢然不顾个人危难,“张理天网”的勇气,表示愿意代替朱穆服刑劳作。汉桓帝于是不得不赦免朱穆。太学生集体请愿的具体情节,《后汉书》卷四三《朱穆传》记载:“……帝闻大怒,征穆诣廷尉,输作左校。太学书生

---

① 颜师古又写道:“崔浩以为槁当为橐,橐街即铜驼街也。此说失之。铜驼街在雒阳,西京无也。”
② 杨宽:《中国古代都城制度史研究》,上海:上海人民出版社,2003 年,第 133 页。
③《后汉书》卷七九上《儒林列传上·欧阳歙》。

刘陶等数千人诣阙上书讼穆……帝览其奏,乃赦之。”汉桓帝延熹五年(162),一向“恶绝宦官,不与交通”的议郎皇甫规在论功当封时拒绝贿赂当权宦官,受到诬陷,也以严刑治罪,太学生张凤等三百余人随同若干高级官僚一起诣阙陈诉。皇甫规最终得到赦免。《后汉书》卷六五《皇甫规传》:“其年冬,征还拜议郎。论功当封。而中常侍徐璜、左悺欲从求货,数遣宾客就问功状,规终不荅。璜等忿怒,陷以前事,下之于吏。官属欲赋敛请谢,规誓而不听,遂以余寇不绝,坐系廷尉,论输左校。诸公及太学生张凤等三百余人诣阙讼之。会赦,归家。”

《后汉书》卷四一《宋均传》记录了另一主题的“诣阙”请愿:“永平元年,迁东海相,在郡五年,坐法免官,客授颍川。而东海吏民思均恩化,为之作歌,诣阙乞还者数千人。”人数多达“数千人”。但是我们不知道这是一次请愿的人数,还是累计人数。①

比较《汉书》和《后汉书》所记录“诣阙”事,前者十五起,后者八十八起。仅从“两汉书”提供的信息看,东汉“诣阙”事是西汉的586.66%。看来洛阳“阙”的作用更为突出。考察东汉“诣阙”事件,除“诣阙上书”以及类似的“诣阙上疏”“诣阙上章”“诣阙奉章”以外,又有“诣阙自陈”“诣阙谢恩”以及“诣阙谢罪”“诣阙请罪”等;还有“诣阙告诉”“诣阙为讼”,即请求皇帝进行司法决策者。另有一类,涉及边疆与民族问题的史例,称“诣阙朝贺”“诣阙贡献”“诣阙朝贡”。

《后汉书》卷九〇《乌桓列传》记载:“(建武)二十五年,辽西乌桓大人郝旦等九百二十二人率觽向化,诣阙朝贡,献奴婢牛马及弓虎豹貂皮。”“九百二十二人”“诣阙朝贡”,形成人数相当多的阙前集会。而《三国志》卷三〇《魏书·乌丸传》裴松之注引《魏书》则写道:

> 建武二十五年,乌丸大人郝旦等九千余人率众诣阙,封其渠

① 《后汉书》卷五六《种暠传》:“后凉州羌动,以暠为凉州刺史,甚得百姓欢心。被征当迁,吏人诣阙请留之,太后叹曰:‘未闻刺史得人心若是。’乃许之。暠复留一年,迁汉阳太守,戎夷男女送至汉阳界,暠与相揖谢,千里不得乘车。”所谓“吏人诣阙请留之”,未知请愿人数,但是由太后之“叹”,可知“诣阙”者当不在少数。

帅为侯王者八十余人。[1]

如果"九千余人率众诣阙"的说法属实，则是两汉"诣阙"记录中人数最多的一例。假若阙前确实能够集合"九千余人"，则规模必然相当可观。

"中元元年，初建三雍。明帝即位，亲行其礼。"《后汉书》卷七九上《儒林列传上》记载当时情形："飨射礼毕，帝正坐自讲，诸儒执经问难于前，冠带缙绅之人，圜桥门而观听者盖亿万计。""亿万"，有解释说"极言其数之多"者。[2] 而此文"盖亿万计"，当并非"极言其数之多"。考察《后汉书》用语习惯，言"亿万"者，很多都是确数[3]，绝不是"极言其数之多"。"亿万"可能以十万的理解近似。旁听围观的群众多至以十万计，可见儒学隆赫一时的盛况，而这一儒学礼仪演习与儒学学术讲演的共同的仪式在辟雍举行，其空间的宏大由此可知。

汉顺帝永建六年(131)，又重修太学，扩建二百四十房，一千八百五十室，令公卿子弟为诸生。"本初元年，梁太后诏曰：'大将军下至六百石，悉遣子就学，每岁辄于乡射月一飨会之，以此为常。'自是游学增盛，至三万余生。"关于东汉洛阳人口数，学界存在不同看法。

---

① 《后汉书》卷九〇《乌桓列传》中华书局标点本校勘记："'郝旦等九百二十二人率众向化诣阙朝贡人'至'于是封其渠帅为侯王君长者八十一人'，按：《魏志·乌丸传》注引《魏书》，云'乌丸大人郝且等九千余人，率众诣阙，封其渠帅为侯王者八十余人'，与此异。'郝旦'作'郝且'，旦且形近，未知孰是。"北京：中华书局，1965年，第2995页。今按：中华书局标点本《三国志》卷三〇《魏书·乌丸传》裴松之注引《魏书》作"郝旦"不作"郝且"。北京：中华书局，1959年，第833页。中华书局标点本《后汉纪》卷八《光武皇帝建武二十五年》："二十五年春正月，乌桓大人郝旦等率众贡献，封其渠帅为侯王。"不言人数。校勘记："'乌桓大人郝旦'，南监本、《后汉书·乌桓列传》作'郝旦'。"《两汉纪》，张烈点校，北京：中华书局，2002年，下册《后汉纪》第145页，第159页。《资治通鉴》卷四四"汉光武帝建武二十五年"："辽西乌桓大人郝旦等率众内属，诏封乌桓渠帅为侯王君长者八十一人。"甚至不言"诣阙"事。《通志》卷二〇〇《四夷传·北国下·乌桓》作"辽西乌桓大人郝旦等九百二十二人率众向化，诣阙朝贡"。《册府元龟》卷九六八《外臣部·朝贡第一》同。《册府元龟》卷九七七《外臣部·降附》则作："二十五年，乌丸大人郝且等九千余人帅众诣阙，封其渠帅为侯王者八十余人。"

② 《汉语大词典》，上海：汉语大词典出版社，1990年，第1698页。所引书证有："汉司马迁《报任少卿书》：'(李陵)横挑彊胡，仰亿万之师，与匈奴连战十有余日。'"

③ 如《后汉书》卷一六《邓训传》："岁省费亿万计。"卷三三《郑弘传》："所息省三亿万计。"卷四二《光武十王传·东平宪王苍》："钱布以亿万计。"卷五一《庞参传》："官负人责数十亿万。"卷七八《宦者列传·曹腾》："嵩灵帝时货赂中官及输西园钱一亿万。"卷八九《南匈奴列传》："岁时赏赐，动辄亿万。"

有人提出“东汉洛阳城内人口为二十万，洛阳地区人口为四十万左右”的认识①，这种意见大体可信。当时太学生在洛阳居民总数中所占比例是惊人的。而洛阳都市规划和都市建设为这一文化层次的人群提供的公共空间，值得城市史和文化史研究者重视。

“熹平四年，灵帝乃诏诸儒正定五经，刊于石碑，为古文、篆、隶三体书法以相参检，树之学门，使天下咸取则焉。”所谓“树之学门”，李贤注：“《谢承书》曰：‘碑立太学门外，瓦屋覆之，四面栏障，开门于南，河南郡设吏卒视之。’杨龙骧《洛阳记》载《朱超石与兄书》云：‘石经文都似碑，高一丈许，广四尺，骈罗相接。’”②《水经注·谷水》：“及碑始立，其观视及笔写者，车乘日千余辆，填塞街陌矣。”“学门”这一公共空间有如此的规模，也是和太学受到特殊重视、太学生数量众多有密切关系的。

洛阳的区域文化特色，最突出者，有经商的传统。《史记》卷一二九《货殖列传》写道：“洛阳东贾齐、鲁，南贾梁、楚。”战国以来，洛阳就有著名的富商：“周人既纤，而师史尤甚，转毂以百数，贾郡国，无所不至。洛阳街居在齐秦楚赵之中，贫人学事富家，相矜以久贾，数过邑不入门，设任此等，故师史能致七千万。”《盐铁论·力耕》说，周地“商遍天下”。《盐铁论·通有》又说，“三川之二周，富冠海内”，称“天下名都”。东汉洛阳必定有繁荣的“市”。《三国志》卷二一《魏书·傅嘏传》裴松之注引《傅子》说，“其民异方杂居，多豪门大族，商贾胡貊，天下四会，利之所聚，而奸之所生。”《潜夫论·浮侈》说到当时商业人士面临的社会危局：“今举世舍农桑，趋商贾，牛马车舆，填塞道路，游手为巧，充盈都邑，治本者少，浮食者众。商邑翼翼，四方是极。今察洛阳，浮末者什于农夫，虚伪游手者什于浮末。”③

① 方原：《东汉洛阳历史地理若干问题研究》，西北大学硕士论文，2008年。

② 《后汉书》卷七九上《儒林列传上》。

③ 王符接着写道：“是则一夫耕，百人食之，一妇桑，百人衣之，以一奉百，孰能供之？天下百郡千县，市邑万数，类皆如此，本末何足相供？则民安得不饥寒？饥寒并至，则安能不为非？为非则奸宄，奸宄繁多，则吏安能无严酷？严酷数加，则下安能无愁怨？愁怨者多，则咎征并臻，下民无聊，而上天降灾，则国危矣。”

东汉洛阳商业的繁盛，可以通过书肆的存在进行说明。通过东汉思想家王充的学习经历，可以看到当时洛阳这样的都市中图书市场的作用。《后汉书》卷四九《王充传》记载："（王充）家贫无书，常游洛阳市肆。阅所卖书，一见辄能诵忆。日久，遂博通众流百家之言。后归乡里，屏居教授。"王充完成的文化名著《论衡》，在学术史上具有里程碑的意义。他的学术基础奠定的基本条件，竟然是在洛阳书肆中免费阅读"所卖书"。《太平御览》卷六一四引司马彪《续汉书》："荀悦十二能读《春秋》。贫无书，每至市间阅篇牍，一见多能诵记。"拥有《汉纪》著作权的历史学者荀悦，也有"每至市间阅篇牍"，在书肆中"诵记"文献的学习经历。

汉代图书在市场的流通，有不同的情形。卖书的人有时候是出于特殊的目的。《后汉书》卷八〇《文苑列传下·刘梁》写道："（刘）梁，宗室子孙，而少孤贫，卖书于市以自资。"《太平御览》卷四八五引《文士传》说，"（刘梁）少有清才，以文学见贵。梁贫，恒卖书以供衣食"。[①] 因为贫困不得不"卖书于市"，而因此可以取最基本的"衣食"条件"以自资"的情形，透露出当时"书"可以交易于"市"并且大约可以较快销出的历史事实，体现了文化传播方式的进步。"东京学者猥众"[②]，是东汉洛阳引人注目的文化景观。包括商业区在内，这种公共空间的特征也因此受到了影响。

我们可以看到，东汉洛阳的书肆，与西汉长安已出现"买卖""经传书记"情形的"槐市"相比，专业性和常态性的特点已经非常突出了。

（原载《中国历史地理论丛》2012 年第 1 期）

---

① 参看陈文豪《汉代书肆及其相关问题蠡测》，《陕西历史博物馆馆刊》第 8 辑，西安：三秦出版社，2001 年。

②《后汉书》卷七九上《儒林列传上》。

《西汉长安的公共空间》导读

徐　畅

一、西汉长安研究工作的所见与未见

位于今西安市西北郊的汉长安城，是西汉与新莽两个时代的都城，历时二百二十余年（前202—23）。《史记》《汉书》记载了汉高祖、吕后、惠帝时长安宫殿、太仓、武库、城墙的营建①；《汉书》记载了王莽败后，赤眉军攻入长安，“遂烧长安宫室市里”，导致“长安为墟，城中无人行”的情形。② 正史之外，六朝以降的地理类文献如《三辅黄图》《水经注》《长安志》《雍录》《类编长安志》《三辅旧事》等，对汉长安的自然资源与人文遗迹有所著录。③ 汉赋如班固《西都赋》、张衡《西京赋》、汉乐府诗《长安有狭斜行》等，以文学的笔法揭示了长安的营建过程、都市设计、城市文化、民情风俗等各个侧面。

现代科学意义上对这座城市的研究，当始于20世纪50年代中国科学院考古研究所考古队的汉长安城遗址田野考古工作，这项工作持续至今。50、60年代主要考察长安城遗址范围，城墙、城门、城内道路、重要的宫殿、礼制建筑遗址；70年代主要发掘武库和长乐宫宫殿遗址；

① 《史记》卷八《高祖本纪》：“萧丞相营作未央宫，立东阙、北阙、前殿、武库、太仓。”北京：中华书局，1982年，第385页。《史记》卷九《吕太后本纪》：“三年，方筑长安城，四年就半，五年、六年城就。”第398页。《汉书》卷二《惠帝纪》：“三年春，发长安六百里内男女十四万六千人城长安，三十日罢。”“（五年）春正月，复发长安六百里内男女十四万五千人城长安，三十日罢。”“九月，长安城成。”北京：中华书局，1962年，第89、90页。

② 《汉书》卷九九下《王莽传下》，第4194页。

③ 这类专门描绘汉唐长安地理风物的文献，妹尾达彦称之为“都市志”，参考所撰《韦述的〈两京新记〉与八世纪前叶的长安》，载荣新江主编《唐研究》第9卷，北京：北京大学出版社，2003年，第12—13页。

80年代后期进一步勘察未央宫、长乐宫和桂宫的结构和布局,究明东市、西市的位置和基本形制;90年代以来,勘察汉长安城中手工业作坊遗址的分布和北宫的地望、范围,发掘部分手工业作坊与桂宫、长乐宫遗址[①];进入21世纪,发掘了西安门遗址、直城门遗址及覆盎门外汉墓与唐代粮仓、未央宫南宫门遗址,对部分城门、城内大街、未央宫内南北、东西路和沧池等进行试掘,对明光宫、武库、北第、东第、北宫、市场、建章宫、太液池、南郊14号礼制建筑进行勘探。[②] 长期主持汉城考古工作的刘庆柱、李毓芳先生指出,半个多世纪以来的汉长安城遗址的考古发现,使一个全息的、多维的、真切的长安城呈现在世人面前。[③]

然而考古工作所揭示的只是长安的物理形态、形制布局,相当于一个孤立的都市模型。越来越多的学者,包括资深考古工作者,都认识到,都城毕竟是城市的一种类型,而城市的实质是人们集中居住、生活和活动的空间(白云翔语);都城研究不能"见物不见人",必须由物及人(刘庆柱语)。[④]

在文献资料、考古发现基础上对汉长安城开展综合的历史学研究,实际上是较为晚近的事情,而围绕诸如城市布局与形状、城市朝向、中轴线问题、八街九陌、闾里的名称、外郭城的有无、城中户口数等议题,杨宽、刘运勇、史念海、徐卫民、周长山、马先醒、佐原康夫等历史学者,与考古学者刘庆柱、许宏、刘瑞等形成了激烈的争论。[⑤] 这一过

---

① 1996、2006年汉长安城考古工作40、50年之际,主持过汉城考古工作的刘庆柱、李毓芳先生都曾撰文,对不同历史阶段田野工作的侧重点、进展,考古发掘简报、报告的编写、综合研究情况予以回顾,参刘庆柱《汉长安城的考古发现及相关问题研究——纪念汉长安城考古工作四十年》,《考古》1996年第10期;刘庆柱、李毓芳《汉长安城考古的回顾与瞻望——纪念长安城考古半个世纪》,《考古》2006年第10期。

② 2006至2016年汉城考古工作的进展,参读刘振东《汉长安城综论——纪念汉长安城遗址考古六十年》,《考古》2017年第1期。

③ 参见刘庆柱、李毓芳《汉长安城考古的回顾与瞻望——纪念长安城考古半个世纪》文。

④ 上述意见据王仲殊、白云翔、刘庆柱、刘振东、安家瑶、李遇春、李毓芳、张建锋、黄展岳《汉长安城考古50周年笔谈》,《考古》2006年第10期。

⑤ 例如关于汉长安城有无外郭城,杨宽指出长安属内城,而大规模的市区和住宅区都分布在城外北面、东北面的郭,但郭以山川屏障,无城防,即长安无外郭城。参读杨宽《中国古代都城制度史研究》,上海:上海人民出版社,2016年,第113—118页。刘庆柱据汉长安城中有闾里、市场等信息,否认其为内城(宫城),而以其为大郭;所谓宫城应是位于大城郭内的未央宫、长乐宫等组成的宫城群。参读刘庆柱《汉长安城布局结构辨析——与杨宽先生商榷》,《考古》(转下页)

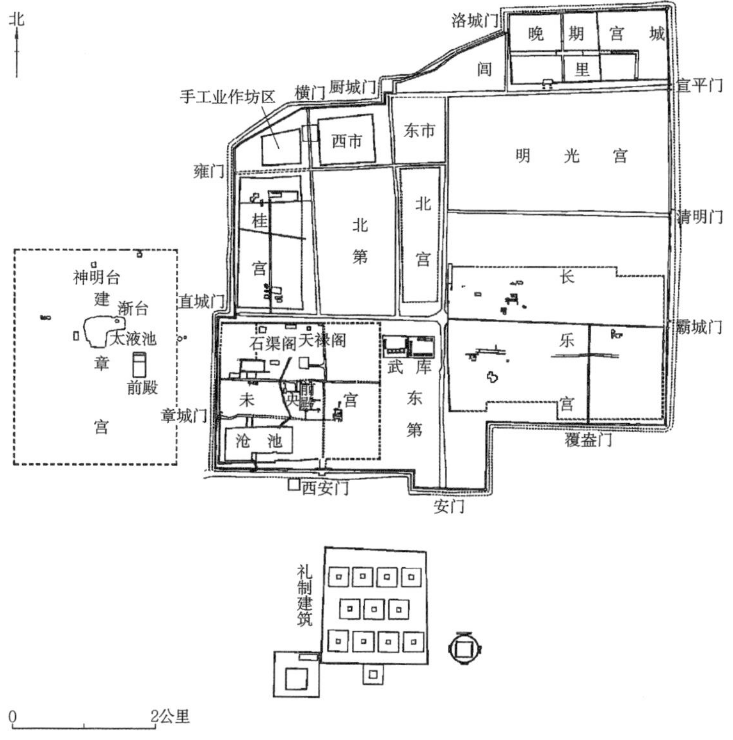

图 1　汉长安城遗址平面图

（刘振东依据考古新进展绘制，《汉长安城综论——纪念汉长安城遗址考古六十年》，《考古》2017 年第 1 期）

程虽然在客观上推进了汉长安城的研究工作，但限于目前所能掌握的资料，很多议题不可能有定论，反倒使考古学本位遮蔽了围绕汉长安城

（接上页）1987 年第 10 期。汉长安城设计受《周礼・考工记》的影响，与战国、秦都有很大差异。许宏近年来对三代、秦、汉都城的形态进行了细致考辨，指出在最早的广域王权国家都邑二里头至曹魏邺北城之前近两千年时间里，宫城+郭区而非宫城+郭城的布局，是都城空间构造的主流，这一现象可概括为“大都无城”。参许宏《大都无城——论中国古代都城的早期形态》，《文物》2013 年第 10 期。关于汉长安城的朝向与轴线问题，杨宽最初提出汉长安城坐西朝东，后又修正为东向与北向，而由未央宫向北至横门一线为长安城中轴线。参读杨宽《西汉长安布局结构的探讨》，《文博》1984 年创刊号；《西汉长安布局结构的再探讨》，《考古》1989 年第 4 期。刘庆柱认可南北中轴线说，参所撰《汉长安城的考古发现及相关问题研究——纪念汉长安城考古工作四十年》，7 页；另有学者不同意东西朝向说，认为汉长安城为南北向，但有以安门大街，以西安门、横门大街为轴线两说，如刘运勇《西汉长安》，北京：中华书局，1982 年，第 35 页；史念海《汉代长安城的营建规模——谨以此文恭贺白寿彝教授九十大寿》，《中国历史地理论丛》1998 年第 2 期；徐卫民《论秦西汉都城的面向——兼与杨宽先生商榷》，《秦文化论丛》（六），西安：西北大学出版社 1998 年，第 54—61 页；周长山《汉代城市研究》，北京：人民出版社，2001 年，第 80 页。近年来，刘瑞综合长安宫城、阙的朝向，宫城及市内街道的宽度，帝陵的朝向等多方信息，将城市放入动态发展的视野，提出汉长安城初建时是一座朝东的城市，后变为南向。参读刘瑞《汉长安城的朝向、轴线与南效礼制建筑》，北京：中国社会科学出版社 2011 年。

可展开的更为丰富多彩的政治史、文化史、社会史、生活史的研究课题。

近年来，受到西方社会学中的都市空间结构论等理论影响，在金子修一、渡边信一郎、妹尾达彦等日本学者对汉唐国都礼仪空间进行探讨之后[①]，更多的研究开始走进“长安城”，关注西汉长安城市内部空间的分配与利用，而将这种分配格局与都城所承载的主要功能联系考察。长安的政治性是第一位的，从空间利用来看，城内二分之一以上的空间被大小林立的宫殿、官署所占据[②]，而未央宫作为西汉帝国皇帝日常生活、起居、办公议政的场所，更是政治空间的核心地带；考古工作者围绕未央宫的宫门、道路及前殿遗址做过不少工作[③]，但所得信息，尚不足以重构该宫的建筑形态与内部结构；陈苏镇先生在考古信息基础上考辨史料，先后撰写《“公车司马”考》[④]《汉未央宫“殿中”考》[⑤]《秦汉殿式建筑的布局》[⑥]《未央宫四殿考》[⑦]等数篇专题论文，究明了未央宫的内部构造（分宫、殿、省三区），未央四殿的性质、功用、形态（前殿、宣室、承明为殿区，有殿墙环绕，殿门出入，温室殿为皇帝寝殿，称为省中/禁中），极大地推进了对长安政治空间的研究。

汉长安也是作为国家礼仪活动的舞台而被构建的，汉皇帝及王莽在长安城及其四郊和更外围，修建了许多礼制性建筑。20世纪五六十年代以来考古工作者对汉长安城南郊的皇室宗庙、社稷、辟雍遗址等进行了发掘。[⑧]

---

① 金子修一：《唐の太极殿と大明宫—即位仪礼におけるその役割について》，《山梨大学教育学部研究报告》44，1993年，52—64页；《关于唐代后半的郊祀和帝室宗庙》，《第二届国际唐代学术会议论文集》下，台北：文津出版社，1993年，第1123—1157页。渡边信一郎：《天空の玉座—中国古代帝国の朝政と儀礼》，東京：柏書房，1996年；《元会的建构——中国古代帝国的朝政与礼仪》，收入沟口雄三、小岛毅主编《中国的思维世界》，孙歌等译，南京：江苏人民出版社，2006年，第363—409页。妹尾达彦：《唐长安城的礼仪空间——以皇帝礼仪的舞台为中心》，收入沟口雄三、小岛毅主编《中国的思维世界》，孙歌等译，南京：江苏人民出版社，2006年，466—498页。

② 参读王仲殊《西汉的都城》，氏著《汉代考古学概说》，北京：中华书局，1984年，第9页。

③ 参读中国社会科学院考古研究所《汉长安城未央宫1980—1989年考古发掘报告》，北京：中国大百科全书出版社，1996年。

④《中华文史论丛》2015年第4辑。

⑤《文史》2016年第2辑。

⑥《中国史研究》2016年第3期。

⑦《历史研究》2016年第5期。

⑧ 参读黄展岳、张建民《汉长安城南郊礼制建筑遗址发掘简报》，《考古》1960年第7期；黄展岳《汉长安城南郊礼制建筑的位置及其有关问题》，《考古》1960年第9期。

在此基础上，姜波对汉城礼制建筑的分布、形制及其功用作了详尽分析，指出从汉初到西汉末，皇帝活动的礼仪空间分布的总趋势是由远离长安到迁至长安附近，比较集中在南郊①；刘庆柱讨论了汉长安城的物质性建筑、空间设计背后所折射出的礼制文化等。②

汉长安城的空间利用，主要是适应其作为国都的政治、行政、军事、礼仪等功用，诚如王子今先生在《西汉长安的公共空间》一文（下简称“该文”）开篇所引杨宽、贺业钜等学者意见，考古发掘的城内宫殿、宗庙、官署、府库等规模庞大，规划用地之多，几乎占全城总面积的三分之二，这些区域严格来讲是服务于汉帝国国家职能的空间，而非用以居住民众，展开都市生活。可以说，以往的考古学工作及对都城的政治、礼仪空间的研究，只能说铺开了一幅汉帝国的长安图景。而该文关注的是民众的长安、日常生活中的长安，是采集考古发现、传世文献（史料、诗赋）、出土文献中零散的信息，力图重构长安城内面向普通民众的公共活动空间。

二、王子今先生与西汉长安相关的研究

该文作者王子今先生，1982 年毕业于西北大学历史系考古专业，1984 年于同系中国古代史专业获得历史学硕士学位；曾在中共中央党校文史教研部、北京师范大学历史学院工作，现任教于中国人民大学国学院；接受过考古学及历史学专业学术训练，长期从事秦汉史、秦汉考古与文物、出土文献的相关研究；曾任中国秦汉史研究会会长。③

在近 40 年的学术生涯中，王子今先生主要致力于如下专题的研究④：

1. 秦汉及中国古代交通史：硕士学位论文《论秦汉陆路运输》，

① 姜波：《汉唐都城礼制建筑研究》，北京：文物出版社，2003 年。

② 刘庆柱：《汉长安城考古发现所反映的礼制文化》，《文史知识》2013 年第 4 期。

③ 作者相关信息，参照中国人民大学国学院网站上的介绍。

④ 以下对王子今先生学术方法与研究理路的概括，主要依据其自撰《有劳无功：三十年史学作业的盘点》（《社会科学战线》2009 年第 9 期），也加入了笔者的理解。

1984年12月；《秦汉交通史稿》，中共中央党校出版社，1994年[①]；《秦汉交通史新识》，中国社会科学出版社，2015年；《秦汉交通考古》，中国社会科学出版社，2015年；主持中国人民大学科学研究基金项目"中国古代交通史研究"（编号10XNL001）；主编《秦直道》丛书，陕西师范大学出版社，2018年。

2. 历史地理、海洋史、秦汉生态环境：《秦汉时期生态环境研究》，北京大学出版社，2007年；《东方海王：秦汉时期齐人的海洋开发》，中国社会科学出版社，2015年。

3. 秦汉区域文化与区域行政：《秦汉区域文化研究》，四川人民出版社，1998年。

4. 社会史与社会生活、文化史与文化人类学、性别史与儿童史：《史记的文化发掘：中国早期史学的人类学探索》，湖北人民出版社，1997年[②]；《古史性别研究丛稿》，社会科学文献出版社，2004年；《秦汉社会史论考》，商务印书馆，2006年；《秦汉社会意识研究》，商务印书馆，2012年；《秦汉称谓研究》，中国社会科学出版社，2014年；《秦汉儿童的世界》，中华书局，2018年。

5. 出土简牍与秦汉三国史：《睡虎地秦简〈日书〉甲种疏证》，湖北教育出版社，2003年；与赵宠亮合著《简牍史话》，社会科学文献出版社，2012年；《汉简河西社会史料研究》，商务印书馆，2017年；《长沙简牍研究》，中国社会科学出版社，2017年。

6. 秦统一及其历史意义的再研究：主持国家社科基金重大项目"秦统一及其历史意义再研究"（批准号：14ZDB028）。

此外，王子今先生对民俗学（《门祭与门神崇拜》，上海三联书店，1996年；《钱神——钱的民俗事状和文化象征》，陕西人民出版社，2006年）、名物制度（《秦汉名物丛考》，人民东方出版传媒有限公司，2016年）、中国传统政治文化（《权力的黑光：中国封建政治迷信批

① 北京：中国人民大学出版社，2013年增订版。

② 增订内容收入《千秋太史公：司马迁的史学与人类学》，太原：山西人民出版社，2018年。

判》，中共中央党校出版社，1994年；《“忠”观念研究：一种政治道德的文化源流与历史演变》，吉林教育出版社，1999年；《千百年眼：皇权与吏治的历史扫描》，长春出版社，2008年）、边疆民族（《秦汉边疆与民族问题》，中国人民大学出版社，2011年；《匈奴经营西域研究》，中国社会科学出版社，2016年）等领域皆有涉猎；曾参与高等教育出版社《中国历史》教材的编纂①，并与王慎之、王利器合作，进行民间文学竹枝词的整理。② 此外，王先生还为中国古代史，尤其是秦汉史、社会史、交通史研究的开展，提供了大量高质量的研究成果。

秦汉城市研究不仅是秦汉考古的重要工作对象，亦是秦汉史研究的一个分支。城市，尤其是都城，是政务运作的舞台，亦是上至帝王、下至庶民、奴婢、徒隶等社会各阶层民众活动的舞台，举凡秦汉政治史、经济史、军事史、社会史、文化史、生活史的种种话题，皆可于此舞台展开。王子今先生的秦汉史研究中，亦有不少内容是围绕西汉长安展开的。他以秦汉交通史与历史地理的研究起家，而西汉首都长安，长安的郊郭与周边，京畿区及其所在的关中，有着优越的交通形势和鲜明的区域地理及文化特色，正是良好的研究案例。

王子今《汉代长安乡里考》一文关注长安的基层聚落形态，并在传世文献记载的长安聚落名称基础上，利用封泥、陶文等金石资料，居延等西北简牍资料，诗赋等文学资料，补出西汉长安三乡（建章乡、卢乡、东乡）、二十三里（尚冠里、修成里、大昌里、戚里、宣明里、敬上里等）。③《西汉帝陵方位与长安地区的交通形势》一文，将关注点外延至长安郊区的帝陵及陵邑，在诸陵道路遗迹的勘查工作基础上指出，渭北诸陵与成国渠北在同一等高线，为秦故宫所在，有发达的交通基础，而由长安通往各方的干道，皆以陵邑为交接点，形成了畅通的交通网络。④《秦汉区域地理学的“大关中”概念》一文，关注点再度外延至长安所

① 合著《中国历史》（六卷本）教材，张岂之主编，北京：高等教育出版社，2001年。王子今担任“秦汉魏晋南北朝卷”主编，承担秦汉三国部分撰写任务。

② 《竹枝词研究》，与王慎之合著，济南：泰山出版社，2009年。

③ 《人文杂志》1992年第6期。

④ 《唐都学刊》1995年第3期。

在的地理大区——关中，运用考古资料和历史文献，讨论了秦汉时期区域地理学中广义与狭义的“关中”概念；“大关中”指包括巴蜀在内的崤山、函谷关以西的西部地区，“小关中”指渭河平原。[①] 这些早期研究，主要讨论长安的物理形态与地理构造。

前一部分言及，摆脱考古学话题引导，将空间与时间、人物、历史情境相融合，探讨都城中的政治事件、礼仪活动、居住与生活、文化娱乐等，使长安研究走向日常生活化，是较为晚近的事情。而王子今先生的研究，在长安社会史中扮演了重要角色。汉城考古工作多围绕帝王所居宫殿及高官府第展开。《西汉长安居民的生存空间》一文，眼光向下(History from below)地关注到长安城中普通民众，如农民的居住与生活，指出长安城内户口繁盛(50万左右)，还有大量涌入首都的流民，而城内普通民众的生活空间狭小。借助文献中的相关记载推测，政府可能通过乡、陵县的设置，将民众安置于城外。因而，长安都市功能的实现，借诸陵邑得到补充。[②]

在《论元康四年“诏复家”事兼及西汉中期长安及诸陵人口构成》一文中，作者统计到《汉书》的《王子侯表》《高惠高后文功臣表》中124则元康四年列侯子弟“诏复家”者的居住地，发现了集中在长安及周边的诸陵。此例可作为汉长安诸陵人口构成的鲜活标本，进一步讨论了诸陵邑的居民、区域文化及管理，将其定位为长安的卫星城，深化了前文的观点。[③] 近年来，随着肩水金关等地汉简的新问世，西北汉简中有关汉长安诸陵邑职官名、里名、人名的记载，再度引发学界关注。[④]《汉简“诸陵县”史料钩沉》一文，在鹤间和幸、冈田功[⑤]等学者的陵县

---

① 《人文杂志》2003年第1期。

② 《人文杂志》2007年第2期。

③ 原载杨振红、井上彻主编《中日学者论中国古代城市社会》，西安：三秦出版社，2007年；修订本收入《王子今学术经典文集》，太原：山西人民出版社，2014年，第267—302页。

④ 最新的研究如孙家洲《〈肩水金关汉简〉所见汉武帝“茂陵邑”探微》，《中国人民大学学报》2018年第3期。

⑤ 参读鹤间和幸《秦始皇帝陵建设の时代—戦国・统一・対外戦争・内乱》，《東洋史研究》53卷4号，1995年；惠多谷雅弘、鹤间和幸、中野良志《卫星データを用いた秦始皇帝陵の陵园空间に关する一考察》，*Chinese archaeology* 14，2014；鹤间和幸著《始皇帝的遗产：秦汉帝国》，马彪译，桂林：广西师范大学出版社，2014年。

研究基础上，搜集到西北汉简中有关太常郡、诸陵募人、平陵名捕的记载，进一步讨论了陵县的行政管理、社会治安、基层单位里、诸陵县居民在河西的活动等具体问题，推进了学界对西汉陵邑政治、社会、文化状况的认知。[①]

王子今先生长安研究的特点还体现在，将城市融入历史事件发生之时，融入人物的流动中，通过关注城内居民的空间流动、公共活动，使考古工作者绘制的静态的《汉长安城平面图》"动起来"。《西汉长安的太学生运动》一文，以王咸举幡太学下这一标志性事件为例，考察了西汉作为执政集团后备力量的"太学生"主动参与社会活动、政治运动的情景，而尤其关注到学生运动空间的选择，指出长安的太学下当有广阔的场地，至少能集合千余人。[②] 而《西汉长安的公共空间》一文，标题虽立足于城市空间[③]，实则揭示了西汉一朝长安城市中所发生的数十例大规模聚众活动，有的活动参与人数多达十万人（内容详下一部分），充分展示了长安社会的流动性。

三、文章的写作理念

1. "公共空间"的探索

城市是人群汇聚、流动之地，但作为中国早期都城代表的汉长安城，在城市布局与空间利用上具有封闭性，体现在两方面。(1) 皇权空间与其他城市空间的分离。长安城内的未央宫、长乐宫、桂宫、北宫、明光宫等多个宫城占据了城市的大部分空间，这些宫殿主要供皇帝本人及后妃、皇室、族人使用，各个宫殿之间有复道、阁道等相互勾连，以保障皇室活动的安全性和隐蔽性，而其他身份者出入宫殿实行严格的门籍制度，也造成了皇权空间与其他居住空间的区隔。[④] (2) 居住空间自身的封

① 《简牍学研究》第 5 辑，兰州：甘肃人民出版社，2014 年，第 141—156 页。

② 《唐都学刊》2008 年第 6 期。

③ 原载《中国历史地理论丛》2012 年第 1 期。

④ 参读唐晓峰《君权演替与汉长安城文化景观》，《城市与区域规划研究》2011 年第 3 期。

闭。帝室之外,各级官吏与侍者或在宫城之间营宅第(如北第、东第),或居于城东北部的闾里,兵士居于城门、宫门附近的"区庐",手工业者、商人居于城西北部的作坊区及其以东的市场区附近,普通民众居于东北部的160闾里[①],闾里、庐、作坊、市自身即具有封闭性,外筑有围墙,墙上开门,设有门监,按时启闭。从商者有"市籍",而闾里有里吏负责维持秩序,监督居民。这种管控保障了城市秩序,却阻碍了必要的交流与公共活动,与同时期罗马帝国的情况相异。即使在这种空间利用格局下,汉长安城中仍保留着一些容许公众开展活动、进行交流的空间。该文的写作理念之一,即对中国早期城市公共空间的关注。

现代学术意义上的公共空间(public sphere)概念,又称为"公共领域",由德国社会学家哈贝马斯提出,用以具体指称资产阶级社会中介于国家与市民社会之间,民众可以自由参与并就所涉普遍利益和共同关心的问题进行平等、理性论争的场所。[②] 该文所谓"公共空间",应是将这一概念移植到中国早期城市,用来指称城市中提供给社会大众的地理空间。

在中国中古城市史,尤其是唐代长安研究中,学者喜好讨论城市的公共空间,如街道、寺院、市场等。宁欣先生曾关注长安城中干道的街,因具有流动性、延伸性、开放性、公众性等特点,以及宣示、警示、炫示舆论与信息传播多项政治与社会功能,是当时城市生活的重要舞台,营造了公众活动空间。[③] 荣新江先生考察了唐代长安王宅、公主宅改为佛寺、道观的案例,敏锐地指出这一变迁意味着城市公共空间的扩大,从而标志着中古都城走向"近世化"。[④] 以"公共空间"为都城"近世化"(借用京都学派的说法)的表征之一,或许低估了中国早期城市中"公共空间"存在的可能性。

---

① 刘振东对长安城居民的居住地进行了推测,参读《汉长安城综论——纪念汉长安城遗址考古六十年》,《考古》2017年第1期。

② 对公共空间、公共领域的解释,参王邦佐等编《政治学辞典》"公共领域"条目,上海:上海辞书出版社,2009年。

③ 参读宁欣《街:城市社会的舞台——以唐长安城为中心》,《文史哲》2006年第4期。

④ 荣新江:《从王宅到寺观:唐代长安公共空间的扩大与社会变迁》,《基调与变奏:七至二十世纪的中国》①《社会·思想》,台北:政治大学历史系等,2008年,第101—117页。

该文通过对传世文献中长安城内大规模聚众活动的分析，展示了这座封闭城市内的公共空间，包括城内的市场（主要是东市和西市）、城外的其他市场（共九市）、街道、宫阙（未央宫北阙、东阙，长乐宫西阙、东阙，建章宫双凤阙）、城门（供吏民出入长安的横门、宣平门等），以及城门外的桥梁如横桥、渭桥等。

2. "大长安"的研究

围绕汉长安城的性质，是否有外郭城，以及外郭的性质，考古学界有过相当激烈的争论，发生过著名的"杨刘之辩"。目前较为一致的意见是，西汉长安城内宫殿区面积巨大，除宫室、官府、市场、甲第、武库、手工业作坊之外，提供给居民的生存空间很小，甚至主要是作为帝王与贵族官僚的专用城市而存在的，故仍处于以宫室为主体的都城布局阶段。而在这一阶段，都城政治、经济、军事、居住功能的实现，必得有较大规模的郊郭区的存在以为补充。[①] 长安城内划分乡里以实现民众居住与户口管辖，但由于城内空间有限，应有相当数量的民众居于郊郭，部分国家军队亦屯戍于郊郭（如南北军），长安城郊亦有乡、亭分布，以编制户口、管理治安（详刘振东对亭名的考释）。

据刘振东对汉长安城郊的研究，郊内除作为坟茔区，广布墓葬外，还分布有众多礼制建筑、宫殿、苑囿，城市日常运转所需设施如市场、手工业作坊、仓储，也大规模设置于郊郭。[②] 因而，与西方社会及中华帝国晚期、近世城乡相分的状况不同，西汉长安城郊郭是国都的有机组成部分，城市与郊郭形成连续统一体（urban-rural continuum）。[③]

长安城郭的再外围，环绕在中心城周围的是由太常直辖的诸陵邑，其中高祖长陵、惠帝安陵、景帝阳陵、武帝茂陵等，位于长安城西北

---

① 对汉长安城有无外郭城争论的回顾及当下通行观点的介绍，并参许宏《大都无城：中国古都的动态解读》，北京：生活·读书·新知三联书店，2016 年，第 1—18 页。

② 参读刘振东《简论汉长安城之郊》，《考古与文物》2016 年第 5 期。

③ 牟复礼指出，与西方比较，中国城市没有城市大建筑，没有"市民"，没有与周围乡村分开的政府，乃至建筑样式、空地利用、服装样式、饮食方式、交通工具、日常生活其他显见的方面，都未显示出城乡特有区分；旧中国城乡一统。Frederick W. Mote, "The Transformation of Nanking, 1350—1400", in G. William Skinner ed., *The City in Late Imperial China*, Stanford University Press, pp.101—154.

方向、渭河以北的咸阳原上；而宣帝杜陵处长安南高阳原，文帝霸陵位于长安东南白鹿原。由于长安城及其近郊的容纳量有限，诸陵邑成为都市区人口密度最高的居住新城。据《汉书》载，(2 年)长陵邑户口是 179 469，而茂陵邑达 277 277。[1] 据刘庆祝、李毓芳推测，平陵邑、杜陵邑的人口约在 15 万左右[2]，单一陵县人口就直逼长安城内户口数。

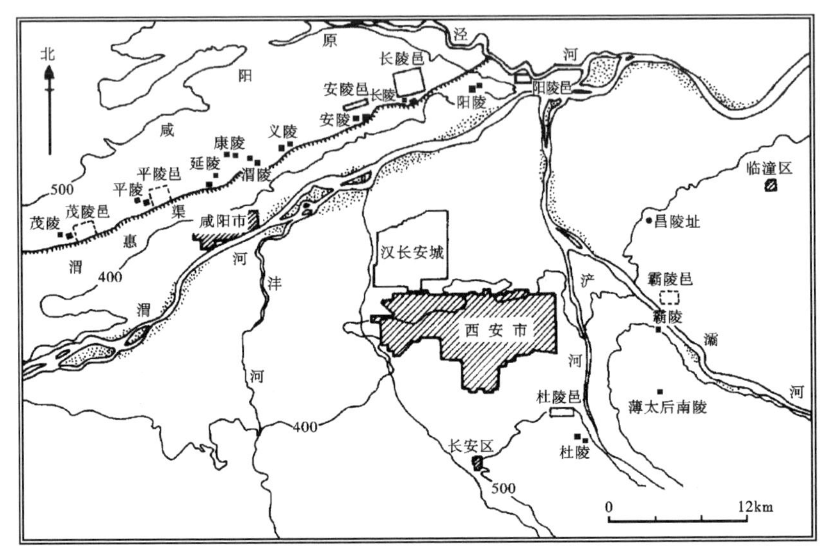

图 2　西汉十一陵分布示意图

(图摘自陕西省考古研究院秦汉考古研究部《陕西秦汉考古五十年综述》，《考古与文物》2008 年第 6 期)

陵邑的建设发展有效疏散了长安城内的人口，保证了都市秩序。由于良好的交通条件，人口、物资、文化资源等在长安城、郊郭及诸陵之间自由流动，从而形成了一个在空间上连为一体、职能上分工协作的社会实体——“大长安”，有学者称为“首都圈”。[3]

该文在写作过程中，始终秉持“大长安”的视野，所探讨的西汉长

---

① 《汉书》卷二八上《地理志上》：“长陵，高帝置。户五万五十七，口十七万九千四百六十九。”中华书局，1962 年，1545 页。“茂陵，武帝置。户六万一千八十七，口二十七万七千二百七十七。莽曰宣城。”第 1547 页。

② 参读刘庆柱、李毓芳《汉长安城》，北京：文物出版社，2003 年，第 207—208 页。

③ 参读叶骁军《古代的首都圈及其有关问题》，《中国古都研究(第四辑)——中国古都学会第四届年会论文集》，杭州：浙江人民出版社，1989 年，第 54—64 页；喻曦《西汉首都圈结构刍议》，中国古都学会 2012 年年会暨南诏古都文化发展论坛论文，云南大理，2012 年。

安公共空间，并不局限于城墙以内，包括南郊的太学、辟雍、市场（槐市），东北郊的灞桥，以及诸陵邑。作者说，长安周边的诸陵邑在某种意义上已经成为长安的卫星城，或亦可看作“大长安”的有机构成。由于东汉洛阳城之前的中国早期城市的特殊情况（小内城+无城垣之大郭区）①，这种城+郊+外围一体的研究理念，无疑将有助于对城市功能的全面认知。

四、文章的结构

该文分为八部分，借助汉长安城考古、文物资料及出土、传世文献，对长安城内具有开放性、公众性的地理空间，如宫殿前的阙、太学、长安城内与郊外的市、诸陵邑、都市中的里巷阡陌等，进行了逐一分析，并将西汉长安与东汉洛阳城市公共空间的情况进行了对比。文章的核心结论有二：一是汉长安城都市功能的实现，以诸陵邑为补充；二是尽管汉长安城具有封闭性，但城内仍有民众可以比较自由地进行公共活动的空间。而时至东汉，随着太学的兴起及市民经济与文化的发展，城市内较西汉长安有更为充裕的公共活动场所。下面对该文各章节的论证予以详细介绍。

第一部分讨论了汉长安城内公众集会场地的宫阙。首先将汉宫立阙的传统追溯至秦咸阳宫的冀阙，继而归纳了汉长安城内的宫阙，未央宫北阙、东阙，长乐宫西阙、东阙。结合考古发现，对诸阙的位置进行推测，观察到宫阙正处在以宫为中心的政治活动区和以市为中心的经济活动区的临界点。正是由于这样的特殊地理形势，使得宫阙成为帝王公布政令与公众集会上书的场地，即城内的上下交通空间。对宫阙这类公共空间的规模的认知，作者提示给我们两条史料：一是《汉书》记载西汉武帝后期巫蛊之祸发生时，太子曾驱动数万都市民众

① 许宏概括为“大都无城”，参氏著《大都无城：中国古都的动态解读》，北京：生活·读书·新知三联书店，2016年。

与丞相率领的正规军交战于长乐宫西阙下[①]；二是《汉书》记载的昭帝始元中伪冒卫太子事件，就发生在未央宫北阙，长安吏民数万人聚观[②]，说明西汉皇宫宫阙前应有面积广大的广场，以容纳多达数万人。[③]

第二、三部分讨论了位于长安城南郊的两处“聚会”场所，即太学与辟雍。先介绍了太学由武帝始建至平帝、王莽时代的飞速发展，太学生人数及校舍的增长，又据《汉书·王莽传》元始四年“网罗天下异能之士，至者前后千数”的记载[④]，认定太学应具备较广阔的聚合公众的会议场所。作者利用考古工作者对长安南郊圜水沟的实测，计算出礼制建筑辟雍内的空地面积约98 050平方米，应能容纳相当数量的专业人员；还对汉明帝于辟雍讲学，“听者盖亿万计”的史料进行了考辨，亿万即十万之数（第八部分）。

第四部分讨论了汉长安城中（及城郊）最为典型的公共空间——市。长安九市，知名者如城内的东、西市，城外的槐市，引汉班固《西都赋》和张衡《西京赋》对长安市的描绘，以说明市的特性，说明市是固定的交易场所，市内“都人士女”、商贾盗贼混杂。关于市的公共性，还注意到刑场设置于市内，以威慑公众的司法形式。由巫蛊之祸中卫太子聚四市人凡数万众的情况，推想长安社会中应有相当数量商贾于市内活动；而据汉大赋推测，其中包括大量都市服务业的从业者。

第五部分移目于处长安城外围的诸陵邑。先追溯了西汉王朝的陵邑制度与徙官僚豪族以实陵邑的行政传统，造就了诸陵邑人口的增殖及人才的萃集，由此形成闪耀的区域文化。另一方面，虽然诸陵系英俊之域，冠盖如云，但也应认识到，与汉长安城内相比，诸陵邑接纳了许多由内城溢出的普通民众，由汉宣帝幼年“上下诸陵”“斗鸡走马”的经历[⑤]，可见诸陵社会生活的平民化特征。

---

① 《汉书》卷六六《刘屈氂传》，第2882页。

② 《汉书》卷七一《隽不疑传》，第3038页。

③ 关于未央宫北阙阙前空间，笔者曾依据考古实测的直城门与横门大街的宽度进行估算，详拙文《西汉长安城未央宫北阙的地理位置及政治功用》，《四川文物》2012年第4期。

④ 《汉书》卷九九上《王莽传上》，第4070页。

⑤ 《汉书》卷八《宣帝纪》，第237页。

第六、七部分介绍了作为公共空间的都市的街道、里巷仟陌。由关东民传行西王母筹至京师，在道中相过逢的记载，指出长安城的道路、街巷为民众会聚之地，因而也成为社会舆论的传播场。由郅支悬首藁街蛮夷邸的记载，结合汉唐注释家对藁街位置的推测，指出由于长安城中接待四夷来宾的蛮夷邸在藁街上，将不与汉廷合作的首领悬首此街，可对四夷宾客起到警诫效应。从这个意义上讲，藁街也发挥了宣示公众的职能。

该文的最后部分，对西汉长安与东汉洛阳的城市公共空间进行了比较。这个比较展开的心理预设是，公共空间与市民活动（包括学术文化活动）的从无到有、日渐扩大，是城市发展中的历史性进步（荣新江先生以此为城市“近世化”的重要表征[①]）。东汉洛阳虽与西汉长安同处以宫室为主体的都城布局阶段，但由于儒学的发展及与政治领域的结合，越来越多的儒士进入官僚梯队。这些儒士常怀忧国之心，以天下为己任，希望借助都城中的公共空间，向最高统治者进谏、请愿、表达政治诉求。作者统计了都城中的诣阙事例，指出东汉的发生频率是西汉的近六倍，显示东汉一代公共空间“阙”的政治作用更为突出。

东汉洛阳的太学规模较西汉更为增殖，史载，东汉本初元年（146），京师有太学生三万余[②]，几乎占洛阳城区人口的15%。[③] 数量巨大的太学生除日常于太学习业、于学舍栖止外，必然要溢出太学区域，占据洛阳城市内外的一些空间。作者以为，洛阳在都市规划中为学术文化人群提供了诸如学门、书肆等公共空间。这类承载文化功能的公共空间的增多，也正是中华帝国早期的城市在发展过程中摆脱政治性束缚、逐渐走向日常生活的一个开端。

---

① 参读荣新江《从王宅到寺观：唐代长安公共空间的扩大与社会变迁》，《基调与变奏：七至二十世纪的中国》①《社会・思想》，台北：政治大学历史系等，2008年，第101—117页。

② 《后汉书》卷七九上《儒林列传上》：“本初元年，梁太后诏曰：‘大将军下至六百石，悉遣子就学，每岁辄于乡射月一飨会之，以此为常。’自是游学增盛，至三万余生。”北京：中华书局，1965年，第2547页。

③ 参该文介绍，东汉洛阳城区人口约20万。

唐代后期的长安与传奇小说

——以《李娃传》的分析为中心①

[日] 妹尾达彦

前　　言

从唐代后期到宋朝,这一时期的中国社会以城市化的进展为主轴,货币经济逐渐浸透,商业规模有所扩大,商业组织进一步复杂化。这些变化加大了人才与物资的流通密度,显著促进了地方势力与平民阶层的抬头。以上论述已然是众所周知的常识。② 与之相应,作为汇聚流通的节点,各大城市都开始出现了独特的平民文化,特别是在唐代的长安,在这座人口升至100万的城市,特有的城市文化繁荣而多彩。③

作为都城,长安是皇帝与官员们聚居的政治中心,构筑了国家礼

① 妹尾达彦先生《唐代後半期の長安と伝奇小説—『李娃伝』の分析を中心にして—》最初发表于《日野開三郎博士頌寿記念論集》(福冈:中国書店,1987年)。20世纪90年代,由宋金文、周蕴石译成中文,以《唐代后期的长安与传奇小说——以〈李娃传〉的分析为中心》为题发表于《日本中青年学者论中国史·六朝隋唐卷》(上海:上海古籍出版社,1995年)。该译文后收入荣跃明主编,朱红、许蔚编选:《城市变迁与文化记忆(中国城市文学研究读本·历史卷)》(上海:复旦大学出版社,2018年)。近年来,妹尾达彦先生又对原文、图表进行了若干修订,此次译文即是在该文修订版的基础上呈现的全新译本。其中,段宇翻译了正文和注释;夏炎核校了正文、注释的译文和史料,并翻译了表1至表3;妹尾达彦翻译了图1至图8中的文字部分。特此说明。

② 内藤湖南:《支那近世史》,《内藤湖南全集》第10卷,東京:筑摩書房,1969年。加藤繁:《宋代に於ける都市の発達に就いて》,《支那経済史考証》上,東京:東洋文庫,1952年。斯波義信:《宋代商業史研究》,東京:風間書房,1968年。日野開三郎:《唐代邸店の研究》,福冈:九州大学文学部東洋史研究室,1968年。D. Twitchett, "Merchant, Trade and Government in Late T'ang", *Asia Major*, N.S. 14, Part 1, 1968.

③ 石田幹之助:《長安の春》,東京:創元社,1941年(増訂版,東京:平凡社,1967年)。向达:《唐代长安与西域文明》,北京:生活·读书·新知三联书店,1957年。那波利貞:《唐の開元末、天宝初期の交が時世の一変転期たるの考証》,《唐代社会文化史研究》,東京:創文社,1974年。

仪与官僚机构的基础。毋庸赘述，在这座城市，古代的传统思想与最新的学术、文艺相汇流、交融，市民的服装样式、餐饮与音乐都浸透着遥远的西域文化风情，壮丽的宫殿、寺院道观与雅致的宅院鳞次栉比。这里还生产品质优良的陶瓷和其他工艺品，是辐辏四方的艺术中心。这里汇集了庞大的非官员人口，以都城的地位吸纳了大量商业财富，让出身地域不同、社会阶层迥异的人们得以相互交往。在这种背景下，包括街头表演艺术的各种民间艺术，自开元、天宝年间以来也得到了长足的发展。①

长安的城市文化得以如此发展，与城市社会形态的转变密不可分。高宗龙朔二年(662)长安城东北部大明宫的建设，玄宗开元二年(714)街东部兴庆宫的建筑等，多个新宫殿的诞生，加上城市人口的膨胀以及工商业的兴盛导致的坊市制度松动，到唐代后期，长安城一直以来由称作坊市的块状聚居区分隔开来的、均匀有序的城市规划走向崩溃。沿着城墙内外东西走向的交通主干道，街东的山脚下形成了官僚街区，而地势较为低洼的街西地区则形成了平民街区。位于官僚街区中心部位的东市周边云集了娱乐场所、情报机关和金融机构，一跃成为了长安的中心区域，为华美精致的工艺品与凝练的文艺作品的产生提供了场域②；与之相对，街西以西市为中心的地区遍布西域人聚居区与贫民窟，同时也成为贱民与汉族商人的聚居区，平民文化在这里生根开花，居民区的功能性分化在不断加强。图 1 可以定性地显示这种趋势。③

---

① 有关唐代长安的研究成果，可参考拙文《唐代長安城関係論著目録稿》“A Draft Bibliography of Works Concerning Ch'ang-an City during the T'ang Period”, *Tang Studies* 2, 1984, pp.129—186.

② 拙文《唐代長安の盛り場》,《史流》27,1986 年上。

③ 图 1 是在下列拙文的基础上绘制的。(A) 布目潮渢、妹尾:《唐代长安の都市形態》,《唐宋时代の行政・経済地図の作製研究成果報告书》,大阪大学教養部,1981 年。(B) “The Urban Social Structure of Chang'an: 583—904”(本文为 1983 年召开的第 31 届国际亚洲、北非人文科学会议时提出的 reading paper,论文概要参见‘Proceedings of 31st International Congress of Human Sciences in Asia and North Africa’, Tokyo, Toho gakkai, 1984, pp.83—85)。(C)《唐代長安の街西》,《史流》25,1984 年。(D) “The Urban Systems of Chang'an in the Sui and Tang dynasties: A.D. 583—904”, *Historic Cities of Asia*, ed., by M.A. J. Beg, Malaysia, 1986. (E) 前注《唐代長安の盛り場》(f)《唐長安城の官人居住地》(待刊)。图 1 仅仅是示意图,并未忠实反映细节状况,还有在今后的长安研究中取得进展后加以改订的余地。

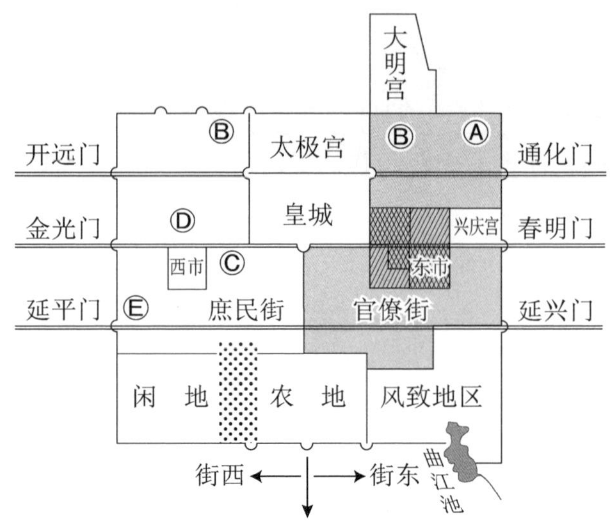

城内的交通主干道

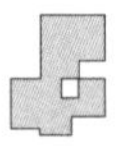
官僚街

都市核（以繁华地区为中心的商业、金融及信息机构集中区）

繁华地区（东市、平康坊、崇仁坊）

别墅区（为街东居住的高级官僚所有）

Ⓐ 亲王居住地

Ⓑ 宦官集住区

Ⓒ 街西的官僚、富豪集聚区

Ⓓ 西域人集住区

Ⓔ 下层市民聚居地（从事葬仪者、客户坊？）

图 1　唐代长安城内土地利用的功能分化

【出处】以妹尾达彦《長安の都市計画》（東京：講談社，2001 年）197 页图 54 为基础修订。

笔者意图在本文中，基于取材于 9 世纪初在长安演绎的传奇小说《李娃传》（出自《太平广记》卷四八四），对上述有关长安城市构造如何变化的论述进行具体检证，并期待能够一窥当时的平民文化。此外，本文中有关长安各地区功能方面的论述如非特别注明之处，请参照之前发表的拙论。[①]

① 本文为在 1982 年秋第 80 届史学会大会（东京大学）上以《唐代後半期の長安と都市小説—〈李娃伝〉の分析を中心に—》为题做的口头报告的原稿基础上，加入此后的研究成果后进行改订后的成果。谨对当时在会上和报告后赐正的诸位师长致以深深谢意。

一、李娃传的故事结构

如果读《李娃传》,会注意到其中提及的长安街巷的名称颇多,且与整个故事的结构联系紧密。这固然是众所周知,而笔者还想在此将整个故事缩写如下,并将其与长安的城市构造相关联的部分着重标出。[①]（参见图 2）

玄宗天宝年间,出身名门、才华横溢的常州刺史郑某的独子,因参加科举考试来到了都城长安,下榻于布政坊(C4)(街西)的旅馆。某日,他去东市(街东)游玩,归途中从东门进入平康坊(H5)(街东),拜访住在该坊西南角的友人。在途经鸣珂曲时,巧遇妓女李娃,并一见钟情。他返回布政坊的住处,携带大笔金钱前往李娃宅,与之同居。男主人公连日沉湎宴饮酒色,花尽金钱。他与李娃去参拜送子之神(竹林神),在返回的路上,李娃却与鸨母、姨妈合谋,在宣阳坊(H6)北门东侧,与男主人公分别后便再无踪影,男主人公只得拖着憔悴的身体返回布政坊(C4)(街西)的旅店。

男主人公伤心之余一病不起,之前关照他的旅店店主担心他死在店内,便将他遗弃在西市(街西)的凶肆[②](葬仪店集中区)处。不过,经凶肆诸人精心照料,男主人公得以病愈,并习练葬仪挽歌,终成长安第一歌手。当时在长安的东西二市的凶肆,举办有同行业相互竞争的演出活动,东市凶肆(东肆)在葬仪用具方面略胜一筹,却在挽歌方面

① 故事的缩写,是以《太平广记》卷四八四所收《李娃传》(北京：人民文学出版社,1959 年;北京：中华书局,1981 年再版)为底本,并参照了前野直彬的译文(《唐代伝奇集》1《李娃の物語》,東京：平凡社,東洋文庫,1963 年)和金文京的概要(《小説〈李娃伝〉の劇化》—《曲江池》と《繡襦記》—),《中国文学報》32,1980 年)。此外,最近出版了 Glen Dudbridge, *The Tale of Li Wa — Study and critical edition of a Chinese story from the ninth century*, Oxford, Ithaca Press, 1983,以《太平广记》卷四八四所收《李娃传》与《类说》卷二六上《汧国夫人传》为基础,对史料进行了校勘,并将正文译为英文。该书所附详尽的译注有助于加深对正文的理解。此外,由于礪波護先生的垂教,我才得以拜读 Dudbridge 的研究著作。在此记下,谨表深谢。

② 原文仅有“凶肆”二字。当时,由于东西两市均有凶肆存在(参见《太平广记》卷二六〇《李佐》,见《独异志》),因此也可以将《李娃传》文本中登场的东西凶肆,视作东市、西市的凶肆。抬入濒临死亡的病人一事,当在与布政坊相邻的西市中的凶肆发生。此外,1975 年对西市西大街中部进行了发掘调查,出土了被认为是凶肆址的遗址。

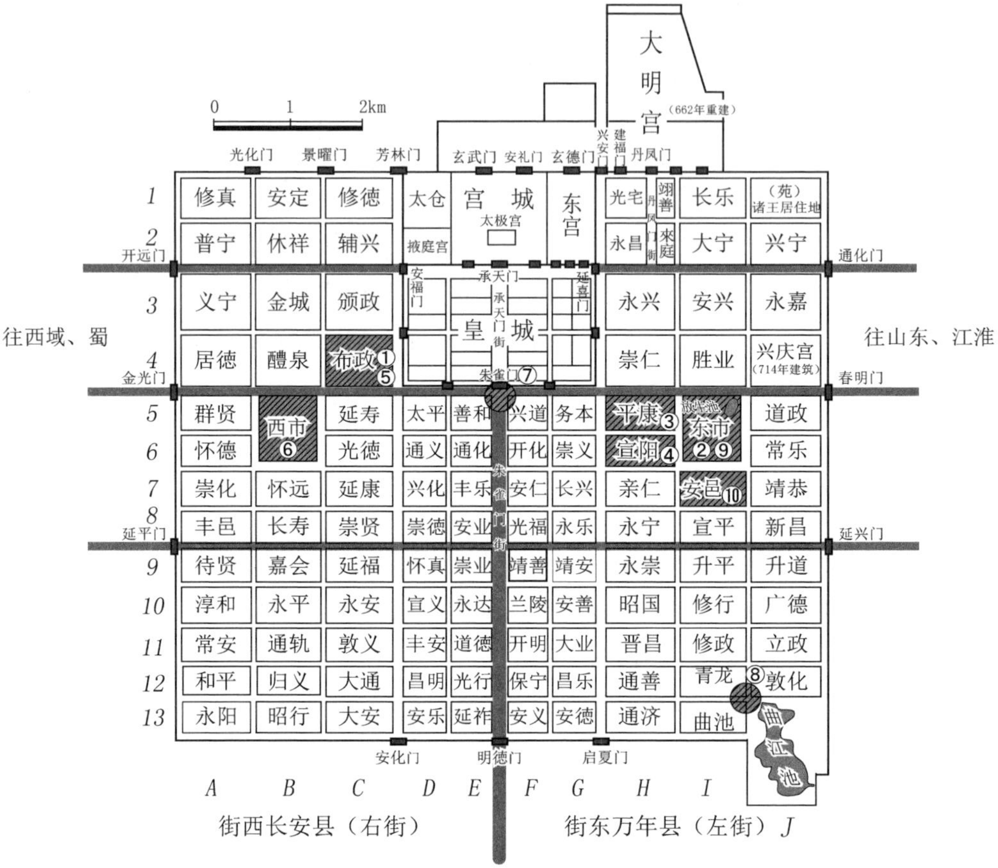

图 2　唐长安城和《李娃传》的舞台

注：

（1）图中斜线坊市、地方表示《李娃传》在长安城内的舞台分布。坊市中标明的小数字代表故事场面的先后顺序，一并参照表 1“故事的展开与长安的街道”。

（2）坊名参照韦述的《两京新记》、宋敏求的《长安志》、徐松的《唐两京城坊考》等，是元和年间（806—820）以后坊市的状况。但城内东南部诸坊（J10、J11、J12、J13 诸坊）名称，部分不详。

（3）E5 为善和坊，E6 为通化坊，是根据福山敏男《校注两京新记卷三及解说》（本文注 43，174—175 页）及黄永年的《唐长安城内两个阙失的坊名考》（《西安今古》1984 年第 1 期）的研究而定的。

（4）将街西第五街修真坊坊名的位置用 A1 表示的方法，依据平冈武夫、今井清编《长安和洛阳（索引）》，京都大学人文科学研究所，1956 年。

▬▬ 指联结城内外的陆路干线。东西走向的干线是经济动脉，南北贯通的天门街是象征国家礼仪的轴线。

劣于西市凶肆（西肆）。于是，东市凶肆的老板以二万钱的佣金雇下了男主人公。

东西肆在天门街（位于两街的中间）展开了行业竞争演出活动，败方要承担宴会的费用。全长安城的观众都云集于此。在人山人海的注目下，东市凶肆因男主人公的挽歌得以胜出。然而，郑父恰在此时进京并观看了赛会，此情此景下父子相见。

郑父愤恨己子抛却科考初心、辱没家门清誉，将其带往曲江池与杏园一带（街东南面），用马鞭痛打。凶肆的同伴循迹而来，意图为他收尸，却发现他一息尚存。不过，男主人公被运回东市凶肆后，伤重无法复元，最终在凶肆也无法立足，只得拖着遍布脓疮的肌体沿东市和街东住宅区乞讨为生。一日天降大雪，他行至安邑坊（I7）（街东），在饥寒交迫下倒在一家门前，却不料这正是李娃的宅邸。听到乞食声感到疑心的李娃急奔而出，用绣襦抱回了行将倒毙的男主人公。

之后二人在安邑坊北角租了一所新居，再次同居在一起。在李娃全身心的帮助和照料下，男主人公最终由明经科、制举及第，除任成都府参军。郑父此时任成都尹兼剑南采访使，父子再度相会。郑父同意儿子迎娶李娃，郑家子孙满堂、亲族昌盛。

《李娃传》与长安的城市布局之间的关系很早就为学者所注意①，参照表 1 可见，该故事整体都以长安为背景展开，与整座城市密不可分。下文将在着重留意这种关系对故事情节的影响的基础上，从男主人公启程直至结婚为止，重新回顾《李娃传》的整个故事。

最初，男主人公从当时处在发展阶段的江南要地常州②出发，带着大笔金钱意气风发地奔向都城长安（启程），在布政坊（C4）安顿下来（投宿）。布政坊在图 2 中用斜线标记，位于皇城的西南、西市的东北方向，两侧毗邻通往城外的主干道，坊内西侧有南北走向的水渠联

① 戴望舒：《读〈李娃传〉》，巴黎大学北京汉学研究所，1951 年；金文京前注《小説〈李娃伝〉の劇化》等。

② 9 世纪初的常州，属江南道浙西观察使管下（《元和郡县图志》卷二五《江南道》），位于大运河沿线，为江南有代表性的城市之一。常州在唐宋时期就有“苏常熟天下足”之誉，为国家粮仓。推测唐代常州的城下户数达 10 万（日野開三郎前注《唐代邸店の研究》，第 318—319 页）。

通，乃是长安街西的上等宅地。该处西邻西域人聚居区，坊内西南角有胡祆祠①，在景龙年间波斯胡寺也从醴泉坊（B4）迁来此处，位于胡祆祠以西。可见在当时，充溢异国情调的布政坊，赀财滚滚来去，毗邻地域既有繁华而猥杂的西市，也有规模宏大的都城政务区。将这里设为故事发端时的背景地，在塑造了主人公融入帝都长安城市生活的同时，也为此后主人公流落街西的下层社会的故事埋下了伏笔。

然后，男主人公游至街东，在平康坊（H5）的鸣珂曲与李娃初遇。李娃的住宅位于鸣珂曲一隅，堪称"门庭不甚广，而室宇严邃"（中华书局本《太平广记》卷四八四《李娃传》。下引均用中华书局本），门内建有萧墙，有"甚丽"的迟宾之馆用于接客，还有附带寝室的西堂。招待用的茶具、酒器，西堂的帷幕、帘、榻，置于侧翼的化妆台与夜具、烛光映照下的美味佳肴等，这些都让李宅符合长安城一角的设定，细节处显露精致华美的都城气象。而"妖姿要妙，绝代未有"的李娃形象正是这一场景的中心。

换言之，随着男主人公的脚步从街西布政坊的住处至街东的移动，是向着凝练有高贵、华丽的城市中心闹市区的移动，妓女李娃的人设可以说是集这块土地的性质于一身。随着她的出场，可以想到故事由此真正地展开（邂逅）。

故事的舞台中心就此转移到街东（参见表1）。随着场景转换，男主人公的举止行为也相应地发生变化。不过，在金钱散尽后，被李娃等人欺骗和抛弃的男主人公遭到街东社会的放逐（别离），直接坠入街西下层社会（堕落Ⅰ）。他在凶肆同伴的照料下脱离了奄奄一息的状态，投入西市杂乱却生机盎然的生活中。一边为葬礼打下手，一边凭借幼少时期学习培养的学习基础和才能，成为全都城最优秀的挽歌歌手，迎来了个人的重生。

以男主人公受雇于东市凶肆为契机，故事的转折是天门街挽歌大赛（天门街），到此整个故事进入后半部。男主人公在曲江池附近遭父

① 拙文，参照前注《唐代長安の街西》。

表1　故事的展开与长安的街道

①	构成	舞台		男主人公(男)、女主人公(李娃)的行为,舞台设置	地域特征②
	启程 ↓	常州		亲戚中有许多高官的名族秀才,带着丰厚的资金,穿着华丽的衣服,车马进京(男)	江南的要冲
1	投宿	街西	布政坊		西市的东北
2	↓	街东	东市		华丽的商店街
3	↓		平康坊	骑马与随从路过(男)	繁华的街道、游郭
	邂逅		鸣珂曲	伫立在幽深庄严的房屋前的美女(李娃)	
	↓	(街西	布政坊)		
	↓	街东	鸣珂曲	整理衣服,在宾从拥护下再访(男)	
	↓ ↓ ↓ ↓			在宾客用的华丽的馆中用干净的茶器、酒器接待(李娃)。以犯夜禁令为借口留宿(男)③。移至西堂(卧室),在焕然一新的帘榻、夜具旁摆放着美味的饭菜	
	↓	(街西	布政坊)		
	↓ ↓ ↓	街东	鸣珂曲	移居到李娃宅,与倡优连日狎戏游宴,资财花尽,卖掉骏马,又卖掉家僮(男)	官僚邸宅街
4	↓		宣阳坊		
	↓		竹林神	向竹林神祷祝(男、李娃)	
	↓ ↓ ↓		姨宅	有戟门的宏伟宅邸,整备幽远的庭院,珍贵的茶点招待,骑着大宛马的使者到来	
	别离 ↓		平康坊	寻找失踪的李娃的去向,但由于犯夜禁而未能实现(男)④。	
	↓		平康、宣阳	鞭策蹇马往来(男)	
5	↓	街西	布政坊	绝食三日,患病至奄奄一息(男)	
6	堕落Ⅰ ↓		(西市)凶肆	被遗弃到凶肆,病愈,手持葬仪的穗帷,学会了挽歌,成为全城第一歌手(男)	大商业区,庶民街
	↓	(街东	东市凶肆)	东市凶肆用二万钱重金买走(男)	

（续表）

①	构成	舞 台		男主人公（男）、女主人公（李娃）的行为，舞台设置	地域特征②
7	天门街 ↓	中央	天门街	葬礼用品展示会，挽歌竞赛之中，与作为观众的父亲相遇（男）	皇帝御街，行政区的边界
8 9	↓ 堕落Ⅱ	（街东	东市凶肆） 曲江池西 东市凶肆	光着身子被父亲鞭打得奄奄一息（男） 遍体脓烂，在粪壤中就寝，沿街乞讨（男）	风致地域
10	再会 救济 同居 ↓ ↓		安邑坊 安邑坊 安邑坊北隅	乞讨途中，倒在李娃宅前（男） 用绣襦将男子裹起（李娃） 在坊内北隅的新居，得到李娃的照料，重新开始科举考试的学习，明经科、制科及第，开始走向政府高官之路（男）	官僚邸宅街
	结婚	成 都		作为成都府参军赴任（男）。此后，子孙亲族中高官辈出（男、李娃）	当时屈指可数的地方大城市

注：

（1）表中的①的数字（1—10），表示主要舞台的展开顺序，与图2“唐长安城和《李娃传》的舞台”的斜线图中的坊市数字相对应。

（2）关于②的各地域特征，参照本文及注释。

（3）③④的犯夜禁，是指坊外夜间外出禁止令，是维护长安城内时间秩序的法律。

犯夜禁在故事中的两次出现，采用了平康坊的对比的场景，即男主人公与李娃同居的契机场景③，与被李娃和姨母欺骗舍弃的场景④两处。参照戴望舒《读〈李娃传〉》（本文注释）。

（4）括号中的坊市，虽然并没有在文中被直接记载，但可以显示能够确定的主人公（男）的足迹的场所。

（5）从启程到结婚的故事的结构要素的关联，参照图3“《李娃传》故事的结构”。

亲鞭打后沦为乞丐，这是比之前境遇更惨痛的下坠（堕落Ⅱ）。后来他再次遇到李娃（再遇），科举及第后成为街东官僚社会的一员，最终脱离苦海（救济）。邂逅时和救济时的场景虽然都在街东，但详细看来，邂逅的场景中男主人公的身份和装束都和街东的繁华及官僚街的环境相符；而与之形成鲜明对比的是救济时的场景，男主人公浑身脓疮、托体粪土之中，在繁华的东市和官僚邸宅街这一同样的场景中沿街乞食，强烈的对比反衬出男主人公境遇的悲惨。如此，堕入城市最下层的男主人公受困于饥寒交迫时，他瘦削溃烂的肌体被奔来的李娃用绣襦裹起，这一幕让整部波澜起伏的长篇故事进入尾声。①

如前所述，在故事核心的起点与转折点上，都使用了长安真实存在的坊名、街道名称，使读者能够产生现实的代入感。此外，因唐代后期长安城市空间职能出现分化，特定的地名能够激起受众固有的印象，坊成为故事中的一个舞台，于是坊名的变化与故事情节的变化相对应。不得不承认的是，多数情况下作为舞台背景的坊，其设定与在此登场的人物的举止行为、台词、房屋、家具、日常用品、服装等紧密相连。

长安的街区名称频繁出现，不同街区的设定辅助故事的展开，这与故事最早的形态密切相关，故事是由长安说唱艺人在街头传唱而普及开来的。众所周知，《李娃传》相传是白行简——白居易之弟，元和二年(807)进士及第——在民间传说《一枝花》的基础上加以改写而成的一篇花一整夜也讲不完的长篇故事。②《李娃传》定稿的确切时间诸说不一，不过公认是在9世纪初。③ 换言之，《李娃传》来源于9世纪初长安说唱艺人在街头传唱、口耳相承的长篇故事，由士大夫删定并写成文言文体裁的作品。

于是，因士大夫们的儒家道德观，李娃的烈女贤妻形象得以凸显，

① 绣襦之“绣”，为以五彩丝线刺绣的纹样，“襦”为包有絮的冬季用外衣，与裳裙一样，襦裙这种服装也是唐代上流社会妇女的常服。襦在罗縠类以外，还可像锦一样加厚。长安的富家女儿身着饰有刺绣的绣襦，还有多处例证，参见《白居易集》卷二（中华书局本）《秦中吟·议婚》中“红楼富家女，金缕绣罗襦”之句（原田淑人：《唐代の服飾》，東洋文庫，1970年，第97页）。《李娃传》所表现的这一幕场景，是用绣襦来包裹沦落为乞丐的男主人公在寒冷中瑟瑟发抖的丑陋躯体并使之温暖，以此感动观众和读者，是为女性的爱情的象征。也正因如此，后世将《李娃传》戏剧化时，才将其改题为《绣襦记》。

② 张政烺：《一枝花话》，中研院历史语言研究所集刊第20本，下册，1949年。

③ 有贞元二十一年(805)说到元和十四年(819)说，其间各有推论。参照内山知也《隋唐小説研究》，東京：木耳社，1977年，第475—478页；近藤春男《唐代小説の研究》，東京：笠間书院，1978年，第206页；卞孝萱《校订〈李娃伝〉的标题和写作年代》，《社会科学战线》1979年第1期；Dudbridge, *op*, *cit*, pp.18—37等。

成为作品的一条主线。在《李娃传》的最后迎来了这样的大结局："（李）娃既备礼，岁时伏腊，妇道甚修，治家严整，极为亲所眷尚。后数岁，生父母偕殁，侍孝甚至。有灵芝产于倚庐，一穗三秀，本道（剑南西川道）上闻。又有白燕数十，巢其层甍。天子异之，宠锡加等。终制，累迁清显之任，十年间至数郡，娃封汧国夫人。有四子，皆为大官，其卑者犹为太原尹。弟兄姻媾皆甲门，内外隆盛，莫之与京。"用以上叙述收束全篇，可见小说的主角当是李娃，主题则是宣扬她基于儒家伦理的行为。《李娃传》得名也当如此。

另外，《李娃传》的作者在开头和结尾都反复强调，李娃虽是妓女，却具有古今稀有的操行，而正因为李娃从精神上和物质上提供的帮助，男主人公才能够成功融入当时的官僚社会。不过，由于受到士大夫作者的价值观、故事内容大规模删定、夹杂唱词的口语在转为书面语时存在的技术问题等因素影响，从现存文本来看，这个传奇故事在街头巷尾传唱的时候，已失原貌。传唱时期故事的梗概虽得以保留，表达的侧重点已有不同，自相矛盾之处尚有很多。

特别要关注的是关于街头传唱故事中的主角，从上文《李娃传》本文的梗概中可以窥见，其主角与其说是富于节行、值得彰显的前妓女李娃，倒不如说是那位遍尝长安城里不同社会阶层的滋味、从一个对科举志在必得的精英官僚的后备军沦落到沿街乞讨、最终却被女人拯救的男主人公。

近年来桥本尧指出，《李娃传》是一类典型的英雄旅程，即主人公启程→与女主人公邂逅→主人公堕落→被女主人公拯救→结婚，这种少女以纯洁的恋情拯救了男性浪子的故事，是以民众喜闻乐见的一类母题为基础的。[①] 此外，可以认为《李娃传》存在着如下显著特征，即主人公流浪于不同的世界、遍尝世间百味并历经种种历练，前后两半部分情节的发展截然相反，这部异乡访问谭后半段的情节，在对故事

① 橋下堯：《『李娃伝』のモチーフ》，《小尾博士古希記念中国学論集》，小尾博士古希記念会事業会編，東京：汲古書院，1983 年。

前半段的各小节作了否定和对立后，走向结局。[1] 如图3所示，男主人公的出发与结婚、与女主人公的邂逅和被女主人公所救济，都是存在对应关系的情节；天门街竞歌则隔开了两次堕落的情节，成为故事前后两半部分的分水岭，后半部分与前半部分按相反的顺序推进，形成一个大团圆到放浪再到大团圆的闭环形态。

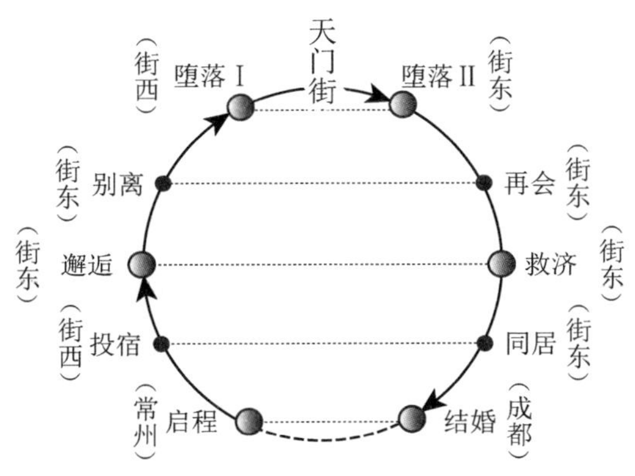

图3 《李娃传》故事的结构

※本图将《李娃传》的内容与"贵种流离谭"及"异乡访问谭"型说话本的构成相比较，将其故事的主要结构用图形表达出来。

参照文中的内容概要及表1"故事的展开与长安的街道"。

举例来说，由天门街场景分隔开来、在其前后主人公的两个堕落情节同为舞台上境遇的暗转，其发展层次也是严密相对应的。场景由街西变为街东；导致男主人公堕落契机之人，由李娃之鸨母、姨妈变为其亲生父亲；抛弃垂死主人公之人，从街西布政坊旅店老板变为曾经的同伴街东凶肆的同党；摆脱困境后，男主人公的身份成从京城首席

---

① 这些故事结构最初由罗马尼亚民俗学学者 Mihai Popp 发现，大林太良将之应用在日本民间故事和神话的分析中，写成《異郷訪問譚の構造》（《口承文芸研究》第2号，1979年），据此得知其论点梗概。在这篇论文中，大林太良介绍了 Mihai Popp 对"作为士兵的少女"的罗马尼亚传统民间故事所做的研究，并做如下叙述："这个传统民间故事的前半部分与后半部分是具有相反的发展关系，换言之，在前半部分形成剧情冲突的若干主题，都在后半部分以与前半部分相反的次序逐个展开。此外，同样的主题虽形成剧情冲突，但位于后半部分的主题对前半部分形成了不呈否定的对立。"（同上论文，第1页）。大林先生将这种分析方式用于《古事记》中伊邪那美访问黄泉国故事、神功皇后远征新罗故事、《丹后国风土记》的浦岛子故事、中世《神道集》所收甲賀三郎故事的研究，这些都可归于异乡访问谭之类，抽出故事共通的要素。此外，同样的分析也被用于研究朝鲜半岛的传统民间故事、神话和传说（依田千百子：《韓国の異境訪問譚の構造》，《口承文芸研究》5，1982年）。

挽歌歌人变为街东住宅区的乞丐；挽救了男主人公的人从西市凶肆的同伴们变为李娃。这其中的每处变化都让堕落变得更深，都为李娃伸出的最终拯救之手添加了更多戏剧性。桥接上述对立状况的场景是天门街挽歌大赛，如图 3 所示，是整个故事情节的转折点。

小说将母题的展开置于当时的社会中，一个重要因素就是利用当时长安的街衢，让故事情节随着主人公走遍长安城的步伐而发展。因此，长安的情景是遮盖母题的外衣，而对此进行解析，能够反向考察特定时代和区域造成的母题自身结构的不同点与特征，将之进行参照，当可以为直观认识 9 世纪初的长安社会提供线索。所以，下文将街东、街西和天门街三处的区域特征与故事相参照，以期观察更多细节。

二、街东与街西的舞台

首先，从街东来看，正如图 4 所示，东市及其周边的各坊乃是故事的主舞台。主人公从街西的布政坊来到街东游玩，造访积聚了全城财富的东市，出东市西墙的市门后横穿大街，骑马来到图左上位置的平康坊的东门。平康坊在唐后期因拥有民间经营的大型风月场所而驰名，推断位于坊内北门以东的区域，即“三曲”（北曲、中曲、南曲）所在处。[①] 平康坊与位于其北的崇仁坊之间，有一条联通春明门与金光门的主干道。崇仁坊是进京参加选调和科举考试者住宿的集中地，“昼夜喧呼，灯火不绝，京中诸坊，莫与之比”（《长安志》卷八《崇仁坊》），是城内顶尖的繁华坊，三曲则与崇仁坊隔横街相对。以三曲为中心，将东市和崇仁坊相连，这一带便成为长安城的繁华区，在唐代后半期盛极一时。[②]

① 《北里志》的开头部分有《海论三曲中事》，其中有“平康里，入北门东回三曲，即诸妓所居之聚也。妓中有铮铮者，多在南曲中曲。其循墙一曲，卑屑妓所居，颇为二曲轻斥之。其南曲中曲，门前通十字街”的记述，记录了北里三曲在坊内的位置与特征。从这段记载中可知，三曲是坊内 16 区划之一，位于北门以东，即图 4 所示之处。一说鸣珂曲当为三曲之中南曲的一条小路，不过根据《李娃传》的行文推断，从东门进入平康坊，是在去往位于坊西南处的友人住宅途中通过鸣珂曲，如此，从位于坊内北街（北半部）的三曲绕行则难以成立，而当如图 4 所示，是为南街向西方向的一条小路。

② 参见拙文，前注《唐代長安の盛り場》。

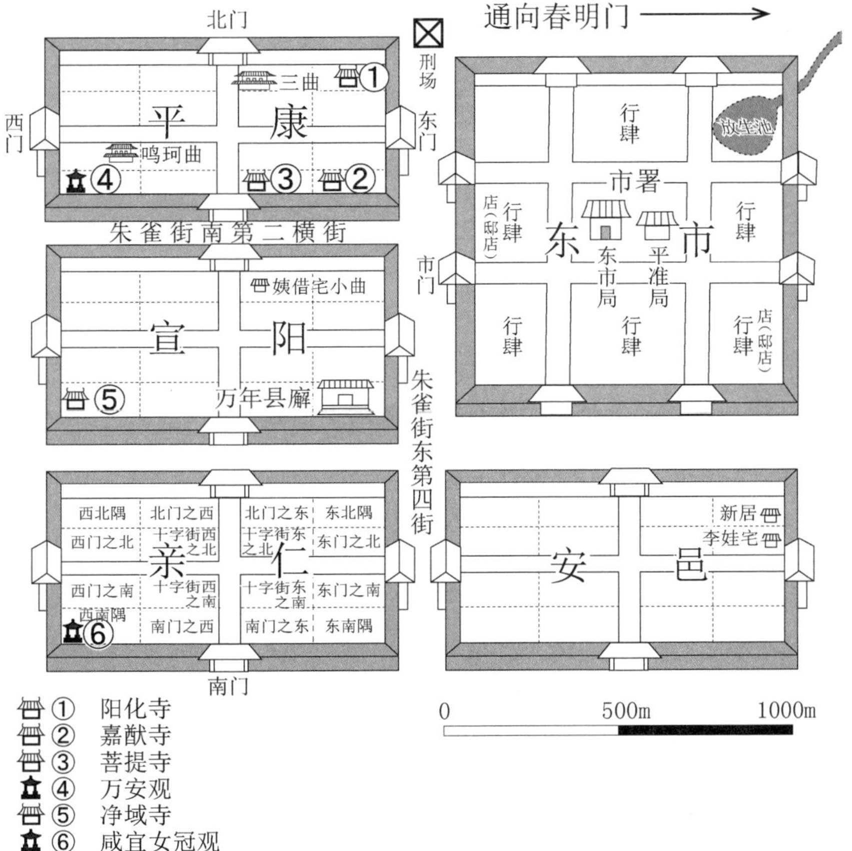

图 4　街东的主要舞台

注：

（1）本图参照《李娃传》正文、宋敏求《长安志》卷八、徐松《唐两京城坊考》卷三的记载，及吕大防《长安图》、戴望舒《读〈李娃传〉》（本文注释）所收“平康里宣阳里”图、日野开三郎《唐代邸店的研究》注 1 所收“坊内四门制坊图”、宿白《隋唐长安城和洛阳城》注 21 所收“《两京新记》《长安志》记录坊内方位的图解”、段浩然“《北里志》中的‘三曲’”，《西北大学学报》1981 年第 1 期所收“平康坊图”等，制作而成。

（2）寺观、官府只记入了能判明的坊内 16 区内所在位置（坊内 16 区见图中“亲仁坊”）。宣阳坊的奉慈寺、榷盐院，亲仁坊的回元观（南街），安邑坊的元法寺（十字街之北）、太真观没有记入。另外，平康坊的阳化寺在《长安志》卷八中出现在“十字街之北”，在吕大防的《长安图》出现在坊内东北，此处按吕大防《长安图》记入。

（3）此图在长安城整体中的位置，参照图 2“唐长安城和《李娃传》的舞台”。

此外，在菩提寺，三曲的妓女与官人、科举考生们享受萍水相逢的片刻欢愉，这里位于平康坊南街的南门以东（《北里志·海论三曲中事》），平康坊尤以妓女聚居、让都城游子及新进士们流连忘返的“风流薮泽”而出名（《开元天宝遗事》卷上《天宝上·风流薮泽》）。另一方面，大中年间（847—860）以前，北里三曲治安极差，杀人案件屡有发生。①

三曲以外，位于坊内南街一角的鸣珂曲也是妓女的安家之处，这里常有美女伫立街头，因而广为人知。从《剧谈录》（卷上《郭鄩见穷鬼》）中也可以看到这一点。这是一个与《李娃传》主人公经历相似的故事，讲一位胜业坊（I4）富人在鸣珂曲迷上美妓并最终殒身。

> （胜业坊）王氏，润屋之资，几侔猗顿。然为性俭约，所费未尝过分。（中略）一旦，与宾朋骤过鸣珂曲，有妇人靓妆立于门首。王氏驻马迟留，喜动颜色。因召同列者，命酒开筵为欢颇甚。（中略）是日，歌数曲，王氏悉以金彩赠之。众皆讶其广费。自此舆辇资货，日输其门，每欢洽酒酣，略无所悋。繇是，治生之业，渐属他门，未经数年，遂至贫匮。

王氏拥有能与古代大富豪猗顿相提并论的财产，却终日流连于鸣珂曲的妓女之处，不过数年就变得一贫如洗。与李娃来往的也都是长安的贵戚、豪族阶层，投入金钱求得与之同居的男主人公从家乡带来的财产仅一年出头就挥霍一空，而这笔生活费和其他财产足够维持两年奢侈水准的生活。两者情节多有相似之处。比起北里三曲的歌妓，还是鸣珂曲的歌妓更具品位，这从她们只接待官人、富豪等特定顾客上可以看出。②

① 孙棨在《北里志》的最后写道，“尝闻大中以前，北里颇为不测之地”，并记载了实际曾发生的两例杀人案件。此外，还可参照石田幹之助前注《長安の春》，第119—120页。

② 关于平康坊三曲以外的散娼，可参照前注石田幹之助著作，第116—117页。胜业坊（I4）的古寺曲和靖恭坊（J7）处就有名妓定居，与之往来的是豪门贵戚。

长安的坊大致都像图4左下方的亲仁坊所标记的那样，在坊内有连通坊门的十字街，与横道的巷子一起把地块分为十六个区域。[①] 特别是天宝之后，坊内人口密度增加，致使称作曲的小路更为发达，曲也逐渐成为周围地区的名称。例如靖恭坊(J7)毡曲、胜业坊(I4)古寺曲等都是如此，被用作代指那片土地的俗称。[②] 鸣珂曲也是一条这样的小路，语义吉祥，暗示这里是贵人居处。男主人公先是从东市出发，横穿纵贯长安南北的朱雀街街东第四街，又穿过平康坊的东门，步入长安城中兼具诱惑与危险的场域。接着，沿着十字街，走向通往坊内深处、被称为鸣珂曲的小路。这些描写足以让读者进入故事的世界。

散尽钱财后的男主人公中了李娃与鸨母、姨娘的计策，突然从街东社会被驱逐出来，这一幕正如前人所指出的那样，充分利用了长安城内的地理空间和时间秩序，使场面的展开富有速度感。[③] 首先，男主人公与李娃二人同居一年有余，李娃因尚无身孕，所以想去参拜灵验的竹林神求子。为此男主人公典当衣物，备好牢醴之具，两人共赴祠宇祈祷两夜，于此闷居二宿。当时的竹林神信仰乃是实际存在的。长庆三年(823)，从六月起干旱天气持续不绝，韩愈在京兆尹任上为祈雨书写的祭文《竹林神祭文》(《朱文公校昌黎先生集》卷二三)可资为证。[④] 也可见当时在长安，竹林神对多种类型的祈愿都有灵验，是为官民共通的信仰。[⑤]

---

① 宿白:《隋唐长安城和洛阳城》,《考古》1978年第1期。马得志:《唐代长安与洛阳》,《考古》1982年第6期。

② 宿白,前注论文。

③ 戴望舒,前注论文。金文京,前注论文等。

④ 金文京,前注论文。此外,该年除向竹林神求雨外,还在曲江池求雨。(《朱文公校昌黎先生集》卷二三《曲江祭龙文》)。祈愿达成,雨水得降,这一史实可由该书卷四〇所载贺雨表中得见。

⑤ 男主人公与李娃从竹林神祠回到平康坊(H5)李娃住所的情况,《太平广记》所收《李娃传》中有如下所述。与娃同谒祠宇祷祝焉。信宿而返,策驴而后,至里北门。娃谓生曰:"此东转小曲中,某之姨宅也。将憩而觐之,可乎?"

文中的"里北门"可根据后文判断为宣阳坊(H6)的北门。此外,根据《类说》卷二六上《汧国夫人传》,这一情境为"与娃同诣,信宿而返,路出宣阳里。姨曰:'自此小曲某姨宅也。'"从此处文意可以明确,男主人公与李娃是从宣阳坊的坊内出发,过北门前往平康坊方向的。与之相对,前一史料中只以"里北门"来表述,这当是因为竹林神祠位于宣阳坊内才将坊名略去的。不过,这还无法确凿地排除竹林神祠位于城南或者城东等近郊地区的可能性,有关神祠的位置尚待今后考察。

在参拜竹林神之后，在归途中上演了主人公的悲喜剧。当二人在位于宣阳坊的李娃姨妈家小憩时，骑大宛马的使者飞驰而至，报李娃之母病危。李娃即刻动身返回家中，男主人公则留下与姨妈一同考虑安葬事宜，等候迎接的车马。夜幕降临，仍不见迎者，男主人公因而在姨妈劝诱下，独自返回平康坊的李娃住宅。但见门户紧闭，落闩上锁且施有封泥。男主人公吃惊之余，向邻人打听，方知此处邸宅原是李娃租借的，契约期满，由房主收回。李娃之母在男主人公参拜竹林神之日搬走不回，去向不明。

男主人公欲去宣阳坊姨妈家再行询问，无奈天色已晚，因外出会触犯坊外通行禁令（犯夜），未得出坊。[①] 男主人公只好草草吃罢晚饭，在坊内寻一处出租床位和衣而卧，度过了无法入眠的一夜。翌日黎明，男主人公心急火燎地鞭打着驽马来到宣阳坊，找回昨日见到的姨妈宅第。叩门后片刻，一宦者出现，称此处是崔尚书之家，昨日有人说为接待堂兄弟用，借一间房屋，只用一日，日落前即已归还。心力交瘁的男主人公身无分文，无奈中不得不回到了来京时住过的布政坊旅店。

姨妈在宣阳坊租来的邸宅位于坊北门东 100 步（约 150 米）的小曲中。从面对小曲的东门可以窥见院内，空间开阔，设有陈列仪仗的戟门，非三品以上高官无从设置。[②] 宅内庭园竹林茂密，山亭池阁错落相间。这里陈列珍奇茶果，飞驰而来的名马乃是著名的大宛马。这些描写都表明该宅邸属于富庶的高官。

本来，天宝时的中书令杨国忠及虢国、韩国、秦国夫人所在的杨氏家族在宣阳坊聚居，豪宅鳞次栉比。[③] 从 8 世纪中期至 9 世纪，始于京兆尹李齐物、司徒薛平、右骁卫大将军韩公武、将作监韦文恪等高官住宅也都曾在此[④]，构成了街东官僚街的一角。《李娃传》中称宣阳坊的住宅为崔尚书所有，是符合情理的。

---

① 戴望舒，前注论文有详细论述。

② 《唐六典》卷四《礼部郎中员外郎》；《唐会要》卷三二《舆服下 · 戟》；Dudbridge, *op. cit.* p.133.

③ 《旧唐书》卷一〇六《杨国忠传》。

④ 《长安志》卷八《宣阳坊》。

此外，随着城市人口的增长，城内人口密度日益增加，人们对自然之美的向往也同步高涨。众所周知，在唐代，人工模仿自然景观而建起的私人庭园已相当普及。[①] 长安也不例外，特别是8世纪以后，沿街西水渠的各坊内建起了许多街东官人的别墅和庭园。[②]

街东也是如此，大庭园有玄宗之兄、宁王李宪在胜业坊建造的山池院[③]，是从通化门外引来渠水（参照图5），还有位于崇仁坊（H4）西南隅的中宗长宁公主的山池别院。[④] 永宁坊（H8）也建有中宗时右豹韬卫大将军、赠益州大都督、汝阳公独孤公的邸宅，引水渠之水，通池塘，配巨石[⑤]；还有玄宗永穆公主的池观[⑥]等。山亭则在街东星罗棋布的各处庭园中都有设置。[⑦] 如图5所示，池中有假山，这种设计让人就算身居都市中心也能体味到深山幽谷的情调。姨妈借来的宣阳坊崔尚书宅的庭院当也是这一类庭园建筑在长安流行的背景下产生的。

同样，东市南的安邑坊（I7）是沦为乞丐的男主人公与李娃再次相遇的地方，这里是唐代中期以后成为僻静住宅区的一角，邻接乐游原高台，城市底层迷茫失落的男主人公形象在这里能够得到凸显。此外，男主人公与李娃的新居位于坊内东北隅，十分静谧，非常适合男主人公去备考，再战科举。

街东中北部是官僚街，排列着官人们的住宅，街东南部则点缀着慈恩寺（H11）、乐游苑（I9）、杏园（H12）、曲江池（J13）、芙蓉园（J13）等名胜，成为长安城内的景观区域。[⑧] 男主人公遭父亲鞭打几致丧命

---

① 石田幹之助，前注书，第197—199页。村上嘉實：《唐代貴族の庭園》，《東方学》第11辑，1955年。

② 拙文，前注《唐代長安の街西》，第2—7页。

③《长安志》卷八《胜业坊》。该书将宁王山池院的位置记为东北隅，而根据吕大防《长安城图》，当位于东南隅。此外，根据《旧唐书》卷九五《让皇帝宪传》，有以胜业坊东南角邸宅下赐的记载。

④《长安志》卷八《崇仁坊》。

⑤ 张说《张燕公集》卷二四《右豹韬卫大将军赠益州大都督汝阳公独孤公燕郡夫人李氏墓志铭》有“永宁里，先人之旧庐也。有通渠转池，巨石嵚嵰，喷险淙潺，洄潭沈沈，殊声异状，而为形胜游衍之处者十四五”的记载，由此可见永宁坊处也有引来渠水造就的大型庭园。

⑥《长安志》卷八《永宁坊》。

⑦《长安志》卷七至九。徐松《唐两京城坊考》卷二至三。

⑧ 拙文《唐代の科挙制度と長安の合格仪礼》，《律令制—中国朝鮮の法と国家—》，唐代史研究会编，東京：汲古书院，1986年，第259—263页。

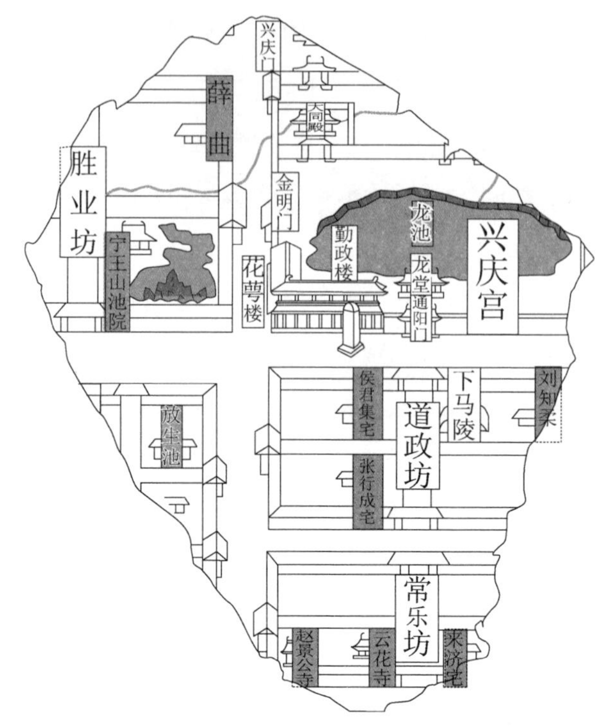

图 5　唐代长安城内池馆台榭式庭园(胜业坊、宁王山池院)

注:

(1) 出自吕大防“长安图”(平冈武夫编:《长安和洛阳(地图)》所收图,京都大学人文科学研究所,1956 年)。陕西省博物馆(碑林博物馆)第 4 室中,有一块称“唐兴庆宫图残石”的碑石断片,现存大小是以图中“兴庆宫”部分为主的约 78×66 cm 的四方形。“唐兴庆宫图残石”是吕大防绘制的“兴庆宫图”。“长安图”和“兴庆宫图”是不一样的图。

(2) 此图中可以看出从宁王山池院引出的水渠,及其穿过的池、假山、石组、台榭等,可以窥见长安城内官人庭园的景观。另外,在元代骆天骧的《类编长安志》卷三,苑囿池台・唐,记载了宁王池院的情况如下:“九曲池。在兴庆池西。唐宁王山池院,引兴庆池水西流,疏凿屈曲连环,为九曲池。筑土为基,叠石为山,上植松柏,有落猿岩、栖龙琇,奇石异木,珍禽怪兽毕有。又有鹤洲、仝渚,殿宇相连。前列二亭,左沧浪、右临漪,王与宫人宾客宴饮,弋钓其中。”

的“曲江西、杏园东”,就位于这片景观区域内。言及曲江池附近,“南即紫云楼、芙蓉园,西即杏园、慈恩寺,花卉环周,烟水明媚”(杜荀鹤《松窗杂记》),从曲江池到杏园、慈恩寺一带乃是城内首屈一指的景观地。此处有水渠(黄渠)①,从曲江流经杏园所在的通善坊(H12),直

① 《长安志》卷八《进昌坊》“慈恩寺”注:“迁林泉形胜之所。寺成,高宗亲幸,佛像幡华,并从宫中所出,太常九部乐送额至寺。寺南临黄渠,水竹林邃,为京都之最。”此外,该书卷八《通善坊》有“杏园,黄渠”,可知其周边因水渠之水而植被茂密、绿意充足。

抵晋昌坊(H11)的慈恩寺前;牡丹、杏花等名花齐放,绿意浓郁,因此有宜人的景观。修政坊(I11)处零星有尚书省和宗正寺的亭子等[①],这个地区是长安城内上到达官贵人、下至平民百姓的市民行游之地。

但是,父鞭子这一幕发生的场所,《李娃传》中特地选定此地的理由是,该地为行游之地,住户稀少;除此之外还应考虑到,曲江池和杏园在唐末营建了宴会场所,用于科举考试中进士科的新科进士们举办盛大庆功宴。在曲江池为新科进士准备的盛大庆功宴成了长安每年春季的重大典礼,参观者云集。[②] 但是,本应在科举中取得功名的主人公现在却沦落成了凶肆的歌者,在此地面临死亡,迎来了悲惨沦落的一个高潮。

如此,《李娃传》从视觉上营造了唐代后期的长安形象,将对当时长安居民来说意义不言而喻的街巷用作故事的舞台,使故事更具现实感,增加了广度与深度,并促进情节的流畅发展,同时也可以认为是运用场所的转换使得全新的故事能够更容易展开。具体地描写宣阳坊的宅邸,对鸣珂曲的李娃宅内陈设和家具用品、对妓女李娃的行为举止等作细致描述,这无疑与本文作者白行简在长安的生活体验密不可分,据说他本人就居住在街东。

下面,再把目光转往街西。唐代中期以后,在长安街东的官僚街形成的同时,地势稍低的街西,以西市为中心聚拢了密集的人口。下级官人、落第穷书生、雇佣兵、各类工商业者、数量可观的城市流民和流浪者、西域人等定居于此,形成了多职业、多人种杂居的庶民街区。从7世纪后半叶开始,都城的流浪者群体已经发展成为社会问题,特别是至唐代后期,众多流浪者涌入街西居住,这批外来流浪者被不断发展的西市及其周边地区的工商业所吸收,成为雇佣劳力,促进了商业和制造业的兴旺。坐拥丰富的劳动力人口以及城内外巨大消费市场的西市成了商战激烈的街区,同时也是充满活力的商业中心。[③]

---

① 《长安志》卷八《修政坊》。

② 拙文,参照前注。

③ 拙文,参照前注《唐代長安の街西》。

《李娃传》的主人公正藏身于西市的一角。

当时的葬仪从业者(凶肆),除了经营葬仪外,还承办买卖和租赁葬礼所用灵车(輀车),牵引柩车所用绳(引)及保持柩车平衡的左右引绳(披),铎、扶柩步行时手持的翣,为柩车开道时张挂的旗(纛)、覆盖柩车的帷帐(穗帷)以及随葬的明器等。此外还提供大量祓除墓地不祥的方相氏和魌头,以及专业的挽歌歌者的业务。① 长安凶肆的组织有亲方(长、师)、耆旧、构成员(同党)三层,分担挽歌歌者、牵引柩车、执掌穗帷等工作。正像男主人公被抛弃在凶肆时,经凶肆之人相互扶助得以回天一事所展现的那样,凶肆中人结成了义气浓厚的共同体,这在《李娃传》中都可窥见。开元年间成书的《两京新记》卷三丰邑坊条注文,有关于聚居在街西延平门丰邑坊(A8)的从业者的相关记载。② 聚居于此的从业者们拥有方相、经营輀车以及其他葬仪用具的租赁。

> 此坊多假赁方相、[輀车]、送丧之具。武德中,有一人姓房,好自矜门阀,朝廷衣冠,皆认以为近属。有一人,恶其如此,设便折之。先问周隋间房氏知名曰,皆云是从祖从叔。次曰,丰邑公相与公远近,亦云,是族叔。其人大笑曰:"公是方相侄儿,只可吓鬼,何为诳人!"自是大愧,遂无矜诳矣。([ ]内据《长安志》卷一〇《丰邑坊》补)

这段记载也反映了丰邑坊的居民受人轻贱的处境。在长安城街西一角,以殡葬业为支柱,从初唐开始就有一群人赖以为生。

此外,考诸《太平广记》卷二六〇《嗤鄙部·李佐》(出《独异志》),其中记载唐后期街西西市也有凶肆。由这段叙述得以部分地窥见长

① 《唐六典》卷一八《司仪令条》注、《唐会要》卷三八《丧》等条,有关于官人、庶人送葬的规定,由此可见当时的葬仪从业者承办葬仪的用具和业务内容。此外,还可参照拙文,前注《唐代長安の盛り場》(上),第46页。

② 引用的《两京新記》文本,参照福山敏男《校註両京新記卷第三及び解説》(《中国建築と金石文の研究》,福山敏男著作集6,東京:中央公論美術出版,1983年)的校勘。

安两市的凶肆，意义颇深。

> 唐李佐，山东名族。少时因安史之乱，失其父。后佐进士擢第，有令名，官为京兆少尹，阴求其父。有识者告后，往迎之于鬻凶器家，归而奉养。如是累月，一旦，父召佐谓曰："汝孝行绝世，然吾三十年在此党中。昨从汝来，未与流辈谢绝。汝可具大猪五头，白醪数斛，蒜虀数瓮，薄饼十拌，开设中堂。吾与群党一酬申款，则无恨矣。"佐恭承教，数日乃具。父散召两市善薤歌者百人至。初即列坐堂中，久乃杂讴，及暮皆醉。众扶佐父登榻，而薤歌一声，凡百齐和。俄然相扶父出，不知所在。行路观者亿万。明日，佐弃家人入山，数日而卒。

山东名族李佐在安史之乱中与其父亲生相离别，后李佐官封京兆少尹，四处寻父，找到了定居凶肆以售卖葬仪器具为生的父亲。一日，这位回到京兆少尹儿子身边的父亲设宴，意与两市凶肆同伙们告别。酒酣之际，在百名挽歌歌者《薤歌》的大合唱中，李父被义气所感动，又重返凶肆的世界。可见，唐代后期时长安两市的凶肆拥有人数超过100人的挽歌歌者，凶肆同伙间有着牢固的同伙义气。[①]

此外，1975年北京大学历史系考古专业在对西市西大街中部进行发掘调查时，从现代建筑的地基处发现了地窖积土，其中出土了略有残缺的唐后期的陶俑和陶俑的头部，这些陶俑被视作随葬用的明器，该地也被推断为凶肆的遗址。[②] 在天门街举办的街东与街西凶肆挽歌竞赛的凶肆，应当就是东西两市这种拥有众多挽歌歌者的凶肆。[③] 为

---

① 尚秉和：《历代社会风俗事物考》卷二一"唐运灵柩仍以车仍挽而不舁及杠房形状"，台北：商务印书馆，1975年第4版；长沙：商务印书馆，1938年初版，第270—271页。《李娃传》中所见唐代的葬仪行业的营业形态，对比现在抬柩的礼仪，唐代乃是牵引灵柩车，而其他方面殆无变动。此外，有关清代葬仪行业相关的人夫及吹手们的实况可参照中村治兵衛：《清代都市のかごかき人夫の闘争—喪葬礼と扛夫・吹手をめぐって—》，《中央大学アジア史研究》第1号，1977年。

② 宿白，前注论文，第417—418页。

③ 徐松：《唐两京城坊考》卷四《丰邑坊条》的按语中将《李娃传》中西市的凶肆比定为丰邑坊。

满足街西数量庞大的平民人口的需求，街西至少有西市和丰邑坊两处以平民为对象的葬业者在聚居地开展营业。所以，被李娃抛弃后的主人公流落到众多流浪者聚居的街西西市，并作为凶肆的一员，得到再生之机。可以认为，故事中的这处转折是与当时长安的社会现实相一致的。

上文对《李娃传》情节的展开进行回顾，可以具体地验证笔者前面提到的唐代后半期长安地区区域分化的实况，且能使其内容更加充实。在以往的《李娃传》研究中，对上述问题关注不够，下文将详细地讨论天门街的情况，进一步加深对长安城区域分化的认识。

三、天 门 街

纵贯长安城南北的大街是承天门街和朱雀门街。承天门街从宫城的承天门到皇城的朱雀门，朱雀门街从皇城的朱雀门至外郭的明德门，两者相连，南北连通城内外。[①] 朱雀门街俗称天门街或天街。[②] 承天门街、朱雀门街（天门街）如图 2、图 6 所示，是将长安城内隔开为东西两部分的主干道，以万年县（左街、街东）和长安县（右街、街西）为代表的行政区也以此为界。各官府依次分列，分为左省（门下省）和右省（中书省）、左卫和右卫、左祖（太庙）和右社（大社）。东市和西市两两相对，佛道两教有代表性的寺观也隔朱雀门街（天门街）相望，分别建起了大兴善寺（左街靖善坊 F9）和玄都观（右街崇业坊 E9）。换言之，以承天门街与朱雀门街（天门街）为轴线，长安拥有在行政、经济、宗教各方面一分为二的城市结构。这种对称排列的状况只在城内正北太极殿等宫殿群处收敛，归于统一（图 6）。都城的宫殿被认作是与

---

① 《长安志》卷七《唐皇城》及《唐京城》。

② 用天门街一词指代朱雀门街是依照《太平广记》卷一五六《定数部・崔洁》（出《逸史》）、同书卷三三四《鬼部・岐州刺史》（出《广异记》）、同书卷三四五《鬼部・裴通远》（出《集异记》）等得以确认的。此外，略称天街可参见同书卷四九《神仙部・温京兆》（出《三水小牍》）、同书卷一五六《定数部・贾岛》（出《摭言》）等。此外，还可参照 Dudbridge, *op. cit.* p.192，等。

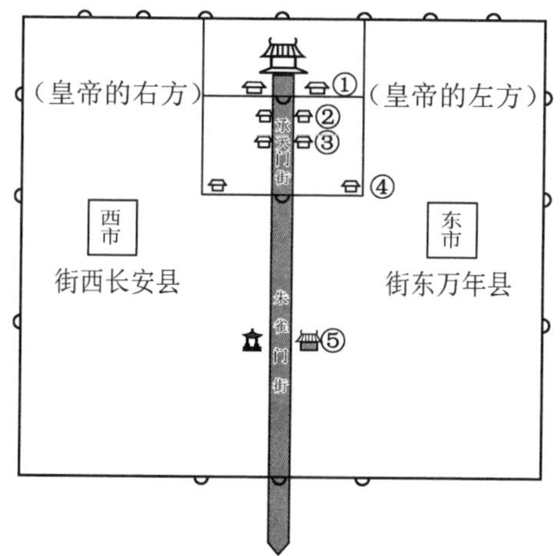

太极殿

承天门街、朱雀门街（天门街）

① 门下省（左省）和中书省（右省）

② 门下外省和中书外省

③ 左卫和右卫（右卫·左卫、右骁卫·左骁卫、右武卫·左武卫、右威卫·左威卫等）

④ 太庙（左祖）和大社（右社）

⑤ 大兴善寺和玄都观

图 6　唐初太极殿的位置

天之中心——北极相对应的存在(如图 7)。

这种样式的建筑景观乃是沟通天地的媒介,作为自然与人间秩序的协调者,皇帝的存在[①]正是这样一种视觉化的城市规划在建筑空间方面的反映。也即是说,可以认为直通宫殿、将长安城一分为二的承天门街和朱雀门街正是一处象征皇帝本人的空间。朱雀门街(天门街)又被称为御街,皇帝每年都要沿此南北轴线向南直抵郊外,在城南的圜丘举行祭天仪式(南郊)。[②] 这条街的象征性质虽在后来因兴建大明宫、皇帝转往长安城东北部的宫殿常住而逐渐淡化,但唐代后期,

① 参照《大唐开元礼》卷一《序例上·择日》以下的叙述。

② 《大唐开元礼》卷四至九;《通典》卷四三《郊天下》,同书卷一〇九;金子修一:《中国—郊祀と宗廟と明堂及び封禅》,《東アジアにおける日本古代史講座 9 東アジアにおける儀礼と国家》,東京:学生社,1982 年。Howard J. Wechsler, *Offerings of Jade and Silk, ritual and symbol in the legitimation of the T'ang dynasty*, Yale U.P. 1985, pp.107—22.

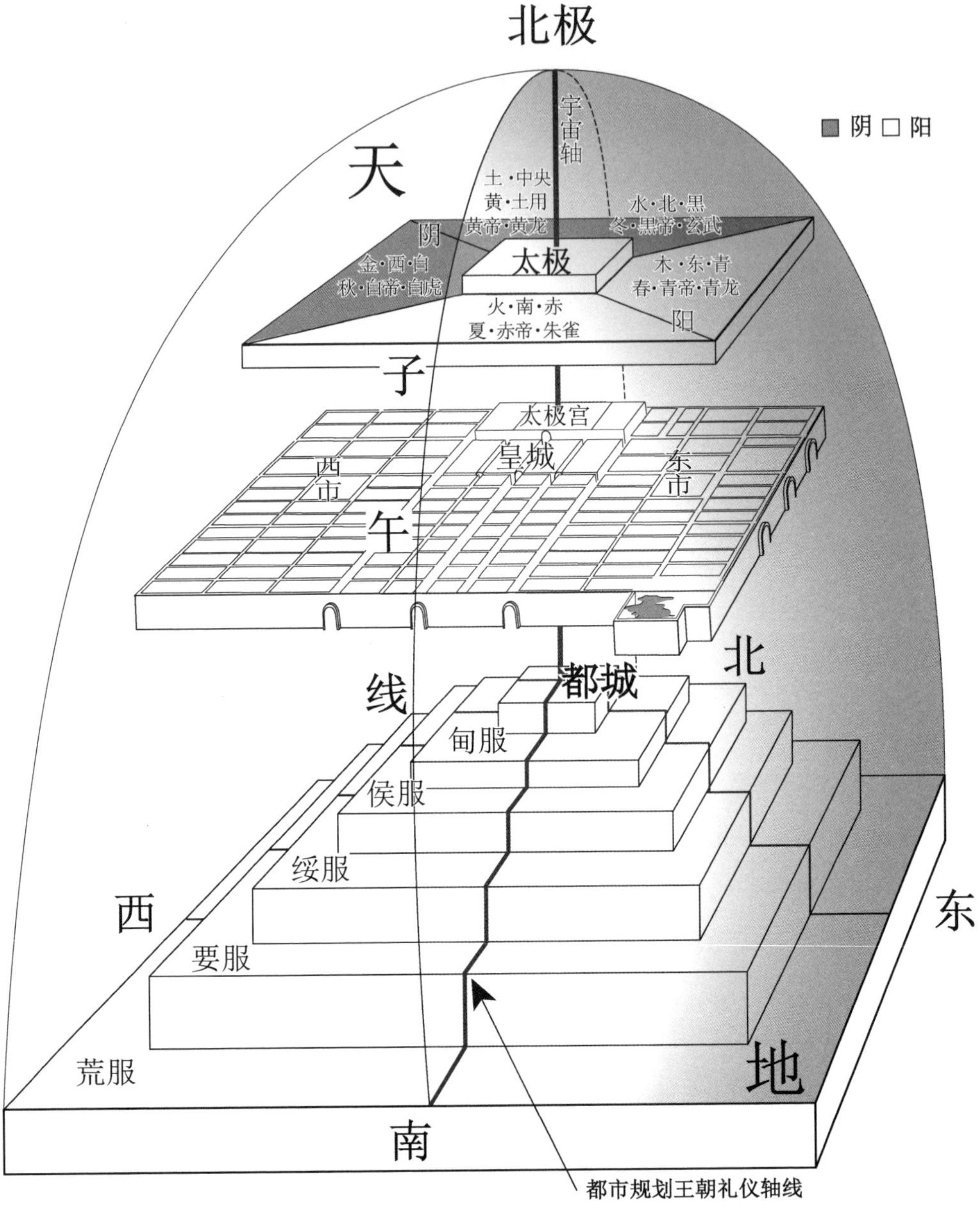

北极
宇宙轴
■ 阴 □ 阳
天
土·中央
黄·土用
黄帝·黄龙
水·北·黑
冬·黑帝·玄武
阴
太极
金·西·白
秋·白帝·白虎
木·东·青
春·青帝·青龙
火·南·赤
夏·赤帝·朱雀
阳
子
太极宫
皇城
西市
东市
午
北
都城
线
甸服
侯服
绥服
西
东
要服
荒服
地
南
都市规划王朝礼仪轴线

都城（隋唐长安城）

※天只能通过位于地的中心的都城宫殿中的皇帝，向都城四方扩散。以都城为中心的地上空间分割方法有五分割（五服）和九分割（九服）二种。

图 7　中国都城的空间示意图

承天门街、朱雀门街仍保持着通往南郊的御街地位。① 正因如此，当时的这条街依然兼具政治上的分界线和国家礼仪的中心线功能。如果说连接金光门和春明门的东西横街是经济主干道，那么南北相接的承天门街、朱雀门街则是国家礼仪的主干道（参见图2）。

这里的重点在于，由于唐代后半期长安的区域分化，街东官僚街和街西平民街开始成为以朱雀门街（天门街）为界线截然二分的两个并存的社会。从《李娃传》故事的构成看，被赋予沟通故事前后两半部的位置，同时也作为预示全新情节即将展开的场所，不得不说，天门街正是绝佳的舞台（参见图2和图3）。天门街在长安城市空间上的媒介性与故事的转折期是相重合的。要想在天门街上寻找能够举办葬仪用品展览会和挽歌大赛且能容纳长安城数以万计的观众的场所，首先应想到城内街衢中空间最广的地点，即皇城南面一带（图2圈内斜线部分）。据街道考古学调查，这是一个东西长150米、南北宽120米②，面积达1.8公顷的长方形广场，如加上东、西、南侧大街的路面面积，则空间更为广阔。这里还是南北走向的国家礼仪干线天门街与连接春明门和金光门的东西经济干线的交汇区域。

《太平广记》卷二六〇《嗤鄙部·黎干》（出《庐氏杂记》）记载，朱雀门街（天门街）作为祈雨的场所，城中巫觋围着道路上堆积起的土龙起舞，观众云集而观。③

> 唐代宗朝，京兆尹黎干以久旱，祈雨于朱雀门街，造土龙、悉召城中巫觋，舞于龙所。干与巫觋更舞，观者骇笑。弥月不雨，又请祷于文宣王庙。上闻之曰："丘之祷久矣。"命毁土龙，罢祈雨，减膳节用，以听天命。及是甘泽乃足。

---

① 金子修一：《中国古代における皇帝祭祀の一考察》，《史学雜誌》87－2，1978年。《魏晋より隋唐に至る郊祀・宗廟の制度について》，《史学雜誌》88－10，1979年。

② 中国科学院考古研究所西安唐城发掘队：《唐代长安城考古纪略》，《考古》1963年第11期。

③ 关于本项记事，参照中村治兵衛《唐代の巫》，《史淵》105、106，1971年；《宋朝の祈雨について》，《多賀秋五郎博士古希記念論文集　アジアの教育と社会》，1973年，第109页。

天门街有时也用作刑场①,因其位于都城正中央,且交通条件优良,也常用作聚众举办活动的场所。贞元年间(785—805),代表东市的京城首屈一指的琵琶演奏者与代表西市的琵琶演奏者,在天门街上搭楼,他们登上高楼,进行声乐比赛。这里为与《李娃传》作比较,再次引述一则广为人知的史料②,《乐府杂录·琵琶条》(《中国古典戏曲论著集成》第一卷,中国戏剧出版社,1959 年,第 50—51 页)中的一条记录:

> 贞元中,有康昆仑,第一手。始遇长安大旱,诏移两市祈雨。及至天门街,市人广较胜负,及斗声乐。即街东有康昆仑琵琶最上,必谓街西以敌也,遂请昆仑登彩楼,弹一曲新翻羽调录要。其街西亦建一楼,东市大诮之。及昆仑度曲,西市楼上出一女郎,抱乐器,先云:"我亦弹此曲,兼移在枫香调中。"及下拨,声如雷,其妙入神。昆仑即惊骇,乃拜请为师。女郎遂更衣出见,乃僧也。盖西市豪族厚赂庄严寺僧善本,以定东鄽之胜。

这次东市的琵琶演奏者负于西市,时间上正与《李娃传》故事的时期相一致,同样是两市的商人们以声乐决出高下。在街道上搭建临时舞台(楼)并弹奏乐曲这一点,也与《李娃传》相符合。在 9 世纪初的天门街,经常性地上演东西两市聚众举办的盛大声乐比赛。

《李娃传》里描写赛歌的部分如下:

> 初,二肆之佣凶器者,互争胜负。其东肆车舆皆奇丽,殆不敌,唯哀挽劣焉。其东肆长知生妙绝,乃醵钱二万索顾焉。其党耆旧共较其所能者,阴教生新声,而相赞和。累旬,人莫知之。其二肆长相谓曰:"我欲各阅所佣之器于天门街,以较优劣。不胜者罚直五万,以备酒馔之用,可乎?"二肆许诺,乃邀立符契、署以保

① 《旧唐书》卷九"天宝十三载三月壬戌条"。御勤政楼大酺。北庭都护程千里生擒阿布思献于楼下。斩之于朱雀街。

② 石田幹之助,前注书,第 129—130 页。Dudbridge, *op. cit.* pp.191—193.

证，然后阅之。士女大和会，聚至数万。于是里胥告于贼曹、贼曹闻于京兆，四方之士尽赴趋焉。巷无居人。

自旦阅之，及亭午。历举辇舆威仪之具，西肆皆不胜，师有惭色。乃置层榻于南隅。有长髯者拥铎而进，翊卫数人。于是奋髯扬眉、扼腕顿颡而登，乃歌白马之词。恃其夙胜，顾眄左右，旁若无人，齐声赞扬之，自以为独步一时，不可得而屈也。有顷，东肆长于北隅上设连榻。有乌巾少年，左右五六人，秉翣而至，即生也。整衣服，俯仰甚徐，申喉发调，容若不胜，乃歌薤露之章。举声清越，响振林木。曲度未终，闻者歔欷掩泣。西肆长为众所诮，益惭耻，密置所输之直于前，乃潜遁焉。四座愕眙，莫之测也。

通过对上述史料进行整理，可据表2对两市凶肆的胜负关系加以概括比较。可以看出，西市凶肆与东市凶肆在描写中总是互为对照的关系，不论是从展出物品的优劣方面还是诸如舞台道具、舞台位置、歌者气质、小道具、配角、歌者的临场表现力或是歌曲种类、歌曲内容、观众反响等方面。具体而言，西市歌者总有着动感奔放的身姿，与之相对的是东市歌者会选择在华丽的丧葬品的衬托下，以精致而高贵的仪态示人。① 一般认为，出现这种鲜明的对比是源自对故事叙述者技术方面的要求，即在对多个人物进行叙述时通过声音的变化使得听众容易分辨出人物，而此处表现出的两街社会的差异点尤为值得注意。上文中《乐府杂录》所描写的两街声乐比赛的场景，街东的康昆仑号称琵琶最上、所向无敌，他在人们的簇拥下登临装饰华美的楼台（彩楼），演奏全新的曲目（新翻）。与之相比，街西仅有一位少女出场（一女郎，实际上是庄严寺的僧人），怀抱乐器登上楼台（一楼），总体效果

① 相较于西市凶肆歌者的白马词，作为东市凶肆代表的男主人公所唱的薤露歌本来是在王侯贵人的葬仪上才歌唱的。晋崔豹《古今注》卷中《音乐》："薤露、蒿里，并丧歌也。出田横门人。横自杀，门人伤之，为之非歌。言人命如薤上之露，易晞灭也。亦谓人死，魂魄归乎蒿里，故有二章。一章曰：'薤上朝露何易晞，露晞明朝还复滋，人死一去何时归。'其二曰：'蒿里谁家地，聚敛魂魄无贤愚，鬼伯一何相催促，人命不得少踟蹰。'至孝武时，李延年乃分为二曲，薤露送王公贵人、蒿里送士大夫庶人。使挽柩者歌之，世呼为挽歌。"

不过尔尔。这使得街东的艳丽张扬得以强调,《李娃传》中也可见同样的对比。

表 2 天门街竞歌对比

对比点 \ 主办者	西市凶肆	东市凶肆
葬礼用品(辇舆威仪之具)		皆奇丽,殆不敌
舞台道具	层榻	连榻
场所	南隅	北隅
歌手的风貌	长髯者	乌巾
歌手的小道具	拥铎而进	秉翣而至
助手	翊卫数人	左右五六人
挽歌	白马之词	薤露之章
歌手的动作	奋髯扬眉,扼腕顿颡而登,乃歌白马之词。恃其夙胜,顾眄左右,旁若无人	整衣服,俯仰甚徐,申喉发调,容若不胜。乃歌薤露之章,举声清越,响振林木
观众的反应	齐声赞扬之	曲度未终,闻者歔欷掩泣

位于东市西北的平康坊三曲有着深厚的地方特色文化背景,乐工云集。① 在东市曾有胡琴以100万钱的高价成交。② 街东靖恭坊(J7)的妓女宅还曾招募了号称一时绝手的乐工。③ 正如上文《乐府杂录》载,受雇于东市的康昆仑被看作长安城一流的琵琶演奏者。这些优秀的乐工和乐器是与街东官僚社会紧密相连而发展起来的,东市凶肆的葬礼用品以华丽著称,这当然也离不开街东官僚街居民的需求。另一方面,西市的凶肆能够引以为傲的并非那些精致的陈设,而是从街西

① 《北里志·海论三曲中事》:"有一妪,号袁州婆也,盛有财货。亦育数妓,多畜衣服器用,僦赁于三曲中。亦有乐工聚居其侧,或呼召之,立至。每饮率以三锾,继烛即倍之。"

② 《太平广记》卷一七九《贡举部·陈子昂》(出《独异志》):"陈子昂,蜀射洪人。十年居京师,不为人知。时东市有卖胡琴者,其价百万。日有豪贵传视,无辨者。子昂突出于众,谓左右:'可辇千缗市之。'众咸惊问曰:'何用之?'答曰:'余善此乐。'"

③ 《酉阳杂俎》前集12《语资》:"时靖恭坊有姬,字夜来,稚齿巧笑,歌舞绝伦,贵公子破产迎之。(中略)(太仆卿周)晧与往还,竞求珍货,合钱数十万,会饮其家。乐工贺怀智、纪孩孩,皆一时绝手。"

的民众生活中诞生的挽歌。

也就是说,这样的场景是以凶肆的胜负为题材,使街东的文化以东市的车舆威仪用具来承载,街西的文化则以西市的挽歌为象征,让两者在两街交界的天门街的节庆场合下,轮流展现在两街居民面前。这里的重点是,街东凶肆的主人公赖以在竞赛中取胜的挽歌实际上是从街西凶肆的歌者处学来的,正因为如此,胜负不是问题,这一情景本质上可以说是两个各异的社会的交流与联欢,而促成机会的产生、成为媒介的人物正是主人公本人。

此处塑造一个游移于两街社会之间的主人公形象,相比单纯的集会而言,为当时在天门街举办两市集会赋予了更深意义,可以说使得两市之间的关系更为牢固和亲密。也可以说,因唐代后期开始出现的区域分化而形成的长安城内两个社会——街西和街东,正是通过主人公在东西两市之间的穿梭,才保证了位于两市连接点的天门街场景能够凝集两街社会交流,纽带作用得以加强。为此,必须让主人公游遍长安两街街衢,同时体验两街各阶层(科举考生→凶肆居民→乞丐→精英官人)的不同生活。有关天门街的描写在成文的《李娃传》中仅占4%的篇幅,可是脱颖于天门街的赛歌大会的主人公沦落的场面本身却成为当时长安的平民之间流传最广的话题,可以说这一点让人有身临其境之感。作为故事情节中的"剧中剧"的天门街赛歌大会,正是在街头上进行表演的说话艺人们的艺术的精彩之处吧。

众所周知,唐中期以后,长安上演着各种形式的民间艺术。① 在慈恩寺(H11)、青龙寺(J8)、荐福寺(F6)、永寿寺(G8)等寺院内或门前,都有常设的剧场②,演艺大棚处经常有数千人绕场围观,十分热闹。③除有限的几处剧场外,城内各处的街道上也都可见到表演的街头艺人。在则天武后的时代,长安坊市路上有通宵利用临时架设的舞台举

① 任半塘:《唐戏弄》上册、下册,北京:作家出版社,1958年。

②《南部新书·戊中》有"长安戏场多集于慈恩。小者在青龙,其次荐福、永寿"的记载,列举了街东著名的戏场,在街西也可通过推测判断当存在类似戏场的地方。

③《独异志》卷上:"唐贞元中,有乞者解如海,其手自臂而堕,足自胫而脱,善击球樗蒲戏,又善剑舞、数丹丸。挟二妻生子数人。至元和末,犹在长安戏场中日集,数千人观之。"

办的祠乐演奏。[①] 会昌三年(843),有人上奏要求禁止在长安坊市街巷中演奏乐曲。[②] 8世纪初,在醴泉坊(B4)还出现了西域人在街衢上伴着鼓点的集体舞蹈,这可能在形式上不同于一般的街头表演艺术。[③] 还有一个故事说大历中(776—779),有父女二人在街头卖唱行乞,与昭国坊(H10)的将军初遇,街上回荡的优美歌声打动将军娶此女为妾。[④]

从盛唐期开始可以看到如下场景,散乐借由巡游艺人传往农村地区[⑤],游方僧人在云游诸州的徒步旅程中口诵佛教故事[⑥],蜀地的女艺人表演着《昭君变文》而行路。[⑦] 最近的研究成果非常有趣,认为变文与寺院佛教故事并无直接关联,而应当追溯到大众艺人基于绘画图解所创作的大众文艺。[⑧] 唐代中期以后,长安城内各寺院盛行俗讲,这会使得绘画图解及说唱的技术水平提升一个台阶。[⑨] 而流行于民间的通俗诗及歌谣,最终经由文人精致的笔触润色后而升华,从而形成了唐代后期的全新的文学体裁。[⑩]

一般认为,小说《李娃传》的故事原型就是在这样的唐代以后的大众艺术的普及渗透过程中形成的。作为故事,日本中世的"说教节",

---

① 《唐语林》卷二《政事下》:"(王尚书)式,初为京兆少尹。(中略)性放率不拘小节。长安坊中,有夜拦街铺设祠乐者,迟明未已。式过之,驻马寓目。巫者喜奉主人,杯跪献于马前曰:'主人多福,感达官来。顾酒味稍美,敢进寿觞。'式取而饮之,行百余步复回曰:'向之酒甚恶,可更市杯。'复据鞍引满而去。其放率如此。"

② 《唐会要》卷三四《论乐》:"(会昌)三年十二月京兆府奏:近日坊市聚会,或动音乐,皆被台府及军司所由恐动,每有申闻。自今已后,请皆禁断。从之。"

③ 向达:《唐代长安与西域文明》,北京:生活·读书·新知三联书店,1957年,第37、71—74页。

④ 《乐府杂录·歌》:"大历中、有才人张红红者,本与其父歌于衢路丐食。过将军韦青所居(原注:在昭国坊南门里)。青于街衢牖中,闻其歌者,喉音寥亮,仍有美色,即纳为姬。"

⑤ 《唐会要》卷三四《杂录》"开元二年十月六日"条:"敕:散乐巡村,特宜禁断,如有犯者,并容止主人及村正,决三十,所由官附考奏。其散乐人仍递送本贯入重役。"还可参照任半塘,前注书,上册,第129—130页。

⑥ 入谷義高:《王梵志について》(下),《中国文学報》4,1965年。

⑦ 小川環樹:《恋文と講史》,《日本中国学会報》6,1954年。

⑧ Victor H. Mair, *Tun-Huang Popular Narratives*, Cambridge University Press, 1983. pp.7—9.关于这一点还可参照 Mair 的下述作品——*T'angTransformation Texts: a Study of the Buddhist Contribution to the Rise of Vernacular Fiction and Drama in China* 及 *Picture Recitation and Its Indian Genesis*,其中有更为详尽的论述。

⑨ 向达:《唐代俗讲考》,收入前注《唐代长安与西域文明》。

⑩ 张锡厚校辑:《王梵志诗校辑》,北京:中华书局,1983年。

与《李娃传》同属一个系统，是由浪迹各地、被视作贱民的艺人集团来演出的，这对研究提供了启发。[①] 在长安可能也存在这样一批在各街区巡回表演的弹唱艺人集团，他们互相竞争技艺，在寺院内的戏场或者街头磨炼演艺技巧，其中的一支便结晶成为《李娃传》的原型。从主人公在堕落中迎来天门街大赛的场景中，可以窥见唐代后半期以长安街道为舞台的逐渐成熟的庶民文化的潮流。

四、其他小说的主人公

最后，笔者通过对《李娃传》以外的唐代各小说进行概览，结合这些小说，尝试对《李娃传》进行再分析。图 8 是以《太平广记》的史料为研究对象，基于出场人物（主人公、第二主人公以及与此相当的人物）的身份，探讨开元年间以后的长安街道与登场人物之间的关系。[②]

小说无疑多由取材于真实人物的事迹改编。街东官僚街的故事中，主人公多为高官（图中以○标记），而街西故事中高官很少出现，以商人和下级官员为显著（以△●标记）。在街东东市周边的官僚街，与高官的官僚生活相关联的故事时刻上演。而以街西西市（B5、6）为中心的故事中，西市商贸活跃的印象亦不可或缺。此外，搜集故事并加以润色写定为文言文的作者们多为官人[③]，故而小说中的设定存在着这样的倾向，即其舞台集中于街东官僚街，因其与作者们的生活经验紧密相关。另一方面，科举考生的分布不遵从上面的分布，而是散布在街东西两处（以◐标记）。这是因为科举考生虽然蕴含着成为下一代精英的可能性，而同时又并非官人，身份具有很大的暧昧性。由此，

---

① 参照橘下堯，前注论文中将《李娃传》与日本中世的说教节（特别是《しんとく丸》）进行的比较研究。

② 《李娃传》源于在民间实际演出过的说唱话本。其他小说类，本自民间口传文学、传说、闲话等，直到经文人加工创作，样貌十分丰富，较难直接拿来与《李娃传》作同等的比较。不过《太平广记》所收的故事基本都是民间流传的故事，或是在其之上创作后形成的故事，当可发现能够进行直接比较的共通基础。

③ 大澤正昭：《唐代後半期の農民諸階層と土地所有—小説史料を中心として—》，《東洋史研究》36－2，1977 年。

○ 高官（5 品以上）
● 官吏（6 品以下、包括胥吏）
◐ 科举考生（明经、进士）
△ 商人
▲ 僧侣、道士、仙人、神人占卜者
◭ 妖怪、鬼、狂人

图 8　唐代小说中登场人物的身份和舞台

注：

（1）小说仅限于《太平广记》中所引史料。

（2）主人公、副角以及配角的行动若跨数坊，则标明所有坊名。

（3）官僚的官品不仅包括现职，还包括前任官职。

（4）不仅是出现坊名的小说，以寺院为舞台的小说也在图中加以标示。

他们较为自由,得以不受城市空间功能分化的束缚。不过,关于屡经落第的贫困进士夫妻的故事,应当还是以街西的崇贤坊(C8)为宜(《太平广记》卷二八一《独孤遐叔》,出《河东记》)。[①] 为了让《李娃传》的主人公所属空间和阶层能够实现较为剧烈的变动,他才被设定为一位长安的考生。提及僧侣或道士之处,亦有多处,但他们的舞台集中在特定的寺观(以▲标记),妖怪则神出鬼没(以△标记)。

还有一种被称作异类婚姻传奇型的小说,常常描写男主人公有艳遇,与女主人公同房、同居后才发现美女的真身是蛇、狐、鬼、神女等。这类故事在长安城中的发生地如表3所示。男主人公多为科举考生或从外地选调进京者(有5例),或为长安游民(2例),或为长安县尉(1例),或为金吾卫参军(1例),其共通点是都拥有能够在都城自由漫步的时间和身份。在艳遇发生时,女性一方或乘坐用黄金与螺钿装饰的钿车(表中1号),或是由饰以银饰的白牛牵引的艳丽犊车(8)、坐车(5)、骏马(3)等。有女僮或侍者相随从(1、3、5、7、8),其外表"容色甚佳"(1)、"绝代之色"(8)、"容色姝丽"(7)、"姿容绝丽"(3)或"手如白雪",尽是一派贵妇人的风度。

表3 与贵妇人相遇及同居地——长安的异类婚姻谭的空间

编号	男的状况、身份	女的身份和原形	相遇之地(○)与同居之地(●)	出处
1	进京的明经科考生	贵妇人→神女(?)	东市小曲内(○)	《太平广记》卷一九三《豪侠一·车中女子》(出《原化记》)
2	因调选进京的余干县尉	美人→商人之妻→妖怪(?)	大宁坊(○)→崇仁坊(●)	同书卷一九六《豪侠四·贾人妻》(出《集异记》)
3	携病母进京的渭南县县尉	贵妇人→神女	常乐坊(○●)	同书卷三〇六《神十六·卢佩》(出《河东记》)

① 拙文,前注论文。

（续表）

编号	男的状况、身份	女的身份和原形	相遇之地（○）与同居之地（●）	出　处
4	进京的（?）河间县别驾	贵妇人→鬼	通化门（○）→资圣寺后曲（●）	同书卷三三四《鬼十九·河间刘别驾》（出《广异记》）
5	长安县尉	贵妇人→鬼	东市前（○）→金光门外（●）	同书卷三三一《鬼十六·薛矜》（出《广异记》）
6	长安游居的华州参军	贵妇人→鬼	曲江池（○）→永宁坊（○）→金城坊（●）	同书卷三四二《鬼二十七·华州参军》（出《乾膜子》）
7	长安游居的贫穷贵人	贵妇人→妖怪（狐）	升平（○）→西市（○）→街西坊（●）	同书卷四五二《狐六·任氏》
8	(a) 因调选进京的盐铁使的从子（侄） (b) 金吾卫参军	贵妇人→妖怪（蛇）	(a) 东市（○）→庄严寺（●） (b) 安化门外（○）→安邑坊奉诚园东（●）	同书卷四五八《蛇三·李黄》（出《博异志》）

男主人公们与这样的美女相遇之地，全部位于城内的街东，且多在东市及其周边地区（东市小曲内、东市市前、常乐坊等），街东中部（升平坊）及北部（大宁坊），上巳日的曲江池及城南（安化门外）等地。这些地方均为高官和富豪经常居住往来之场所，与上述美妇人相遇的机会当也不少。这也让人回忆起《李娃传》的男主人公为参加科举考试而进京时，与绝世美妓李娃初遇的地点同样位于街东东市西的平康坊。此外，男女主人公的同栖之地虽分布于两街，但在毫无知觉中与美女的原形蛇、鬼等尽欢后，男主人公命在旦夕的故事里，美女之家或位于金光门外（表中 5 号），或位于城内西南隅的庄严寺（8），或位于废弃了的豪宅废墟（奉诚园）周边等处，场所位置蹊跷，共同之处是荒寂无人。相遇之地与同居之地差距悬殊，仅仅靠这些就预示了故事的悲剧底色。

流浪于街东官僚街等候贵人施舍的乞丐、独自前往西市的高官、出入位于西市南部的怀远坊处的宅第，器服车马无异王侯而坐拥内外奴婢数百人的公主等人，因为他们的异样存在使得街区与居民在阶层上取得的调和关系发生了剥离，从而使得故事情节跌宕起伏，包括乞丐回归原本的高官之路（《李娃传》），又有高官辞官成仙（《太平广记》卷四二《贺知章》，出《原化记》），还有公主原本是华岳神女（《太平广记》卷三〇二，出《广异记》），当都是意在调和阶层和空间上的差异。所以，对于长安居民而言，能够通过故事中街区的变化理解舞台背景的变化。让街名一个接一个地改变，可以给故事加入速度感（《太平广记》卷三四五《裴通远》，出《集异记》）。特别是在两街之间移动的情况下，常常直接关系到主人公、第二主人公的处境和身份的变化（《李娃传》等）。

为架空的情节加入现实感，被多所采用的方法除了运用真实存在的人物姓名登场外，如前所述，也须格外慎重地设置故事的舞台背景。这在多部小说中有所运用，可见特定的空间带来的故事性对于故事情节的展开有着良好效果。总而言之，唐代后半期长安居住区出现了功能分化，使得街区特征更为明确，街道名称对于长安城内的人们来说都可以唤醒某种确定的共通意涵。可以说，正是在故事中运用这些街区的名称，长安的社会才提供了场域，使得具有丰富情节的唐代小说更为生动。

结　语

《李娃传》在故事的结构中充分利用了长安的街区，将其与长安的城市结构的关系加以分析，当可以明确并具体验证唐代后半期长安的区域结构分化。此外，可以探寻在街头演出时的《李娃传》作为口头文学时期的原型，以此窥见 9 世纪初期兴起于长安的平民文化的一斑，还可窥知长安居民日常生活所在的街区情景。

此外，唐代有多部小说、传奇利用了长安街区的名称，这些文学的情节构成都与长安的城市结构有着紧密的关联。承认这一点，就可以逐一利用这些风格迥异的故事来寻找线索，以期具体地再现长安富于

多样性的城市社会的面貌。《李娃传》是为其中一例。

补注(1)：

根据 P2622 号书仪、卷首第 14—17 行的记载，完成三献，在孝子哭泣、再拜后，夜晚由称作“挽郎”的人群列队持绋鸣铎，唱挽歌并将灵柩抬上輀车之后，再牵引系在车上的帛，持绋鸣铎、拉动輀车，同时合唱薤露之歌（见周一良：《敦煌写本书仪中所见的唐代婚丧礼俗》，《文物》1985 年第 7 期、日译《池田温訳注及び付記》，《敦煌写本の書儀に見える唐代の婚礼と葬式》，《東方学》71，1986 年，注 47）。从这里可以窥见男主人公的工作内容。

此外，解放后发掘的墓葬中出土了大量的陪葬品，使得墓葬的实际状况得以详细解明。例如 1981 年 1 月 3 日西安市枣园公社曹家堡（唐代长安县，开远门以西）出土的墓葬，其墓主为无官职的平民妇女，推定应是富商眷属。由陪葬品的形状推测应属初唐时期墓葬。陪葬品具体包含：（1）陶俑 8 件；（2）陶制动物 13 件（陶马 2 件、陶牛 3 件、陶羊 2 件、陶猪 2 件、陶狗 2 件、陶鸡 2 件）；（3）陶罐 4 件；（4）金属器及货币（铁刀 1 把、铁剪 1 把、铜镜 1 面、开元通宝钱 1 枚、金钗 1 支、金凤簪 1 支、金梳背 1 件、金饰 1 件）；（5）其他，应为辟邪用的小石虎 1 件、小石狮 1 件及墓主化妆用的蚌壳等（张海云、廖彩梁、张铭惠：《西安市西郊曹家堡唐墓清理简报》，《考古与文物》1986 年第 2 期）。其中，（1）和（2）被认为主要是凶肆经营的物品，由此推测，普遍从事葬礼的凶肆，应当是当时长安城内的一大产业。

补注(2)：

关于唐代天坛（圜丘）的位置，《旧唐书》卷二一《礼仪志》：“武德初，定令。每岁冬至，祀昊天上帝于圜丘，以景帝配。其坛在京城明德门外道东二里。坛制四成，各高八尺一寸，下成广二十丈，再成广十五丈，三成广十丈，四成广五丈。”据此可知其位于明德门外以东二里之处，这是继承了隋文帝时代建造的天坛（《隋书》卷六《礼仪志》）。此处天坛遗址现位于西安市南郊的陕西师范大学以南,残留着四层圆坛的形迹。遗址南方建有石碑,标明该处 1956 年 8 月被陕西省人民委员会指定为陕西省重点文物保护单位。

段宇 译

(原载《日野開三郎博士頌寿記念論集》,福冈:中国書店,1987 年)

《唐代后期的长安与传奇小说——以〈李娃传〉的分析为中心》导读

夏　炎

时至今日，区域史已然是历史研究中的一个重要领域。近年来，历史学、人类学、地理学、社会学诸学科方法的交叉运用，更进一步丰富了区域史的研究论题。在唐史研究领域，限于材料的制约，区域史研究并未全面展开。而对于文献、考古资料相对丰富的长安、洛阳这样的都市的研究，则起步较早，成果亦比较丰富。以长安学、洛阳学为代表的研究团队日渐形成，以都市史为代表的城市史成为唐代区域史研究的一个重要方面。[①] 当我们回溯唐代城市史的研究历程时，妹尾达彦先生的相关论著是必须要参考的。其中，妹尾先生写作于 20 世纪 80 年代初的《唐代後半期の長安と伝奇小説—『李娃伝』の分析を中心にして—》一文奠定了唐代城市社会史的研究范式，具有十分重要的学术导向意义。

一、妹尾达彦与唐代都市史研究

妹尾达彦，大阪大学大学院文学研究科博士，现为日本中央大学文学部教授，主要研究领域为中国都市史。1982 年 11 月，在东京举行的史学会第 80 届大会上，妹尾先生发表了《唐代後半期の長安と伝奇

① 关于唐代城市史的研究概述，参见妹尾达彦《城市的生活与文化》；妹尾达彦著《隋唐长安与东亚比较都城史》，高兵兵等译，西安：西北大学出版社，2019 年，第 96—163 页。近年来的唐代城市社会史的研究思考，参见王力平《隋唐五代日常生活史研究的回顾与思考》（常建华主编：《中国社会历史评论》20 卷，天津：天津古籍出版社，2018 年）、徐畅《对近年来唐代区域史研究的概览与思考》（《中国社会历史评论》17 卷上，天津：天津古籍出版社，2016 年）。

小説—『李娃伝』の分析を中心にして—》(以下简称"李文")一文,后经修订发表在《日野開三郎博士頌寿記念論集》(中国書店,1987 年),由此展开了其关于中国都市史的研究历程。唐代长安研究是妹尾先生研究的核心论题,多年来取得了丰厚的研究成果。其早年便整理出《唐代長安城関係論著目録稿》及增订版,作为研究起步的基础。[①] 妹尾先生的唐长安城研究,从研究长安的都市空间结构开始[②],逐渐拓展至人口[③]、行业[④]、居住[⑤]、葬地[⑥]、宗教[⑦]、文化[⑧]、社会生活[⑨]等课题。2001 年,出版了《長安の都市計画》(講談社,2001 年)[⑩],作者"试图在

---

① The Draft Bibliography of Works Concerning Chang'an City, *T'ang Studies* 2, 1984;《唐代長安城関係論著目録稿》(The Draft Bibliography of Works Concerning Chang'an City 目录增订版),日本北海道教育大学釧路分校史学研究室,1984 年。

② 参见妹尾达彦《唐代長安の街西》,《史流》25,1984 年;《唐代長安の盛り場》(上),《北海道教育大学史学会》27,1986 年;《唐代長安の盛り場》(中),《北海道教育大学史学会》30,1989 年;《唐長安城の儀礼空間—皇帝儀礼の舞台を中心に—》,《東洋文化》72,1992 年;《大明宫的建筑形式与唐后期的长安》,《中国历史地理论丛》1997 年第 4 期;《唐開元末長安城図復原試論》,《歴史人類》26,1998 年;《固有なのか、普遍なのか? ——隋唐長安城の建築構造と社会構造》,《年報都市史研究》13,東京: 山川出版社,2005 年;《唐代长安的东市与西市》,《乾陵文化研究》4,西安: 三秦出版社,2008 年;《中国都城の方格状街割の沿革》,《都城制研究・奈良女子大学 21 世紀 COEプログラム報告集》3,2009 年;《石に刻まれた長安の都市空間—北京大学図書館蔵呂大防「長安図」残石拓本の公刊をめぐって—》,《川越教授古稀記念アジア史論叢》,2017 年。

③ 参见妹尾达彦《唐長安人口論》,《堀敏一先生古希記念論集》,東京: 汲古書院,1995 年;《唐都长安城的人口数与城内人口分布》,《中国古都研究》12,1994 年。

④ 参见妹尾达彦《唐代长安东市的民间印刷业》,《中国古都研究》13,1995 年;《唐代長安の店舗立地と街西の致富譚》,《布目潮渢博士古希記念論集》,東京: 汲古書院,1990 年。

⑤ 参见妹尾达彦《唐長安城の官人居住地》,《東洋史研究》55/2,1996 年;《唐長安城における官人の居住環境》,《歴史人類》27,1999 年。

⑥ 参见妹尾达彦《生前の空間,死後の世界—隋唐長安の官人居住地と埋葬地—》,《中央大学文学部紀要・史学》62,2017 年;《都城与葬地——隋唐长安官人居住地与埋葬地的变迁》,夏炎主编:《中古中国的都市与社会: 南开中古社会史工作坊系列文集》(一),上海: 中西书局,2019 年。

⑦ 参见妹尾达彦《中原水都: 隋唐洛阳城的社会构造与宗教空间》,《佛教史研究》2,台北: 新文豐出版公司,2018 年。

⑧ 参见妹尾达彦《唐代都市的構造与文化》,《国際中国学研究》(韩国)1,1998 年。

⑨ 参见妹尾达彦《恋をする男—9 世紀の長安における新しい男女認識の形成—》,《中央大学アジア史研究》26,2002 年;《恋愛—唐代における新しい両性認識の構築—》,《唐代史研究》6,2003 年;《韦述的〈两京新记〉与八世纪前叶的长安》,《唐研究》9,北京: 北京大学出版社,2003 年;《世界都市長安における西域人の暮らし》,《シルクロード学研究叢書》9,奈良・シルクロード学研究センター,2005 年;《唐代長安の都市生活と墓域》,《東アジアの古代文化》123,東京: 大和書房,2005 年;《韩愈与长安——9 世纪的转型》,《唐史论丛》9,西安: 三秦出版社,2007 年。

⑩ [日] 妹尾达彦著:《长安的都市规划》,高兵兵译,西安: 三秦出版社,2012 年。

世界史的进程中还原现代西安城市框架所依托的隋唐长安的形态面貌”。[①] 该书不仅是妹尾先生20世纪唐长安研究的阶段性总结，而且反映出其超越长安的世界史研究旨趣。简言之，妹尾先生的都市史研究是以唐代长安城为中心，进而分析长安与其他都市发展之异同[②]，最后拓展至东亚世界史层面的探讨。[③] 近年来，妹尾先生又将相关论文结集成《隋唐长安与东亚比较都城史》（高兵兵等译，西北大学出版社，2019年），以隋唐长安城为中心，运用“都城时代的诞生”概念，对7—8世纪东亚国家的都城营造问题，进行系统性探讨。该书将隋唐长安的研究置于中国都城史、东亚国际关系的宏阔视野之中，并将长安与建康、洛阳等中古都市进行比较，是作者在进入21世纪后唐代长安都市史研究的重要总结。

早在20世纪80年代，妹尾先生就曾在陕西师范大学历史地理研究所进行短期留学，亲身体验了西安这座古都所具有的无穷魅力。1997—2000年，妹尾先生作为日方负责人，积极参与陕西师范大学历史地理研究所与日方合作项目“中国黄土高原的都城与生态环境变迁”。以此为契机，进入21世纪之后，妹尾先生又开始关注都市与环境史研究的相关课题。在《環境の歴史学》（アジア遊学29，勉誠社，2000年）一文中，妹尾先生围绕都市与环境互动的课题，开始拓展新的研究领域。从2006年又开始主编《都市と環境の歴史学》论文集，至2016年已陆续出版4辑，并增补了前3辑。近年又出版了《グロー

---

① 中译本序言，第2页。

② 参见妹尾达彦《唐代洛陽城の官人居住地》，《東洋文化研究所紀要》133，1997年；《中国三都の立地環境—建康・長安・洛陽の自然と社会—》，《都城制研究》9，2015年；《比較都城史の旅—2015年夏の秦漢都城址調査—》，《唐代史研究》19，2016年；《陪京的诞生——6—12世纪东亚复都史再析》，《唐宋历史评论》5，北京：社会科学文献出版社，2018年。

③ 参见妹尾达彦《アジアの都城—中国都城の思想と形態—》，《イスラムの都市性研究報告研究報告編》88，1990年；《中国都市の景観》，《史境》22，1991年；《東アジア比較都城史研究の現在—都城の時代の誕生—》，《中国—社会と文化—》26，2011年；《農業—遊牧境界地帯与隋唐長安城的歴史》，《中國史学》（韩国）40，2006年；《円仁の長安—9世紀の中国都城と王権儀礼—》，《中央大学文学部紀要・史学》53，2008；《长安、礼仪的都——以円仁〈入唐求法巡礼行记〉为素材》，《唐研究》15，北京：北京大学出版社，2009年；《隋唐長安城と世界史の構造》，《歴史地理教育》741，2009年；《長安の変貌—大中国の都から小中国の都へ—》，《歴史評論》720，東京：校倉書房，2010年。

バル・ヒストリー》(中央大学出版部,2018 年),将都市史与环境史的研究推进到了全球史的高度。

二、文章的写作旨趣与所用史料

正如上述,“李文”是妹尾先生的早期作品,是其长安城市史研究范式的早期探索尝试。空间是人类活动的基本范围,亦是历史发生的重要要素,因此作者对都市史的探讨便是从对城市空间结构的研究开始的。

妹尾先生在文中概言自己的写作旨趣是“对有关长安城市构造如何变化的论述进行具体的检证,并期待能够一窥当时的平民文化”。可见,妹尾先生的写作意图是以唐后期的长安城作为历史背景,探讨城市社会史的相关话题。具体研究方法是通过对《李娃传》中所描述的一些细节的分析,对长安城市构造的变化进行印证,进而探讨长安的平民文化。所谓印证,是围绕学界已然得出的一些重要结论,再利用诸如《李娃传》这样鲜活的资料进行补充论证。也就是说,本文是先给出结论,然后利用笔记小说材料进一步丰富论据。妹尾先生开门见山指出了文章的结论,认为所谓长安城市构造的变化,其最重要的是坊市结构的松动,“到唐代后期,长安城一直以来由称作坊市的块状聚居区分隔开来的、均匀有序的城市规划走向崩溃”。

加藤繁最早指出了城内坊制与市制的崩溃以及城外草市的出现的重要现象,这一结论揭示出日本学界所认为的中国古代到中世、近世的城市发展趋向。[①] 同时,加藤繁的理论又与内藤湖南的唐宋变革论相结合,宫崎市定亦强调唐宋变革与城市史发展的重要关联,认为宋以后的近世,坊制发生了崩坏,并在城内外出现了商业城市。总之,日本学界关于坊制、市制崩溃及草市的发展是唐宋变革期中国城市史发展分水岭的结论,奠定了中国古代城市史研究的基本理论基础。妹

① 参见加藤繁著《中国经济史考证》,吴杰译,北京:中华书局,2012 年。

尾先生又进一步提出一些可供商榷的问题点，如认为唐代在市区区域之外的坊与其他区域也有商店广泛存在，从而对所谓“市制崩溃”的观点进行了修正。[①] 又指出应当区分“坊制”与“坊墙制”的差异。其中，作为城市行政区划制度中的“坊”在唐代之后至明清时代，始终存在。而作为居民居住地制度的“坊墙制”则在唐后期出现了崩坏。妹尾先生据此认为，学界所谓的唐宋“坊制崩坏”应当精确为“坊墙制崩坏”，这样更接近历史真相。

在上述学术发展的基础上，妹尾先生认为，随着这种城市结构的变动，长安城的街东与街西呈现出不同的生活面貌与文化形象，“沿着城墙内外东西走向的交通主干道，街东的山脚下形成了官僚街区，而地势较为低洼的街西地区则形成了平民街区。位于官僚街区中心部位的东市周边云集了娱乐场所、情报机关和金融机构，一跃成为了长安的中心区域，为华美精致的工艺品与凝练的文艺作品的产生提供了场域；与之相对，街西以西市为中心的地区遍布西域人聚居区与贫民窟，同时也成为贱民与汉族商人的聚居区，平民文化在这里生根开花，居民区的功能性分化在不断加强”。这便是妹尾先生对唐后期长安城结构变化的一种总体认识，他在20世纪80年代提出的这一结构性变化推论，在当时的学界具有重要的学术意义。

为了印证上述结论，“李文”选择了《李娃传》这一笔记小说材料，因为妹尾先生认为，《李娃传》恰好是反映这种历史变化的鲜活案例。《李娃传》之所以是一部合格的文本，因为在故事核心的起点、转折点上，都使用了长安真实存在的坊名、街道名称，使读者能够产生现实的代入感。故事中“提及的长安街巷的名称颇多，且与整个故事的结构联系紧密”。具体而言，涉及的长安空间名称有：布政坊（街西）、平康坊（街东）、鸣珂曲（平康坊）、竹林神祠、宣阳坊、西市凶肆（街西）、东市凶肆（街东）、天门街、曲江池与杏园一带（街东南面）、安邑坊（街东）等。妹尾先生正是敏锐地发现了《李娃传》中对于城市空间转换

① 参见妹尾达彦《唐代長安の店舗立地と街西の致富譚》，《布目潮渢博士古希記念論集》，東京：汲古書院，1990年。

的这种记叙特征，遂决定以此作为讨论的史料基础。这便是其选择《李娃传》作为研究素材的主要动机。

《李娃传》属于笔记小说类史料，唐史研究中利用笔记小说材料已然是学界共识，学者们亦会自觉地排除其中的文学性因素，而对于那些颇具史实性的材料各取所需。妹尾先生从研究城市史的角度出发，颇为关心以唐代城市为舞台的小说与传奇，并尝试对若干相关故事进行分析。除了利用《李娃传》进行研究之外，妹尾先生亦利用笔记小说中胡人买宝故事进行长安城市史研究。[①] 妹尾先生成功的研究实践，反映出利用笔记小说进行唐代社会史研究路径的正确性与重要性。当然，对文本记录的虚与实进行区分，以及总结提炼出笔记小说史料的分析与利用方法，是学界依然需要继续努力的方向。

三、“结构—社会”：城市社会史的研究范式

在明确了写作旨趣与笔记小说的史料价值之后，让我们跟随妹尾先生的笔触，走进《李娃传》所描绘的唐代长安世界，并尝试解析“李文”的研究范式。

为了说明问题，妹尾先生首先对故事进行概述，并制作了详细的地图与图表，将故事中与长安城市构造相关联的部分着重标出。众所周知，妹尾先生所制作的地图的精细与精美程度在学界享有盛誉，若要读懂读透妹尾先生的论著，必须认真阅读其所配的各种地图与图表。

妹尾先生要讨论的核心问题是以长安天门街为中心的街西与街东的差异，而《李娃传》中正好有比较丰富的相关记录。妹尾先生从《李娃传》中得到的灵感是故事中人物的空间移动行为，其对长安城的

---

① 参见妹尾达彦《唐代長安の店舗立地と街西の致富譚》，《布目潮渢博士古希記念論集》，東京：汲古書院，1990 年，第 191—243 页。关于胡人买宝谭，参见妹尾达彦《胡人与汉人——“异人买宝谭”与汉人认识之变迁》（妹尾达彦著：《隋唐长安与东亚国际关系》，高兵兵等译，西安：西北大学出版社，2019 年，第 326—352 页）。

空间结构十分熟悉，模拟出了男主人公的行走路线。

对于街东的情况，《李娃传》所描绘的东市及其周边的各坊是故事展开的主要舞台。其中，平康坊是一个非常好的例子。男主人公就是在平康坊的鸣珂曲遇到李娃，并一见钟情，进而沉湎酒色，散尽金钱的。平康坊是唐后期风月场所的集中地，而位于其北的崇仁坊则是进京参加选调和科举考试之人住宿的集中地区、长安城内的繁华之坊，三曲则与崇仁坊隔横街相对。这样，以三曲为中心，东市与崇仁坊相连，遂成为堂后期长安城的繁华区域。此外，李娃姨妈在宣阳坊租来的邸宅亦可以说明宣阳坊为高官住宅区。而街东中北部是官僚街，官人的住宅鳞次栉比。

在讨论过街东后，妹尾先生巧妙地利用对比的手法，又对街西的情况进行了描绘。同高贵繁华的街东形成鲜明对比的是，街西在唐代中期以后，以西市为中心，聚集了诸如下级官僚、落第书生、雇佣兵、工商业者、城市流民和流浪者、西域人等各色人群，从而形成了多职业、多种人群杂居的庶民街区。同时，由于劳动力充足，又刺激了西市的商业发展。《李娃传》中对凶肆的集中描写便反映出这种商业发展的趋向。

妹尾先生通过对《李娃传》中所描述的街东与街西相异的区域特色进行对比论述，进一步具体地验证了文章开头所提出的唐后期长安城市结构的变化趋势。

在印证了长安东西区域分化的结论后，妹尾先生进一步指出，正是由于唐后期长安的东西区域分化，街东官僚街和街西平民街开始成为以天门街为界线截然二分的两个并存的社会。可见，在分析了城市空间结构问题之后，妹尾先生又继续讨论城市社会史的问题。

妹尾先生敏锐地发现了天门街竞歌中西市凶肆与东市凶肆在描写上的差异。不论是从展出物品的优劣方面，还是诸如舞台道具、舞台位置、歌者气质、小道具、配角、歌者的临场表现力或是歌曲种类、歌曲内容、观众反响等方面，东西市二凶肆均有一定差异。概言之，“西市歌者总有着动感奔放的身姿，与之相对的是东市歌者会选择在华丽的丧葬品的衬托下，以精致而高贵的仪态示人”。也就是说，街东文化的主流是上层的官僚社会文化，而街西则以平民文化为代表。

以上便是“李文”的主要研究思路与结论，妹尾先生的这种城市社会史的研究范式可以总结为“结构—社会”的模式。关于唐代城市社会史的研究，石田幹之助、向达、薛爱华、日野開三郎、那波利贞是研究的开拓者[①]，妹尾先生在继承前辈学者的研究的基础上，进一步从结构入手，对唐代城市社会史的研究范式与结论提出了新的见解。

妹尾先生认为，城市社会史的研究方法是“探讨城市建筑结构与政治、社会结构之间的历史相关性”。[②] 这种研究范式是从分析城市空间结构入手，进而探讨结构下的政治社会结构。城市社会史展开的舞台是都市，城市首先是一种空间。城市社会史的研究理应从空间出发。因此，对于空间的认知与把握，是城市社会史研究的重要出发点。

此外，在注重传世文献的基础上，妹尾先生亦十分关注考古资料。“李文”便利用了1975年北京大学历史系考古专业对西市西大街中部发掘调查的资料。可以说，文献与考古的有机结合，是城市社会史研究的有效资料取经。

实际上，当我们重读《李娃传》的原文，会发现作者白行简笔下的第一主角当为李娃，叙事的视角和结构也是站在李娃的角度展开的。原文是要宣扬李娃辅助郑男读书乃至考取功名，是以宣扬女德为目标的文字。然而，妹尾先生却进行了视角的转换，从男主人公的视角，发现人物在不同空间之间的移动，进而探讨相关问题。对于《李娃传》的讨论，在文史学界并非新的课题，但妹尾先生却能够转换视角，赋予传统史料以新的生命，这种视角转换的尝试，是读者应该深刻领会的。

---

① 参见石田幹之助著《长安之春》，钱婉约译，北京：清华大学出版社，2015年（日文版出版于1941年）；向达《唐代长安与西域文明》，北京：生活·读书·新知三联书店，1957年；薛爱华（Edward Hetzel Schafer）著《撒马尔罕的金桃：唐代舶来品研究》（*The Golden Peaches of Samarkand: A Study of T'ang Exotics*），吴玉贵译，北京：社会科学文献出版社，2016年（英文版出版于1963年）；日野開三郎《唐代邸店の研究》，日本九州大学文学部東洋史研究室，1968年；那波利贞《唐代社会文化史研究》，東京：創文社，1974年。

② ［日］妹尾达彦：《城市的生活与文化》，载妹尾达彦著《隋唐长安与东亚比较都城史》，高兵兵等译，西安：西北大学出版社，2019年，第96页。

宋代城市的发展瓶颈

包伟民

学界以往研究的共同倾向,是从各不同侧面论证宋代城市发展的史实,而较少关注在这一过程中可能产生的有碍于其进一步发展的新问题。数十年来人类对工业化以来社会进化过程的反思,已十分清晰地提醒我们,人类社会的发展是具有双面性的,我们从社会进步获益的同时,也必须为此付出一定的代价。现代社会的进化是如此,传统时期社会的进步是否也存在相类似的问题呢?本文试图以宋代城市发展的个案为例,来作考察。

城市生活是不同于乡村生活的一种居住方式,城市的发展意味着人口在某一特定地区的高密度聚集。由于人类的生活需要消耗相应的资源,因此人口的高度聚集必将在许多方面,如物资供应、社会组织、建筑构成、卫生防疫、公共安全等,带来传统社会所未曾面临的一系列新问题。对于中国中古时期的社会而言,这些新生产的问题,其中有些就某一侧面看也许具有一定的正面推进作用,例如由于人口聚集所形成的庞大消费市场,可能会刺激其周边地区相应生产的发展。另有一些,却也会对城市的进一步扩展产生阻力,并且影响城市居民的生活,例如由于生产能力有限,物资供应不足,造成物价上涨,城市居民生活成本过高等。当代城市学将这种由于人口高度聚集所带来的弊病称为“城市病”。传统社会都市发展的水准无法与当代社会相比拟,人口聚集所带来的负面影响——如果我们不用“城市病”这一现代词汇的话——当然也不应与现代社会相提并论。但它们必然同样存在。就某种程度而言,从这些负面的视角来观察,或许会带给我们一些全新的认识,因此是值得期待的。

从理论上讲,自从历史上产生城市之时起,某些负面的影响即应随之出现。由于古代前期都市发展水准不足,它们是否早已达到了值得史家关注的程度,难以断定;另一方面,传世文献也并未提供足以展开研究的相关记载。到宋代,由于城市较高水准的发展以及传世文献的增多,这两方面的前提基本具备,才使得我们的讨论具备可能的意义。

尽管有了诸如《东京梦华录》《梦粱录》这样专门记载城市的史书传世,但传统文献记载的片面与不足仍使得我们对宋代城市生活的了解极其有限。我们的讨论只能在资料可能的前提下,就人口密度、生活物资供应、卫生管理、消防安全等方面展开。

一、城市人口密度蠡测

中国地域辽阔,不同区域间发展的差异颇大,宋代城市的发展水准也是如此。如北宋京西北路郑州,曾列为京师四辅之一的西辅,为北方地区的重要州府,时人却有这样的纪事诗来描述它:“南北更无三座寺,东西只有一条街。四时八节无筵席,半夜三更有界牌。”①据此看来,郑州城市的发展水准显然不高,都市人口当然不至于密集。西北边境城市,境况更为萧条,可以想象。陕西重镇延州“沙堆套里三条路,石炭烟中两座城”。② 河东宁化军,总共才 34 家坊郭主客户③,人口还不及东南地区的一个村落。但东南某些地区,也有城市规模绝小者。北宋苏州吴江县只有民屋数百间:“出姑苏城南,走五十里,民屋数百间,蕞然沙渚之上者,今吴江县也。”④南宋汀州上杭县城规模更小,只有人户百余家。⑤ 南宋淮南城市,“市井号为繁富者,才一二郡,

① 庄绰:《鸡肋编》卷上《川陕驿路纪事诗》,北京:中华书局,1983 点校本,第 17 页。

② 同上。

③ 欧阳修:《河东奉使奏草》卷下《乞减配卖银五万两状》,北京:中华书局,2001 年点校《欧阳修全集》本,第 5 册,第 1743 页。

④ 钱公辅:《利往桥记》,见钱榖编《吴都文粹续集》卷三六,影印文渊阁《四库全书》本,页 8A。

⑤《宋会要辑稿·方域》七之一一至一二,上海:大东书局,1936 年影印本,第 189 册。

大概如江浙一中下县尔。县邑至为萧条者,仅有四五十家,大概如江浙一小小聚落尔”。① 而在北宋,北方的开封府却为全国最大的都市。但大体讲,随着全国经济重心南移的完成,东南地区都市平均发展水准相对较高,北方地区则略低。

两宋时期在一些区域经济中心形成了几个重要的都市,如北方黄河下游的开封府,关中地区的京兆府,四川平原的成都府,珠江流域的广州府,以及东南地区的江宁(建康)府、苏州(平江府)、杭州(临安府)等,构成全国都市人口最为密集的区域。本章的讨论,当然对这些区域而言有意义。由于宋代绝大多数城市人口的记载不明,下文仅举北宋的开封府与南宋的临安府来说明当时都市人口高度聚集的情况。

北宋京城开封府与南宋行都临安府,原先都是州府城市,建都后人口增长,城区不断扩大,比较相似,文献中都有不少描述性的记载。但南北风土之异,以及建都前后不同的历史背景,使得两者在具有较多共性的同时,也呈现了不少各自的特点。

开封府原称汴州,自907年后梁朱全忠称帝建都以来,不断扩展,到五代末年,史称“屋宇交连,街衢湫隘,入夏有暑湿之苦,居常多烟火之忧”,拥挤不堪。于是显德二年(955)四月,周世宗下诏扩展外城,拓展城区。② 入宋以后,又对外城数度修筑,其中以宋神宗熙宁八年(1075)开始的一次增筑规模最大,至元丰三年(1080)十月完工。在此外城城墙范围之内,当属北宋开封城区的主体。

由于人口增长,“溢出”城区,不断向郊区扩展,是宋代城市发展的一般现象,开封也不例外。天禧五年(1021),遂于“新城外置九厢”③,即在城郊设置居民区。但城区之内,仍然十分拥挤。史称“甲第星罗,比屋鳞次,坊无广巷,市不通骑”。过于拥挤的城区造成居住困难,有

---

① 仲并:《浮山集》卷四《蕲州任满陛对札子》,北京:线装书局,2004年,《宋集珍本丛刊》第42册影印清翰林院钞本,第34页。

② 王溥:《五代会要》卷二六《城郭》,上海:上海古籍出版社,1978年点校本,第417页。

③《宋会要辑稿·兵》三之三,第173册。

些人因此不得不移居畿县："于是有出居王畿，挂户县籍，兴产树业，出赋供役者矣。"①

北宋时期开封城人口聚集究竟到何种程度，其城区的人口密集度可为明确的指标。

北宋开封城共有三重城墙：宫城、内城与外城。史载"宫城周回五里"。② 据考古勘探，北宋宫城呈一东西略短、南北稍长的长方形。其东、西墙各长约 690 米，南、北墙各长约 570 米，四墙全长 2 520 米左右，与前述记载大致吻合，合计约为 0.393 3 平方公里。内城，宋时又称里城、旧城，是在唐汴州城基础上修建而成。考古勘探得知，整个内城略呈东西稍长南北略短的正方形，四墙全长约 11 550 米左右，与文献记载的"二十里一百五十五步"基本吻合③，约合 8.336 平方公里。宋代开封外城又称新城，经考古工作者多年勘探发掘，外城的轮廓、位置、形制和范围也已基本清楚。整个外城呈一东西略短、南北稍长的长方形，位于今开封市四郊。经实测，外城东墙约 7 660 米，西墙约 7 590 米，南墙约 6 990 米，北墙约 6 940 米，四墙总长 29 120 米，合今 58 华里。按宋太府尺，一宋里约合 553 公尺，58 华里约折合 50 宋里，也大致合于文献的记载"（外城）周回五十里一百六十五步"④，合计面积约为 53 平方公里。⑤

北宋开封宫城、内城与外城的人口密度有一定差异，这对我们计算整个城区人口密度关系不大。如前所述，开封城区实际已溢出城墙，宋政府在新城外还设有作为城区的九厢。但此九厢面积无法确定，且其人户数也未见记载。我们只能对外城城墙范围之内——也就是开封城区主体——的人口密度略作推算。不过可以肯定，由于新城外九厢地处城区边缘，且不少商业经营者本来即居住于城内，"京城门

① 杨侃：《皇畿赋》，见吕祖谦编《宋文鉴》卷二，北京：中华书局，1992 年点校本上册，第 20 页。
② 《宋史》卷八五《地理志一·京城》，北京：中华书局，1977 年点校本第 7 册，2097 页。
③ 《宋会要辑稿·方域》一之一，第 187 册。
④ 《宋会要辑稿·方域》一之一六，第 187 册。
⑤ 前引考古资料参见丘刚《开封宋城考古述略》，载《史学月刊》1999 年第 6 期，第 105—109 页。

外草市百姓……多是城里居民逐利去来"[1],因此新城外九厢的人口密度必然比城区中心要低一些。

笔者曾列出了北宋天禧五年(1021)开封府新旧城十厢人吏户数。[2] 学者们对宋代户均口数意见有分歧,但多数仍取户均5口之数。[3] 若据户均5口折算,则天禧五年开封新旧城城区内约488 750口。再加上宫城人口,以及未登录当地户籍的军队与各类流动人口,按占总数20%计,估计当时开封新旧城城区内大致有58万人。与前述城区面积相对照,则人口密度为10 943人/平方公里。到北宋后期,人口密度自然还会有一定程度的增长。估计在12 000—13 000人/平方公里之谱,应该不会超过13 000人/平方公里。前人曾有估计北宋开封人口密度超过20 000人/平方公里者[4],看来失之过高。

北宋时期,杭州已称"东南第一州"[5],都市十分繁荣。元祐年间(1086—1094)苏轼(1037—1101)上奏,谓"杭州城内生齿不可胜数,约计四五十万人"[6],或许有一定夸张。但杭州城区居民众多,可以肯定。南宋朝廷驻跸后,四方聚集,临安(杭州)人口更多。文献中保留有不少临安城区扩展的记载。如北宋时,城中后洋街,"四隅皆空迥,人迹不到";"宝莲山、吴山、万松岭,林木茂密,何尝有人居"。到南宋,"屋宇连接",都成了居民聚集之处。[7] 丰乐桥以北的橘园亭,金井

---

① 李焘:《续资治通鉴长编》卷二五一,熙宁七年三月庚申条,北京:中华书局,2004年点校本,第18册,第6129页。

② 包伟民:《宋代城市研究》,第二章表2-1,北京:中华书局,2014年。

③ 如周宝珠就认为:东京官宦贵族多,他们的家庭规模都比较大,因此当取户均7口之数(周宝珠:《宋代东京研究》,郑州:河南大学出版社,1992年,第347页)。不过我们也应该考虑到平民因经商移居城市,而把一部分家庭成员留在乡村、因而家庭规模偏小的情形。这在中国传统时期是相当普遍的现象。南宋嘉泰元年(1201)三月戊寅临安府大火,"延烧军民五万二千四百二十九家,凡十八万六千八百三十一口"(不著撰者:《续编两朝纲目备要》卷六,北京:中华书局,1995年点校本,第109页),则每家仅3.6口,可为佐证。故本章仍取户均5口之数。

④ 吴涛:《北宋都城东京》,郑州:河南人民出版社,1984年,第38页。

⑤ 宋仁宗:《赐梅挚知杭州》,见厉鹗编《宋诗纪事》卷一,上海:上海古籍出版社,1983年点校本,第1册,第7页。

⑥ 苏轼:《苏轼文集》卷三〇《论叶温叟分擘度牒不公状》,北京:中华书局,1986年点校本,第3册,第861页。

⑦ 周煇撰,刘永翔校注:《清波杂志校注》卷三《钱塘旧景》,北京:中华书局,1994年点校本,第117页。

亭桥之南的俞家园，原先都是农田，到后来民居汇聚，“如蜂房蚁垤，盖为房廊，屋巷陌极难认，盖其错杂，与棋局相类也”。[①] 钱塘旧治以南的茅山，到南宋后期也“夷为民居”。[②] 随着郊区不断的都市化，临安城外也设有城南、城北两个郊厢。当然临安人口主要还是集中在城区之内。

关于南宋临安城的人口数量，也是学界多年讨论的内容。早年中外学者的一些估算，大多偏高，或有失实。前年有学者专论临安人口[③]，主要依据时人的估计之数推论，如“俗谚云：杭州人一日吃三十丈木头，以三十万家为准，大约每十家日吃榲槌一分，合而计之，则三十丈矣”。[④] 似此资料，并无统计价值，因此也不一定可靠。估算南宋临安人口，仍当以现存相对为可靠的户籍资料为主要依据。

与北宋开封城相似，南宋临安城外南北两郊厢区域范围，记载不明。史称其“分任之地，皆六七十里”，其中南厢“北至艮山，南底南荡”，十分笼统，难以考定。因此我们只能讨论城区之内的人口密度。

南宋临安府辖县九，其中钱塘、仁和两县为依郭县，府城城区人口全属这两个县。现存地方志书载有两县三个时期的主客户数（表1）：

表1　南宋临安府依郭县主客户数

	乾道年间（1165—1173）	淳祐年间（1241—1252）	咸淳年间（1265—1274）
钱塘县	46 521	47 631	87 715
仁和县	57 548	64 105	98 615
合　计	104 069	111 736	186 330

资料：据《咸淳临安志》卷五八《风土志・户口》。

① 杨和甫：《行都纪事》，见陶宗仪《说郛》卷二〇上，北京：中国书店，1986年影印涵芬楼本，第4册，页14A—B。

② 潜说友：《咸淳临安志》卷二二《山川志二・山》，北京：中华书局，1990年，《宋元方志丛刊》第4册影印道光十年钱塘汪氏振绮堂刊本，第3577页。

③ 沈冬梅：《宋代杭州人口考辨》，载漆侠主编《宋史研究论文集》，保定：河北大学出版社，2002年，第373—386页。

④ 周密：《武林旧事》卷六《小经纪》，《知不足斋丛书》本，页16B。

按户均5口计,则这三个时期两县人口数可下见表(表2):

表2　南宋临安府依郭县人口数

年　代	乾道年间	淳祐年间	咸淳年间
人　口	520 345	558 680	931 650
增长率	100%	107.37%	179.04%

钱塘、仁和两县还辖有不属于城郭的乡村,钱塘县计有履泰南乡、履泰北乡、惠民乡、调露乡、灵芝乡、孝女南乡、孝女北乡、崇化乡、钦贤乡、定山南乡、定山北乡、长寿乡、安吉乡等13乡;仁和县计有芳林乡、肇元乡、大云乡、丰年乡、长乐乡、安仁东乡、安仁西乡、太平乡、廉德乡、永和乡、临江乡等11乡,两县合计24乡。各乡辖里数不一,共计统辖104里。① 按唐代旧制,“百户为里,五里为乡”②,则一乡共计500户。但是由唐入宋,随着乡里组织从联户组织向地域组织转化,乡数并省,乡均户数增加,早已不复旧规。③

杭州(临安府)一地所设乡数,唐元和年间(806—820)合计188乡,北宋太平兴国年间(976—984)经并省减至117乡,到元丰年间(1078—1085),再减为88乡。具体到钱塘、仁和两县,元和年间钱塘县25乡,仁和县元和乡数未见记载,太平兴国年间两县合计23乡,元丰年间两县合计20乡。从唐到宋杭州(临安府)的乡均户数,元和年间为272户,太平兴国年间已至1 456户,元丰年间更达2 304户。④乡数减省、乡均户数增加的史实,符合一般趋势。

存世南宋临安府诸志由于未能分别记载城乡户籍数,更兼临安府城区户数超过常规,钱塘、仁和两县城区之外的24乡乡均户数难以统计。不过如果我们分别统计钱塘、仁和之外的临安府诸属县乡均户

① 潜说友:《咸淳临安志》卷二〇《疆域志五·乡里》,第3551—3552页。

② 《旧唐书》卷四八《食货志上》,北京:中华书局,1975年点校本,第6册,第2089页。

③ 参见包伟民《宋代乡制再议》,第129页,文载《文史》2012年第4期。

④ 据李吉甫《元和郡县图志》卷二五《江南道一·杭州》(北京:中华书局,1983年点校本,下册,第602页)、乐史《太平寰宇记》卷九三《江南东道五·杭州》(北京:中华书局,2007年点校本,第5册,第1861—1871页)、王存《元丰九域志》卷五《两浙路·杭州》(北京:中华书局,1984年点校本,上册,第207—209页)等书统计。

数,再将各县城区户籍数按一定系数略作调整,或者可见钱塘、仁和两县农村地区乡均户数之大概(见表3)。

表3　咸淳年间临安府余杭等七县乡均户数　　(单位:户)

县　份	乡　数	户　数	乡均户数
余　杭	8	26 581	3 322
临安县	22	25 907	1 102
于　潜	6	20 803	3 467
富　阳	10	29 985	2 998
新　城	12	18 071	1 505
盐　官	6	56 904	9 484
昌　化	5	13 678	2 735
合　计	69	191 629	2 781

说明:据潜说友《咸淳临安志》卷二〇《疆域志五 · 乡里》(第3551—3557页)、卷五八《风土 · 户口》(第3868—3870页)统计。其中昌化县原作"四乡一村",今按五乡计。

据表3,可知咸淳年间余杭等七县乡均2 781户。其中各县城区的人户数,按宁失于过高、勿失于过低的原则,取占总数30%的系数,是则减去城区户数,得出余杭等七县乡均1 946户。如此,对照各表的数据,可知咸淳年间钱塘、仁和两县24乡,合计当有45 600户(按再作调整之乡均1 900户统计),城区总计140 730户,若按户均5口计,总703 650口。也就是到南宋末年,临安府城区与郊厢人口大约在70万之谱。估计乾道年间约为40万,淳祐年间约为45万。应该说,这一组资料略显偏高。

若要单计临安城区内的人口,上述数据还得减去郊厢之数。据嘉定十一年(1218)郑湜为城南厢所作《厅壁记》,称"众大之区,编户日繁,南厢四十万,视北厢为倍"。则当时南、北两厢总计有60万人口,甚至超过了前面所估算的淳祐年间城区与郊厢人口的总数,显然过大。[①] 楼

① 潜说友:《咸淳临安志》卷五三《官寺志二 · 幕属官厅 · 城南厢厅》注文引郑湜《厅壁记》,第3830页。

钥《直秘阁知扬州薛公行状》曾提到，大约在乾道初年，薛居宝曾被差主管临安府城南右厢公事，"南厢户口十四万，最为剧繁"。[①] 这里所记虽比郑湜《厅壁记》早了近40—50年，但颇疑城南厢居民14万一说并非统计所得，而是当时人们概念中的约数，前后并无多少变化。前引郑湜《厅壁记》所述"四十万"，看来为"十四万"之误。如此，大致估计南宋嘉定中南、北两厢合计人口约20万，可以取信。这一数据看来也显偏高。拿它与年份最为靠近的淳祐年间城区及郊厢合计人口相减，得城区人口约为25万。另再加上不在民籍者以及流动人口，也按20%计，可得出当时临安城区内人口约为32万口。

南宋临安的城区，是在吴越国时期定型的，其东北端为艮山门，即今环城北路艮山门；西北端为余杭门，即今环城北路与湖墅南路交叉的路口。当时东侧城墙在今建国路一线，西侧城墙在今环城西路与湖滨一线，南端到凤凰山地带的筲帚湾与宋城路一线略再往南一点，大致形成一个不规则的长方形。对它面积的估算，可以用两个方法。一是按其长宽大致推算。其长度即今中山路全长，再另上复兴路的一小段，大约600—700公尺，全长约7公里；其宽度大致可以今万松岭路为准，约1.9公里，则全城约13.3平方公里。另一可以通过在现代地图上画出南宋临安城区，按比例尺用画方格的方法来测算。其结果与上述按长宽大致推算的差不多。由于临安城区形状的非规则性，考古工作也尚未精确地测绘出南宋临安城墙的每一段走向，上述资料只能是大致的推算。如果我们将临安城区面积调整为15平方公里，则能保证或失之于过大，而不是相反。[②]

---

① 楼钥：《攻媿集》卷九〇《直秘阁知扬州薛公行状》，杭州：浙江古籍出版社，2010年点校本，第五册，第1657页。据谈钥《嘉泰吴兴志》卷一五《县令题名·武康县》（北京：中华书局，1990年，《宋元方志丛刊》第5册影印1914年《吴兴丛书》本，第4793页），薛居宝（《嘉泰吴兴志》作"薛居实"，疑"实"为"宝"之误）为钟燮（绍兴二年为武康令）之后第十任县令，则当在绍兴末年。据行状，此后丁母忧，服阕后才被差主管临安府城南右厢公事，则当已在乾道初年。

② 关于南宋临安府城区范围，参见阙维民《杭州城池暨西湖历史图说》图2—25《南宋临安坊巷图》及其他相关部分，杭州：浙江人民出版社，2000年。杭州中山路等长度资料，参见杭州市地名委员会编《杭州市地名志》，1983年自刊本。现代杭州市地图，主要参见《杭州市地名志》中册附图四《杭州市主要街道图》，比例尺为1∶30 000。

若此,则淳祐年间临安府城区内人口密度估计可达到2.1万人/平方公里,远比北宋开封为高。到咸淳年间,甚至可能达到3.5万人/平方公里。

南宋临安府人口密度较北宋开封府为高,在文献中也有一些描述性记载。绍兴十三年(1143)十一月,宋高宗行祭天之礼,由于临安街道过狭,不得不废弃旧制,从皇宫到太庙不乘辂,"权以辇代之"。[①] 南宋末年临安人周煇曾记:"煇幼见故老言,京师街衢阔辟,东西人家有至老不相往来者。迨出疆,目睹为信。"在临安人周煇看来,开封的街衢显得"阔辟"。又称北宋时皇帝出行仪卫森严,"甲马拥塞驰道,都人仅能于御盖下望一点赭袍"。但到了南宋临安,纵使同样的皇帝出行,却"今日近瞻,法驾不违于咫尺也"。[②]

每平方公里一万数千人,甚至两万多人,究竟是怎样的一个"密度"呢?我们可将其与现代城市人口作一比较。目前世界大城市城区的人口密度大多在1万人/平方公里左右。如东京都只有1.3万人/平方公里,其他城市如纽约、伦敦、巴黎和香港的人口密度最多也只有8 500人/平方公里。中国城市的人口密度大多在世界平均水准之上,如北京和广州城区的人口密度分别为1.4万人/平方公里和1.3万人/平方公里。[③] 上海市区目前的人口密度当属大陆地区最高。2001年,上海市中心区(包括黄浦、卢湾、徐汇、长宁、静安、普陀、闸北、虹口、杨浦等9区)人口密度29 362人/平方公里。[④] 杭州市目前人口密度比上海为低,参见下表(表4):

其中上城、下城两区为杭州市最中心的区域。西湖区由于拥有较多风景名胜地域以及部分乡村,因此人口密度相对较低。合计杭州城市中心的上城、下城、拱墅、西湖四区,其人口密度为8 357人/平方公

① 李心传:《建炎以来系年要录》卷一五〇,绍兴十三年十一月庚申条,光绪二十六年广雅书局刊本,页7B。

② 周煇:《清波别志》卷下,郑州:大象出版社,2012年点校《全宋笔记》第五编第9册,第173页。

③ 据中国市长协会《(2002—2003)中国城市发展报告》(北京:商务印书馆,2004年版),陈筱红、曾伟《中科院发布城市发展报告3药方根治5大城市病》(《北京青年报》2004年3月4日)等。

④ 上海市统计局:《上海统计年鉴(2002)》第三篇《人口、劳动力》表3-3"各区、县土地面积、户数、人口及人口密度(2001)",北京:中国统计出版社,2002年版。

表 4 2003 年杭州市区土地面积和人口密度

地　区	土地面积（平方公里）	年末总人口（万人）	人口密度（人/平方公里）
市　区	393.19	393.19	1 281
上城区	18.00	31.27	17 372
下城区	31.00	33.22	10 716
江干区	210.00	38.03	1 811
拱墅区	88.00	29.27	3 326
西湖区	263.00	53.03	2 017
滨江区	73.00	12.50	1 712
萧山区	1 163.00	115.74	995
余杭区	1 222.00	80.12	656

资料：据《杭州统计年鉴：2004 年》，第一篇《综合》表“1—02 土地面积和人口密度（2003 年底）”，北京：中国统计出版社，2004 年。

里。开封市总体人口密度要低于东南地区的大城市，1999 年，市区西部的龙亭区，人口密度为 7 725/平方公里。①

据上述统计资料可知，在中国传统社会中期的两宋时期，以单层或双层木结构建筑为主的开封府与临安府城区，其人口密度已经超过以多层钢筋水泥建筑为主的现代都市市区数倍，相比现代人口尤为众多的一些都市，差距也有限。其居处街衢之湫隘拥挤，也就可以想象了。

前文提出的北宋开封府与南宋临安府两个城区的人口密度，当然只是约数，目的在于对此两城人口众多、拥挤不堪的情形给出一个直观指示，并不能引以为精确的统计数据。不过这两个数据也相当明确地提示着我们，在估算两宋城市人口数据时应该保持冷静客观，如果为了凸显当时城市经济的发展而一味过高推断其人口规模，就有可能使得宋代的城市居民因过度拥挤而难以度日。

开封与临安虽为都城，其人口的聚集或有超过其他州府之处，但

① 据开封市龙亭区政府网站资料。

也不应绝无仅有，而具有一定的普遍性。随着两宋时期城市的不断扩张，尤其在经济发达区域中心，一些城市经济文化繁荣，万众聚集，人口密度较前大为提高，文献中有一些描述性的反映。如南宋建康府句容县，为当时江南地区一般的县城，且相对闭塞，"舟楫不通，无富商大贾出于其涂"，据记载却是"民廛之寄官地，参差不齐，挠腐将压檐，相去且不能数尺。县之门道仅容一车"[①]，十分拥挤。明州为东南名郡，南宋时期发展尤其迅速，城区人口增长自然就十分显著了。地志描述明州城内拥挤的情况："此邦生齿既繁，侵冒滋多，甚至梁水而楹，跨衢而宇。往来间阻，舆马尤病。绍定元年正月东北厢火，救焚者束手无策。既而掘视古沟，率在居民卧室之内。"[②]人口众多，建筑密集，以致街衢河道皆为侵占。当时台州也有类似情形，"元守凿以通舟之处，亦以居人栉比，阏而小之。今不惟舟不得通，而车马之路亦转侧无所容矣"。[③] 可知尤其到南宋，为数不少的城市已经出现人口过度聚集的问题。

二、城市物资供应与卫生管理

城区人口高度聚集，密度过高，必然会给城市生活带来一系列新的问题。物资供应与卫生管理是其中比较突出的两个方面。

物资供应首要的是城市土地供应，前人多所论及的宋代城区扩展问题[④]，反映的就是由于城区人口过于密集的一个结果。由此所带来的城区地价过高问题，值得关注。宋代城市中管理官有土地的楼店务的高额岁课，就反映了当时城市土地租赁的地租收入。地价过高对商业经营与居民的生活都有影响，显德二年(955)周世宗所颁开封筑外

① 张榘：《砌街记》，见杨世沅、芷湘甫辑《句容金石记》卷五，台北：新文丰出版公司，1979年，《石刻史料新编》第二辑第9册，第6491页。

② 罗濬等：《宝庆四明志》卷三《叙郡下·坊巷》，北京：中华书局，1990年，《宋元方志丛刊》第5册影印咸丰四年《宋元四明六志》本，第5020页。

③ 陈耆卿：《嘉定赤城志》卷二三《山水门·水·城》，北京：中华书局，1990年，《宋元方志丛刊》第7册影印《台州丛书》本，第7456页。

④ 参见包伟民《宋代城市研究》前引梁庚尧文。

城诏，就指出由于城区狭小，“坊市之中，邸店有限，工商外至，亿兆无穷，僦赁之资，增添不定，贫乏之户，供办实难”。[①] 在开封府，“自来政府臣僚在京僦官私舍宇居止，比比皆是”[②]，“百官都无屋住，虽宰执亦是赁屋”。[③] 由于房租太贵，这些达官贵人有时也要叫苦。欧阳修就有诗：“嗟我来京师，庇身无弊庐。闲坊僦古屋，卑陋杂里闾。”[④]因此王禹偁（954—1001）说：“重城之中，双阙之下，尺地寸土，与金同价，其来旧矣。”“非勋戚世家，居无隙地。”[⑤]一般贫民下户，就更不易拥有房产了，只能租赁简陋屋舍栖身。从前述当时城区人口密集的程度看，一般民众的居处必当极其拥挤。

土地之外，城市居民生活的各类物资都得由外部供应。时人称唐代长安城“百物皆贵”[⑥]，已经反映了当时由于供应不足造成的物价上涨现象，两宋时尤甚。北宋韩琦（1008—1075）就说：细民一家数口，其在田野时，伐薪汲水，悉便其用。迁入城寨后，则烧柴用水，“亦须市买”。[⑦] 南宋建康府“军民杂处，舟车辐凑，米麦薪炭醝茗之属，民间日用所须者，悉资客贩”。[⑧] 临安府民谚：“东门菜，西门水，南门柴，北门米”[⑨]，说明了当时城市须由外部供应生活资料的主要内容，其中尤以粮食为重要。

北宋建都开封，就是利用了开封处于南北水运中心的地理优势。

---

① 王溥：《五代会要》卷二六《城郭》，第417页。

② 韩琦：《安阳集》卷三五《辞避赐第》，北京：线装书局，2004年，《宋集珍本丛刊》第6册影印明刻安氏校正本，第537页。

③ 黎靖德编：《朱子语类》卷一二七《本朝一・高宗朝》，北京：中华书局，1986年点校本，第8册，第3058页。

④ 欧阳修：《居士集》卷八《答梅舜俞大雨见寄》，北京：中华书局，2001年点校《欧阳修全集》本，第1册，第123页。

⑤ 王禹偁：《王黄州小畜集》一六《李氏园亭记》，《四部丛刊》初编本，页13B。

⑥ 辛文房撰，傅璇琮主编：《唐才子传校笺》卷六《白居易》：“白居易弱冠名未振，观光上国，谒顾况。况吴人，恃才少所推可，因谑之曰：长安百物皆贵，居大不易。”北京：中华书局，1987年，第3册，第3页。

⑦ 李焘：《续资治通鉴长编》卷一三三，庆历元年九月辛酉条，点校本第10册，第3176页。

⑧ 袁燮：《絜斋集》卷一三《龙图阁学士通奉大夫尚书黄公行状》，影印文渊阁《四库全书》本，页28B。

⑨ 周必大：《二老堂杂志》卷四《临安四门所出》，郑州：大象出版社，2012年点校《全宋笔记》第五编第8册，第362页。

北宋曾任三司使、主持国计的张方平(1007—1091)说:“京,大也,师,众也。大众所聚,故谓之京师。有食则京师可立,汴河废则大众不可聚。”[①]外部粮食的输入,是开封作为京城得以维持的首要前提。因此宋初每年初春调发民夫开浚京城漕运河道,宋太祖赵匡胤每至亲自督工,“率以为常”。[②] 开宝五年(972)七月,三司上言仓库储粮止够吃到明年二月,请将驻军调到外地就食,并尽数调发民船运输江淮漕粮。赵匡胤大怒,差一点斩了权判三司楚昭辅。[③] 终北宋一朝,从江淮调发漕粮一直是国之要务,并时常引发朝政的动荡。南宋临安府位于长江三角洲,就近调发上供粮食比开封相对容易,粮食供应略显缓和,但问题一直存在。尤其到南宋后期,宋廷不得不在平江府增设百万仓,增加粮食储备。文献中偶尔留有临安府饥荒的记载,如嘉熙四年(1240),“都城大荒,饥者夺食于路,盗于隐处掠卖人以徼利,市中杀人以卖,日未晡,路无行人”。[④] 可以肯定,当有更多的事例未能在史籍中留下痕迹。

地方州军没有都城的特殊地位,城市粮食供应基本就靠在本地筹措了。两宋时期,基于运输技术,粮食还是属于“重滞之物,不可从远处兴贩得来,须本处土地所生,方可计置”。[⑤] 因此除灾荒年份、因粮价奇高可能吸引远地粮商牟利而长途贩运外,当时的商品粮基本限于区域市场范围之内流通。[⑥] 某一特定区域的城市兴盛之否,一个基本的前提就是当地农业可能提供多少商品粮。通检两宋文献,可以发现,如何保证当地城市的粮食供应,已经成了宋代地方官十分头疼而又不得不面对的一个问题,相关记载较多。北宋前期,张咏(946—1015)出守成都府,曾专门储粮,“至春,籍城中细民,计口给券”。[⑦] 元

---

① 张方平撰,郑涵点校:《张方平集》卷二七《论汴河利害事》,郑州:中州古籍出版社点校本 2000 年版,第 419—420 页。

② 王曾:《王文正公笔录》,郑州:大象出版社,2003 年点校《全宋笔记》第一编第 3 册,第 264 页。

③ 李焘:《续资治通鉴长编》卷一三,开宝五年七月甲申条,点校本第 2 册,第 287 页。

④ 佚名撰,王瑞来笺记:《宋季三朝政要笺证》卷二,是年条,北京:中华书局,2010 年,第 120 页。

⑤ 司马光:《温国文正司马公文集》卷四三《乞不添屯军马》,《四部丛刊》初编本,页 9B。

⑥ 参见包伟民《宋代的粮食贸易》,载《中国社会科学》1991 年第 2 期,第 41—56 页。

⑦ 真德秀:《西山先生真文忠公文集》卷一〇《奏置惠民仓状》,《四部丛刊》初编本,页 7A。

祐五年(1090),苏轼知杭州,上奏朝廷,投诉两浙转运使叶温叟分配救灾度牒不均,说道:“杭州城内生齿不可胜数……自来土产米谷不多,全仰苏湖常秀等州般运斛斗接济,若数州不熟,即杭州虽十分丰稔,亦不免为饥年。”①南宋各地措置兴建各类常平仓、义仓等粮仓,以备灾荒者不少,在多数情况下,这些粮仓其实都以城市居民为主要赈济对象。宋高宗赵构(1107—1187)就说:“近世拯济,止及城郭市井之内,而乡村之远者,未尝及之。”②宝庆元年(1225),理学家真德秀(1178—1235)在知潭州任上,以“春夏之间,郡城居民率苦贵粜”,如外部粮食供应不足,“则市直骤增,平民下户立见狼狈”,模仿当年张咏在成都府的做法,别立专供城市居民的惠民仓。③ 绍定初,潭州知州曾某“尚虑外邑市民,岁当春夏之交,常苦贵粜,脱小不登,将无所于诉”,在其所辖十县全都增建惠民仓。④ 有些地区州军城市规模虽不大,但本地粮食生产有限,邻近地区商品粮供应也不足,城市居民的生机就常有困难。如湖南永州,城区市户不过三千,率多贫弱,常患食粮之艰,“春夏之交,苦于贵粜”。⑤

从文献可见,“苦于贵粜”是当时一个经常性的话题,商品粮供应不足已成了城市发展所面临的最大挑战之一。因此尤其到南宋,各地以行政权力阻止商品粮输出的遏粜之风“近日尤甚”。⑥ 不仅在灾荒或号称缺粮地区,甚至在号称产粮的地区,例如浙西、江东、江西、湖南诸州郡也屡屡见诸记载,十分普遍。⑦ “州县各顾其私,听信城市之民妄言,‘不可放米出界’”。⑧ 朝廷虽屡诏禁止,若涉及自己的辖区,地

---

① 苏轼:《苏轼文集》卷三〇《论叶温叟分擘度牒不公状》,点校本第3册,第861页。

② 董煟:《救荒活民书》卷一,《墨海金壶》本,页22A。

③ 真德秀:《西山先生真文忠公文集》卷一〇《奏置惠民仓状》,页6A—8A。

④ 魏了翁:《重校鹤山先生大全文集》卷四八《潭州外十县惠民仓记》,《四部丛刊》初编本,页5A。

⑤ 高斯得:《耻堂存稿》卷四《永州续惠仓记》,影印文渊阁《四库全书》本,第3册,页11B。

⑥《宋会要辑稿·刑法》二之一二六,第166册。

⑦ 参见朱熹《晦庵先生朱文公文集·别集》卷六《乞行下江西从便客旅兴贩米谷》,彭龟年《止堂集》卷五《论淮浙旱潦乞通米商仍免总领司籴买奏》,真德秀《西山先生真文忠公文集》卷一五《奏乞拨平江百万仓米赈粜福建四州状》,欧阳守道《巽斋文集》卷四《与王吉州论郡政书》,不著撰者《宋史全文》卷二五下乾道九年十月甲子条,等等。

⑧《宋会要辑稿·刑法》二之一二六,第166册。

方官们将其视作善政，我行我素，却大有人在。

薪柴燃料供应也是当时城市生活所必须面对的一大问题。两宋城市居民燃料主要用木柴，冬天取暖则多用木炭。随着城市人口的增长，木柴消耗过大，周边山林砍伐过甚，不少大城市都存在一定的燃料供应困难。由于薪炭增价，贫民常有冻寒死者。[①] 北宋时期，北方有不少地区开始用煤，当时称作石炭。宋廷在开封设有太府寺石炭场，“掌受纳出卖石炭”。[②] 北宋后期，一度由市易司垄断开封府的石炭买卖。元符元年(1098)十一月，三省言：“闻访市中石炭价高，冬寒，细民不给。”[③]后来不得不废除官鬻石炭。[④] 宋人庄绰说：“昔汴都数百万家尽仰石炭，无一家燃薪者。”[⑤]可能言过其实，不过由于城市人口聚集，森林资源消耗过甚，改用石炭的确解决了民众生活的一个大问题。北宋前期，薛塾监绛州曲沃县酒税，当地官酒务酿酒所需薪柴由民户供给，由于城外山林资源耗竭，供应薪柴成为民户的沉重负担。薛塾改用石炭，“民得不苦，至今赖之”。[⑥] 元丰初苏轼知徐州，派人在徐州西南白土镇之北找到石炭，解决了当地城市居民以及作院兵器制作所需的燃料问题。他作《石炭》诗记述此事：“君不见前年雨雪行人断，城中居民风裂骭，湿薪半束抱衾裯，日暮敲门无处换。岂料山中有遗宝，磊落如磐万车炭。……南山栗林渐可息，北山顽矿何劳锻……”[⑦]欣喜之情跃然纸面。当然，宋代北方地区城市燃料并非全都改用了石炭，大部分仍当使用薪柴作燃料，其对城区周围森林资源的破坏，以及由此引起的城市燃料供应不足问题看来是广泛存在的。

宋代南方未见有广泛使用石炭的记载，陆游说：“北方多石炭，南方多木炭，而蜀又有竹炭。”竹炭由巨竹烧成，他在邛州亲见“皆用牛车

---

① 参见李焘《续资治通鉴长编》卷一八九，嘉祐四年正月丁酉条，点校本第 14 册，第 4547 页。

② 《宋史》卷一六五《职官志五 · 太府寺》，点校本第 12 册，第 3908 页。

③ 李焘：《续资治通鉴长编》卷五〇四，元符元年十一月己未条，点校本第 34 册，第 12002 页。

④ 《宋史》卷一八六《食货志下八 · 商税》，点校本第 13 册，第 4554 页。

⑤ 庄绰：《鸡肋篇》卷中《石炭》，北京：中华书局，1983 年点校本，第 77 页。

⑥ 欧阳修：《居士外集》卷一三《内殿崇班薛君墓志铭》，北京：中华书局，2001 年点校《欧阳修全集》本，第 3 册，第 920 页。

⑦ 苏轼：《苏轼诗集》卷一〇《石炭》，北京：中华书局，1982 年点校本，第 3 册，第 902 页。

载以入城”。[①] 南宋临安府有“南门柴”之谚，是因为西南山区严、处等州的薪柴都从富春江顺流而下，从南门入城。但都城大量的燃料需求，显然对周围地区森林资源造成了较大压力，“今驻跸吴越，山林之广不足以供樵苏，虽佳花美竹，坟墓之松楸，岁月之间，尽成赤地，根枿之微，斫橛皆偏，芽蘖无复可生，思石炭之利，而不可得”。[②] 其他州军看来也存在类似问题。南宋后期，徐元杰（？—1246）知饶州，其《与袁右司书》谈到当地应付朝廷征调木材之不易，说：“近年有司科造上供船及和籴船，沿港二三十里间悉童，其山茅苇相望，忽尔薪炭踊直，倍于往时。”沿港二三十里间山林悉童，虽主要是由于造船用材所致，城市采薪必然也是重要因素之一。结果却是“薪炭踊直”，“近市无采樵之地已数年矣”，造成城市燃料供应的困难。[③] 北宋沈括（约1032—1096）就已说“今齐鲁间松林尽矣，渐至太行；京西、江南，松山大半皆童矣”。[④] 到南宋，问题看来更为严重。

前引临安民谣还提到“东门菜，西门水”。菜指菜蔬鱼肉等副食品供应，人口愈多，所需要供应的数量也就愈多。《东京梦华录》《梦粱录》等史籍对开封府与临安府的副食品市场有详细的描述。临安府“东门绝无民居，弥望皆菜圃”。都市菜蔬鱼肉供应种类齐全，是官吏富人等移居城市的一个推动力。史籍偶尔可见士大夫居处乡村僻野、抱怨“百物无有”的记载。[⑤] 但由于菜蔬鱼肉等副食品相比于粮食等最为基本的生活资料，可多可少弹性略大，文献中也未见关于副食品供应是否充足影响城市发展的记载，本章暂不展开讨论。

水源是否充足，则为影响城市发展至关重要的因素。不过傍水建城，自古而然。只是至两宋时期，随着城市规模的扩大，要求水源更充

---

① 陆游：《老学庵笔记》卷一，北京：中华书局，1979年点校本，第12页。

② 庄绰：《鸡肋篇》卷中，第77页。

③ 徐元杰：《楳埜集》卷八《与袁右司书》，影印文渊阁《四库全书》本，页13A。

④ 沈括撰，胡道静校证：《梦溪笔谈校证》卷二四《杂志一》，上海：上海古籍出版社，1987年，下册，第745页。

⑤ 陈公辅：《临海风俗记》，见林表民编《赤城集》卷一，台北：新文丰出版公司，1988年《丛书集成》续编第119册影印《台州丛书》本，第355页。

沛而已。相比而言,北方城市水源供应问题更为突出。开封城中饮用水源主要靠金水河,大中祥符初,“决金水河为渠,自天波门并皇城,至乾元门,历天街东转,缭太庙,甃以砻甓,树之芳木,车马所度,又累石为梁。间作方井,官寺民舍皆得汲用。复东引,由城下水窦入于濠。京师便之”。[1] 此后宋廷还专立罪罚之条,禁止居民偷引金水河,破坏水源。[2] 宋初开封居民取用官渠之水,须交纳水课,后来废除。[3] 杭州(临安)建城前期,位于钱塘江边的江干地区,规模较小。唐大历年间(766—779),李泌(722—789)任杭州刺史,开凿六井,引西湖淡水入城,供居民饮用,城区才向西扩展到西湖边,并奠定了杭州(临安)城区发展的格局。南宋民谚所说的“西门水”,就是指从西门“引湖水注城中,以小舟散给坊市”。宋代城市中都有专门挑担卖干净的饮用水为生的苦力,收入很低。[4] 北宋时,有人向孙甫兜售一方砚台,要价三十贯。孙甫问此砚有何异常之处,这么贵?此人答道,此砚石极润,“呵之则水流”。孙甫却并不稀罕,说:“一日呵得一担水,才直三钱,买此何用。”[5]可见卖一担水才三文钱。

中国古代人们为了取得较好的水源,多喜欢开凿水井,取用干净的地下水。宋代也是这样。一眼优质水井,常成为人们聚居的中心。不仅在缺水的北方,即使在水源充沛的南方,也是如此。北宋崔立知棣州,“城中池素泻卤,民苦水泉不给。公择衢巷要便之地,为浚百井,而间有甘洌者。众谓公至诚之感,阖郡歌乐之”。[6] 熙宁七年(1074),京兆府香城善感禅院新掘一井,“其泉源沸涌,澄然而寒,宜其食也。傍及左右所居之民,往来汲取,养而不穷”,于是请文人专门为之作记文。[7] 地名中

---

① 李焘:《续资治通鉴长编》卷七二,大中祥符二年九月丁卯条,点校本第 6 册,第 1633 页。

② 李焘:《续资治通鉴长编》五〇三,元符元年十月戊子条,点校本第 33 册,第 11979 页。

③ 李焘:《续资治通鉴长编》卷七〇,大中祥符元年九月庚申条,点校本第 6 册,第 1560 页。

④ 如洪迈《夷坚志・乙志》卷第七《杜三不孝》:“洪州崇真坊北大井,民杜三汲水卖之,夏日则货蚊药以自给,与母及一弟同居。”北京:中华书局,1981 年点校本第 1 册,第 242 页。

⑤ 沈括撰,胡道静校证:《梦溪笔谈校证》卷九,上册,第 377 页。

⑥ 韩琦:《安阳集》卷五〇《故尚书工部侍郎致仕赠工部尚书崔公行状》,第 616 页。

⑦ 侯可:《京兆府香城善感禅院新井记》,见曾枣庄、刘琳主编《全宋文》卷八九〇,上海辞书出版社、安徽教育出版社,2006 年,第 41 册,第 297 页。

常见以“甜水”作标志者，往往就表明那里有优质水井。如开封城中即有不少称作“甜水巷”的地名。[①] 临安城内六部前则有甜瓜井。[②] 嘉兴城中东陵坊也有甜瓜井。[③] 因此修缮水井，也被纳入地方官市政管理的内容。景定四年（1263），建康府因城中军营“甃井少，土井多，土堙水浑，汲水不便”，下令各军统领“如甃井浑臭者，即与淘浚；土井崩坏者，即与甃砌；人稠井少去处，即与添凿”。[④] 当时在江南地区还形成了开义井做善事的习俗，据说“宋时民家产亡者，必开井，以资冥福”。[⑤]

与水源密切相关、成为宋代城市发展新问题之一的，是城市的公共卫生管理。两宋城市的公共卫生，像京城这样的大都市看来有相对完备的制度，由厢坊等机构负责。如开封城开淘渠堑等事务，起初由都厢，后由都水监负责。[⑥] 城市的街道清扫等事务，估计也有相关制度规定。[⑦] 开封、临安作为都城，制度当然更为严密。城市居民日常生活所产生的垃圾粪便等，则多作为农田的有机肥料，由专人清理。[⑧]

从现存文献记载看，少数城市可能已经存在空气污染问题。北宋沈括作《戏延州诗》：“二郎山下雪纷纷，旋卓穹庐学塞人，化尽素衣冬木老，石烟多似洛阳尘。”[⑨]此诗所说，指延州人用石油，烟大，“墨人衣”，就像洛阳城中多风沙污人衣一样，说明了两地都存在空气污染的

---

① 如据孟元老《东京梦华录》卷三《寺东门街巷》，当地就有第一条甜水巷、第二条甜水巷、第三条甜水巷等地名。

② 吴自牧：《梦粱录》卷一一《井泉》，杭州：浙江人民出版社，1980 年排印本，第 97 页。

③ 徐硕：《至元嘉禾志》卷二《坊巷》，北京：中华书局，1990 年，《宋元方志丛刊》第 5 册影印道光十九年刻本，第 4428 页。

④ 周应合：《景定建康志》卷三九《武卫志二・尺籍》，成都：四川大学出版社，2007 年《宋元珍稀地方志丛刊・甲编》点校本，第 3 册，第 1684 页。

⑤ 王謇：《宋平江城坊考》卷二《西南隅・通济巷》引《吴门表隐》，南京：江苏古籍出版社，1999 点校本，第 88 页。

⑥ 潜说友：《咸淳临安志》卷五三《官寺志二・幕属官厅・城南厢厅》注文引郑湜《厅壁记》，第 3830 页。

⑦ 孙光宪：《北梦琐言》卷三《陈会螳螂赋》：“蜀之士子莫不酤酒，慕相如涤器之风也。陈会郎中家以当垆为业，为不扫街，官吏殴之，其母甚贤，勉以进修，不许归乡，以成名为期。……太和元年及第……”北京：中华书局，2002 年点校本，第 62 页。所记为唐代中期成都府的故事，看来中国古代大城市，较早就设有相对完善的城市卫生管理制度，宋代固当更有改善。

⑧ 吴自牧《梦粱录》卷一三《诸色杂货》：“杭城户口繁伙，街巷小民之家多无坑厕，只用马桶。每日自有出粪人瀽去，谓之倾脚头。”第 122 页。

⑨ 沈括撰，胡道静校证：《梦溪笔谈校证》卷二四，下册，第 745 页。

情况。司马光也有《都门路》诗，记述开封城风沙蔽日的情形："红尘昼夜飞，车马古今迹，独怜道傍柳，惨澹少颜色。"①

问题比较突出的一是城市处居街衢拥挤，前文已有论及；另一则是生活污水的处理。中国古代城市建设，从较早时期起就有局部下水道的设置②，宋代有所进步。如考古资料表明，临安府太庙两侧设有砖砌的排水沟。今湖北蕲春县西北蕲水南岸罗州故城址，也在城内东南部发现大量方形铺地砖和陶质下水管道等。③ 但往往只是在城市的局部区域，如市场，特定建筑群等，才有一定的地下排水设施。总体而言，及至宋代，并未见整个城区建有下水道系统的。一般城市凡有河道，生活污水基本直接排入河道；没有河道的，估计用渗井。开封府"新旧城为沟注河中，凡二百五十三"。天圣四年(1026)，为防止居民丢弃垃圾堵塞水沟，"责吏逻巡，察其慢者"。④ 有时为保证城区的排水畅通，也专令官司检查，禁止权豪覆压占庇水口，以致下水道受阻。⑤临安府的情况估计与此相同。京城为首善之区，制度规定相对严密，"每遇春时，官差人夫监淘在城沟渠"。⑥ 北宋梅尧臣(1002—1060)曾作《淘渠》诗，描写开封府开淘排水沟，街司只管完成差使，不恤民众生死的情形："开春沟，畎春泥，五步掘一堑，当涂如坏堤。车无行辙马无蹊，遮截门户鸡犬迷。屈曲措足高复低，芒鞋苔滑雨凄凄。老翁夜行无子携，眼昏失脚非有挤。明日寻者尔瘦妻，手提幼女哭嘶嘶。金吾司街务欲齐，不管人死兽颠蹄。"⑦

但一般州军，并无都城的财力物力，无法保证制度化地及时疏通下水道。如南宋吉州城中沟渠，嘉熙(1237—1240)末年知州林某

① 司马光：《温国文正司马公文集》卷二《都门路》，《四部丛刊》初编本，页16B。

② 如据黑秉洋《汉河南县城内发现水沟》(载《考古》1960年第7期，第35—38页)，汉代河南县城址西南部发现南北并列的3条下水道，由筒形陶管构成，不过这组建筑群可能是东汉河南县府衙门的所在。

③ 曲英杰：《古代城市》，北京：文物出版社，2003年版，第210页。

④ 李焘：《续资治通鉴长编》卷一〇四，天圣四年七月丙寅条，点校本第8册，第2414页。

⑤ 李焘：《续资治通鉴长编》卷一〇一，天圣八年八月己未条，点校本第8册，第2332页。

⑥ 孟元老撰，邓之诚注：《东京梦华录注》卷三《诸色杂卖》，北京：中华书局，1982年，第119页。

⑦ 梅尧臣：《宛陵先生文集》卷一七《淘渠》，北京：线装书局，2004年，《宋集珍本丛刊》第3册影印正统四年刻本，第639页。

曾经组织疏通，卫生状况改善。后来就未能经常疏通，以致“郡政不复及此”。[①] 这看来是当时的一般情形。由于人口密集，民众屋舍侵占河道，垃圾堆积等，城区水道壅塞，下水不畅，以致卫生状况恶化，文献中有一些记述。

台州州河，原来有三个不同名称：清涟、新泽、清水，都显示着河水的清澈，到南宋，“皆污壤，通涓流而已”。[②] 明州江东米行河，通奉化江，有碶闸，到南宋中期，“两岸居民节次跨河造棚，污秽窒塞，如沟渠然，水无所泄，气息蒸熏，过者掩鼻”。[③] 成都府后溪，“自小桥入都市”，为城中重要水源，“其后沟洫湮塞，圃亡灌溉，人多疵疠，天灾流行，万井皆涸，不舒不泄，物无精华”。[④] 南宋欧阳守道与知州王某讨论吉州市政，就指出“今沟渠不通，致病之一源也”。“今通逵广路，犹无洁净之所，而偏街曲巷，使人掩鼻疾趋，如此则安得不病”。其境况之严重，竟成了吉州“十数年城郭富家往往徙去”的原因之一。[⑤]

上述记载反映了关于宋代城市一个相当重要的新现象，就是城市存在较为严重的疫疾问题。沟渠污秽窒塞，固为城市疫疾多发的十分重要原因，究其根本，还在于当时城市人口密度过高，而医药卫生等各方面水准尚未能与之相适应所造成的。苏轼就曾说：“杭，水陆之会，疫死比他处常多。”[⑥]所以当时救荒，有些官员不主张将饥民集中到城中，就是为了防止人口过于密集，“蒸为疾疫”，而要将饥民阻拦于城郭之外。[⑦] 南宋乾道元年（1165）正月二十六日，监察御史程叔達上言，就认为“凡人平居无事，饥饱一失其节，且犹疾病随至，况于久饥之民，相比而集于城郭，春深候暖，其不生疾疫者几希。故自古饥荒之余，必继之以疫疠”。[⑧] 文献中保存有当时一些城市疫疾的记载。例如乾道

---

① 欧阳守道：《巽斋文集》卷四《与王吉州论郡政书》，影印文渊阁《四库全书》本，页17B。

② 陈耆卿：《嘉定赤城志》卷二三《山水门 · 水 · 城》，第7456页。

③ 罗濬等：《宝庆四明志》卷一二《鄞县志第一 · 渠堰碶闸》，第5154页。

④ 李新：《跨鳌集》卷一六《成都后溪记》，影印文渊阁《四库全书》本，页5A。

⑤ 欧阳守道：《巽斋文集》卷四《与王吉州论郡政书》，影印文渊阁《四库全书》本，页17B。

⑥《宋史》卷三三八《苏轼传》，点校本第31册，第10812页。

⑦《宋史》卷三一三《富弼传》，点校本第29册，第10254页。

⑧《宋会要辑稿 · 食货》六〇之四，第150册。

三年(1167)据南京程叔逵回忆,“熙宁中,浙西荒旱,取民于城而饘粥之,死者至五十余万”[①]。甚至元祐四年(1089),苏轼出知杭州时,上奏朝廷,还说杭州“罹熙宁中饥疫,人死大半,至今城市寂寥少”。[②] 元丰年间(1078—1085)苏轼谪居黄州时,“比年时疫”。苏轼合圣散子方药散发,“所活不可胜数”。[③]

苏轼与友人的信中也指出:“广州商旅所聚,疾疫作,客先僵仆,因薰染居者,事与杭相类,莫可擘划。”[④]临安府在庆元元年(1195)四月、嘉定二年(1209)四月、嘉定四年(1211)三月,都有“大疫”“疫”[⑤],发作频率很高。庆元元年春夏间,“淮浙疫疠大作,嘉兴城内,至浃日毙百余人”。[⑥] 常州“民病者十室而九”。[⑦] 咸淳四年(1268)建康府“军民病疫”。[⑧] 看来病疫的确已经成了影响宋代城市生活的一大因素,惜记载不全,使我们难窥全豹。相对而言,文献关于北宋开封府与南宋临安府的疫情记载略多,兹列为下表(表5):

表5 宋代两京疫情表

时 间	疫 情	文 献
992年6月	丁丑,黑风自西北起,天地晦暝,雷震,有顷乃止。先是京师大热,疫死者众,及此风至,疫疾遂止	《宋史》卷六七《五行志五·土》《全宋文》卷七〇《选良医诊视京城病人诏》
994年6月	京师疫,遣太医和药救之	《宋史》卷六二《五行志一下·水》
1003年6月	京城疫,分遣内臣赐药	《宋史》卷七《真宗本纪二》
1054年1月	京师大疫	《续资治通鉴长编》卷一七六是月壬申

① 《宋会要辑稿·食货》六八之一四九,第160册。

② 苏轼:《苏轼文集》卷三〇《乞赈济浙西七州状》,点校本第3册,第850页。

③ 苏轼:《苏轼文集》卷一〇《圣散子叙》,点校本第10册,第331页。

④ 苏轼:《苏轼文集》卷五六《与王敏仲十八首》(之九),点校本第4册,第1692页。

⑤ 不著撰者:《续编两朝纲目备要》卷四、一一、一二,各见本月条记事,北京:中华书局,1995年点校本,第63、205、228页。

⑥ 洪迈:《夷坚志·补志》卷二五《符端礼》,点校本第4册,第1777页。

⑦ 洪迈:《夷坚志·支志戊》卷三《张子智毁庙》,点校本第3册,第1074页。

⑧ 周应合:《景定建康志》卷一四《建康表十·起萧梁天监壬午至太平丙子凡五十五年为年表》,点校本第1册,第712页。

（续表）

时　间	疫　　情	文　　献
1060 年 5 月	京师大疫	《续资治通鉴长编》卷一九一是月戊子
1061 年 5 月	京师民疫，选医给药以疗之	《宋史》卷一二《仁宗本纪四》
1065 年夏	今夏疠疫大作；弥数千里。病者比屋；丧车交路	《续资治通鉴长编》卷二〇六是年八月辛卯
1079 年 3 月	畿内及诸路阙雨，宿种未长，重虞疾疫	《续资治通鉴长编》卷二九七是月庚午
1094 年	是岁，京师疫	《宋史》卷一八《哲宗本纪二》
1127 年 3 月	金人围汴京，城中疫死者几半	《宋史》卷六二《五行志一下・水》
1146 年夏	行都疫	《宋史》卷六二《五行志一下・水》
1156 年夏	行都又疫，高宗出柴胡制药，活者甚众	《宋史》卷六二《五行志一下・水》
1165 年	行都及绍兴府饥，民大疫，浙东、西亦如之	《宋史》卷六二《五行志一下・水》
1172 年夏	行都民疫，及秋未息	《宋史》卷六二《五行志一下・水》
1181 年	行都大疫，禁旅多死	《宋史》卷六二《五行志一下・水》
	以临安疫，分命医官诊视军民	《宋史》卷三五《孝宗本纪三》
1187 年春	都民、禁旅大疫，浙西郡国亦疫	《宋史》卷六二《五行志一下・水》
1195 年 4 月	临安大疫，出内帑钱为贫民医药、棺殓费及赐诸军疫死者家	《宋史》卷三七《宁宗本纪一》
1196 年 5 月	行都疫	《宋史》卷六二《五行志一下・水》
1197 年 3 月	行都及淮、浙郡县疫	《宋史》卷六二《五行志一下・水》
1203 年 5 月	行都疫	《宋史》卷六二《五行志一下・水》
1209 年夏	都民疫死甚众	《宋史》卷六二《五行志一下・水》
1210 年 4 月	都民多疫死	《宋史》卷六二《五行志一下・水》
1211 年 3 月	都城疫	《两朝纲目备要》卷一三
	出内库钱瘗疫死者贫民	《宋史》卷三九《宁宗本纪三》
1276 年闰 3 月	数月间，城中疫气熏蒸，人之病死者不可以数计	《宋史》卷六二《五行志一下・水》

仅据表5的资料看,相比而言,南宋临安的疫情远比北宋开封严重。这也许正是临安城人口比开封城更为密集所造成的。可以肯定的是,能在史书中留下记载,疫情都是比较严重的。我们可以从“大疫”“民多疫死”“禁旅多死”之类记载,想象疫病横行对当时城市生活的影响。南宋在临安建行都的152年间,仅据存世文献所载,就有14起严重的疫情发生,平均十来年一次,有时且连续数年大疫不止,如1209年至1211年之间就是如此。

三、火　　灾

另一严重的问题是城市火灾频发。

遗火成灾,自古而然。宋代以前的历史文献也多载有火灾的事例。如唐人颜真卿(709—785)就说:“(广州)彼之风俗,竞趋苟简,茅茨竹檐,比屋鳞次,火灾岁起,煨烬无余。”[①]蜀地据载也“多火灾,自古所患,俗以为常,无所惩禁”。[②] 永贞元年(805),柳宗元(773—819)被贬为永州司马,居永州十年。他在元和五年(810)与友人杨凭的信中曾称:“永州多火灾,五年之间,四为天火所迫。”[③]两年后,更作《逐毕方文》,其序文说:“永州元和七年夏,多火灾。日夜数十发,少尚五六发,过三月乃止。八年夏,又如之。人咸无安处,老弱燔死,晨不爨,暝不烛,皆列坐屋上,左右视,罢不得休。”[④]其困窘情形,令人怜悯。但宋代城市火灾之普遍,破坏之惨烈,对城市民生影响之大,则是前所未有的。

唐代火灾,据《新唐书》卷三四《五行志一》所载,破坏最大、烧毁民舍超过万家的仅见两次,一是贞元二年(786)七月洪州火灾,“燔民舍万七千家”。另一是太和四年(830)三月,陈州、许州火灾,“烧万余

---

① 颜真卿:《颜鲁公集》卷四《开府仪同三司行尚书右丞相上柱国赠太尉广平文贞公宋公神道碑铭》,《四部丛刊》初编本,页9A。

② 权德舆:《太中大夫守国子祭酒颍川县开国男赐紫金鱼袋赠户部尚书韩公行状》,见《全唐文》卷五〇七,北京:中华书局,1983年影印嘉庆刻本,第5158页。

③ 柳宗元:《柳宗元集》卷三〇《与杨京兆凭书》,北京:中华书局,1979年点校本,第2册,第790页。

④ 柳宗元:《柳宗元集》卷一八《逐毕方文》,点校本第2册,第501页。

家”。到宋代，火灾的规模显然超乎古人了。

都城规模最大，人口最众，受火灾的威胁当然也最严重。北宋开封府屡有火灾，严重的如大中祥符八年（1015）四月壬申，荣王元俨宫火，“自三鼓至翊日亭午乃止，延烧内藏、左藏库、朝元门、崇文院、秘阁”。[①] 又熙宁七年（1074）九月壬子三司火，“自巳至戌止，焚屋千八十楹，案牍等殆尽”。[②] 宋廷为此在开封府建有颇具规模的防火组织“潜火队”，订立了十分严格的消防制度。相比而言，南宋临安府火灾之惨烈，可称两宋城市火灾之最。今不揣烦碎，拾掇史料，列表如下（表6）：

表6 南宋临安府火灾情况表

时　　间	火　　情
绍兴元年（1031）十月乙酉	《宋史》卷六三《五行志二上·火上》（以下简称《宋志》）：“（临安府）大火，民多露处。”
绍兴二年四月壬午	《建炎以来系年要录》卷五三：“是日，临安府火。”（以下简称《系年要录》）
绍兴二年五月庚辰	《系年要录》卷五四：“是日临安府火，弥六七里，延烧万余家。”
绍兴二年十二月甲午	《系年要录》卷六一：“夜，行在临安府火，燔吏工刑部、御史台及公私室庐甚众。乙未旦乃灭。”
绍兴三年九月庚申	《宋志》：“行都阙门外火，多燔民居。”
绍兴三年十一月庚午	《系年要录》卷七〇：“是日，临安火。”
绍兴三年十二月乙酉	《系年要录》卷七一：“是日临安火。后二日，又火。燔民居甚众。”
绍兴四年正月戊寅	《宋志》：“行都火，燔数千家。”
绍兴六年二月	《枫窗小牍》卷下：“六年十二月，京师复火，更一万余家人。”
绍兴七年十二月甲午	《系年要录》卷一〇七：“是日临安火，所燔几万家。”
绍兴九年二月己卯	《系年要录》卷一二六：“临安府火。”
绍兴九年七月辛丑	《系年要录》卷一三〇：“临安府火。”

① 李焘：《续资治通鉴长编》卷八四，是日条，点校本第7册，第1927页。

② 李焘：《续资治通鉴长编》卷二五六，是日条，点校本第18册，第6256页。

（续表）

时　　间	火　　情
绍兴十年九月辛酉	《系年要录》卷一三七："临安火，延烧省部仓库。"①
绍兴十二年三月丙申	《宋志》："行都火。"
绍兴十二年四月	《宋志》："行都又火。"
绍兴十四年正月甲子	《宋志》："行都火。"
绍兴十五年九月甲子	《系年要录》卷一五四："夜太庙旁居民遗火。"
绍兴十五年九月丙子	《宋志》："行都火，经夕，渐近太室而灭。"
绍兴二十年正月壬午	《宋志》："行都火，燔吏部，文书皆尽。"
乾道二年（1166）十一月癸亥	《宋志》："丽正门内东庑灾。"
乾道五年十二月壬申	《宋志》："太室东北垣外民舍火。"
乾道七年十一月丁亥	《宋志》："禁垣外阉人私舍火，延及民居。"
淳熙三年（1176）九月	《宋志》："大内射殿灾，延及东宫门。"
淳熙七年九月乙亥	《宋志》："行都火。"
淳熙十四年五月	《宋志》："大内武库灾，戎器不害。"
淳熙十四年六月庚寅	《宋志》："行都宝莲山民居火，延烧七百余家，救焚将校有死者。"
绍熙二年（1191）四月	《宋志》："行都传法寺火，延及民居。言者以戚里土木为孽，火数起之应。"
绍熙三年正月巳巳	《宋志》："行都火，通夕，至于翌日，阛阓焚者半。"
绍熙三年十一月	《宋志》："（临安府）又火，燔五百余家。"
嘉泰元年（1201）三月戊寅	《续编两朝纲目备要》卷六："临安大火。是夜，临安府宝莲山下御史台吏杨浩家火，延烧御史台、司农寺、将作、军器监、进奏、文（毕）[思]、御辇院、太史局、军头、皇城司诸物库。四月庚辰朔，诏被火之家愿于贡院及寺观寓止者听之。辛巳，火乃灭。有司奏：延烧军民五万二千四百二十九家，凡十八万六千八百三十一口，死而可知者五十有九人。诏出内府钱十六万三千五百七十一缗，米六万五千一百九十二斛四斗，付浙漕司、临安府，分赐被火之民。"②

① 《宋志》载："（绍兴）十年十月，行都火，燔民居，延及省部。"疑系年有误，当以《系年要录》为是。

② 《宋志》系于嘉定元年三月戊寅。

（续表）

时　　间	火　　情
嘉泰二年六月己卯	《宋史全文》卷二九下："临安府火。"
嘉泰四年三月丁卯	《续编两朝纲目备要》卷八："临安府大火。其夜二更后，行在粮料院后八条巷内、右丞相府大程官刘庆家遗火，自太庙南墙外通衢延烧粮料院及右丞相府、尚书省、枢密院、制敕院、检正房、左右司谏院、尚书六部，惟存门下后省及工部侍郎厅。次烧万松岭、清平山、仁王寺、石佛庵、枢密院亲兵营、修内司，沿烧至学士院、内酒库及内中宫门户廊屋。殿步司诸军官兵连夜救扑，火势未已。……夜，漏下三鼓，遂撤去，太庙廊屋、祖宗神主、册、宝、法物皆移寓寿慈宫，仍开候潮门，宣入殿步司、城外军兵救扑。是夕，百官之家皆往都亭驿避火，火及和宁门外，焚衩子门。"①
开禧二年（1206）二月癸丑	《宋史全文》卷二九下："寿慈宫前殿火，逮晓始熄。"
开禧二年四月壬子	《宋志》："行都火，燔数百家。"
嘉定二年（1209）六月己卯	《宋志》："临安府火。"
嘉定四年四月丙申	《宋志》："临安府梵天寺火。"
嘉定十一年二月	《宋志》："行都火，燔数百家。"
嘉定十一年九月己巳	《宋志》："禁垣外万松岭民舍火，燔四百八十余家。"
嘉定十三年十一月壬子	《宋志》："行都火，燔城内外数万家，禁垒百二十区。"②
绍定元年（1228）三月	《宋志》："行都火，燔六百余家。"
绍定四年九月丙戌	《宋史全文》卷三二："临安火。诏曰回禄之灾，延及太庙，祖宗神主暂就御于景灵宫。"《鹤林玉露》丙编卷二《辛卯火》："绍定辛卯临安之火，比辛酉（嘉泰元年）之火加五分之三，虽太庙亦不免，而史丞相府独全。"③
嘉熙元年（1237）六月	《宋志》："临安府火，燔三万家。"《宋季三朝政要笺证》卷一："行都大火，由巳至酉，延烧居民五十三万家。"④

① 《宋志》系于嘉定四年三月丁卯。

② 《宋史全文》卷三〇系于是年四月壬子。

③ 周密《癸辛杂识·续集》卷上《海鳅兆火》系于是年十二月二十四日。

④ 《宋史全文》卷三三系于是年四月壬申。又，"延烧居民五十三万家"之"五十三万"疑误。

(续表)

时　　间	火　　情
淳祐十二年(1252)十一月丙申	《宋志》:“行都火,至丁酉夜始熄。”
景定四年(1263)	《宋志》:“临安府大火。”
景定五年七月	《宋史全文》卷三六:“行都大火。”
德祐元年(1275)	《宋志》:“玉牒所灾。”

从上表可知,临安府在南宋王朝建都的150余年间,可谓时时处于火灾的威胁之下,全城被烧毁殆半之灾屡次发生,乃至烧宫殿,毁太庙,无所不及。嘉泰四年(1204)三月大火后,史臣哀叹:“呜呼!自生民以来,未尝见有此一火!”[①]由于火灾频发,以致“士大夫寓邸中者,每出必挟敕告之属自随”[②],唯恐一有不慎,事关前程的家当毁于祝融,近乎惶惶不可终日。

其他州军火灾之惨烈,也与临安府相仿佛。如乾德四年(966)二月,岳州大火,府衙、廪库、市肆一扫而空,“民舍殆尽,官吏逾城仅免”。淳化三年(992)十二月,“建安军城西火,燔民舍、官廨等殆尽”。嘉祐三年(1058)正月,温州大火,“燔屋万四千间,死者五十人”。[③] 据南宋时人说,温州“从来多有火灾,每数年间辄一作,动焚数千百家”。[④] 绍兴八年(1138)二月,太平州大火,“宣抚司及官舍、民居、帑藏、文书皆尽,死者甚众,录事参军吕应中、当涂县丞李致虚死焉”。淳熙九年(1182)九月,合州大火,“燔民居几尽,官舍仅有存者”。[⑤] 淳熙十四年(1187)五月,成都大火,“所燔七千家”。地方官上奏时故意少报损失,还有“以万计”的僦居之家被毁,却隐瞒未报。[⑥] 又如,据庆元二年

---

① 不著撰者:《续编两朝纲目备要》卷八,是月丁卯条,第144页。

② 洪迈:《夷坚志·甲志》卷五《林县尉》,点校本第1册,43页。

③《宋史》卷六三《五行志二上·火上》,点校本第5册,第1378页。

④ 王之望:《汉滨集》卷七《温州遗火乞赐降黜奏札》,影印文渊阁《四库全书》本,页23B。

⑤《宋史》卷六三《五行志二上·火上》,点校本第5册,第1381页。

⑥ 李心传:《建炎以来朝野杂记》乙集卷八《丁未成都火》,北京:中华书局,2000年点校本,下册,第639—642页。

(1196)郑汝谐所言,在他的家乡处州青田县,“三十年间,无一岁不火,或一岁而再火,民力日瘁,民俗日陋”。[①] 火灾之惨烈,至此而极。南宋范浚(1102—1150),议论当时钱荒的原因,竟认为“通都大邑火所延烧,灼烁融液,二也”。[②] 可见火灾之屡发,破坏之严重,以及影响之广泛了。

两宋时期城市火灾为害甚于前代,主要原因自然是如前文所述城市众生聚居,密度过高所致。宋人对此就有清楚的认识。分析相关记载,略可论说者大致有二:

其一,关于城市建筑布局。一般认为,宋代以前城市为封闭式的坊市结构,坊与市的四周围皆建有坊墙。坊墙的废弃,大致在五代宋初。如唐代长安坊墙,均为夯筑,墙基宽 2.5—3 米[③],虽坊墙高度有一定限制[④],但夹街两层坊墙,以及宽畅的官街,空无建筑,这就形成了一道自然的防火屏障,纵有火灾,也比较容易控制在一坊之内,不致蔓延。这大概就是唐代都城长安未见有如宋代都城那样严重火灾的重要原因。考古资料似乎证实了唐代坊墙制度具有一定的普遍性[⑤],但笔者一直怀疑,在许多州县连城墙都未能完备的前提下,唐代城市的坊墙是否确如学者所认为的那么普遍?尤其在南方地区,更是令人颇有保留。唐人议论,说是“南方多有火灾”。[⑥] 个中原因,当然在于南方城市相比于北方城市人口密度为高,且南方建筑多用竹木,不像北方土坯建筑,更易防火。但有些关于火灾的记载,可能向我们透露着一些信息。如前引颜真卿语,称广州“比屋鳞次,火灾岁起”,似乎看不到坊墙的存在。唐代宗广德元年(763)十二月,鄂州大火,“烧船三千

---

① 郑汝谐:《易瓦记》。

② 范浚:《范香溪先生文集》卷一五《议钱》,北京:线装书局,2004 年,《宋集珍本丛刊》第 42 册影印清刻本,第 462 页。

③ 杨宽:《中国古代都城制度史研究》,上海:上海人民出版社,2003 年版,第 247 页。

④ 卢俌《对筑墙判》:“垣高不可及肩,板筑何妨当面?”见《全唐文》卷二六七,第 2714 页。

⑤ 参见刘建国《古城三部曲——镇江城市考古》,南京:江苏古籍出版社,1995 年版,第 109 页,等等。

⑥ 归融:《劾卢周仁进羡余状》,见《全唐文》卷七四七,第 7730 页。

艘,延及岸上居人二千余家,死者四五千人”。[①] 又唐德宗贞元二年(786)七月,洪州大火,“燔民舍万七千家”。如果当地建有完备的坊墙系统,火情似乎不可能蔓延如此之广。笔者的估计,宋代以前城市完整的坊墙建筑,大体在以北方为主的都府等主要城市中存在,比较可信。但不管怎么说,到宋代,随着所有城市坊墙的倒塌,火灾随之为孽,则是可以肯定的。所以,宋人开始强调要在城市中开火墙以防火势蔓延。[②] 当然相对而言,北方城市的建筑密度要低一些,灾情也比南方城市为轻,所以周煇才有“京师街衢阔辟”之说。

其二,关于城市建筑用材。唐宋之际,中国古代城市建筑用材水准改善,砖瓦屋舍逐步取代茅檐草屋的趋势明显。有关火灾灾情的相关记载可为我们提供一些有意义的信息。中国传统木结构覆以陶瓦的建筑,本来即属易燃物,然而由于需要相当的成本,秦汉以来,多数平民仍住茅草房。城市里砖瓦建筑当比乡村多一点,但为数仍有限。唐代地方官为了控制城市火灾,也有劝谕居民多建砖瓦房子的例子,如元和(806—820)初年,杨於陵为岭南节度使,劝谕“撤去蒲葵,陶瓦覆屋,遂无火灾,民赖以安”。[③] 但相关记载仍不多见。到宋代,随着城市发展,火政遂成州县政府要务。如本书第五章的讨论,宋初编修大型类书《册府元龟》,在《牧守部·兴利》一目的序言中,已将“陶瓦覆屋,以宁室居”列为地方官为民兴利的重要内容。[④] 当时城市砖瓦建筑的比例虽比农村为高,但大致在南宋前期,江南地区一般州军大致仍处于瓦屋占三四成、茅屋有六七成的发展水平。南宋郑汝谐记述处州青田县城数十年来火灾频仍,称“民力日瘁,民俗日陋,茅茨之居,至是十几七八”[⑤],反映的正是这种情形。所以,如果说存世文献中,

---

① 《旧唐书》卷三七《五行志》,点校本第4册,第1367页。

② 参见《宋会要辑稿·方域》一〇之七(第191册)、周必大《庐陵周益国文忠公集》卷六三《中大夫秘阁修撰赐紫金鱼袋赵君(善俊)神道碑》,等。

③ 李翱:《李文公集》卷一四《唐故金紫光禄大夫尚书右仆射致仕上柱国宏农郡开国公食邑二千户赠司空杨公墓志铭》,《四部丛刊》初编本,页3A。

④ 王钦若等:《册府元龟》卷六七八《牧守部·兴利》,南京:凤凰出版社,2006年点校本,第8册,第7810页。

⑤ 郑汝谐:《易瓦记》。

关于唐代城市火灾损毁民居超过万家的记载仅见两次，那么到了宋代，不仅超过万家，即如超过十万家的记载也已不止一次。前后对照，两个不同历史时期城市火灾灾情的惨烈程度之今非昔比，不言而喻。由此可见，宋代城市发展所付出的代价还真是不小。

四、小　结

归纳本章所述，两宋时期，人口高度聚集给城市发展所带来的一系列新问题，主要表现在物资供应、卫生管理以及消防安全等方面。由于文献残缺，前文所反映的自非全面，许多结论带有明显的试探性，尤其是有关开封、临安两地城区人口的估算，更是如此。不过由于在研究中力持低调的原则，因此最终所反映的两地城区的人口密度，当不至偏高。

本章所揭示的史实相当有限，尽管如此，似亦可能使我们对两宋城市史研究提出一些新的有意义的思考，使在多数研究者全力阐明两宋时期城市发展史实之方方面面的同时，看到这个发展所带来的一些负面效应，并借此关注当时城市一般民众的生活品质、制约城市进一步发展的种种因素，以及由此催生的城市制度的一些新内容，等等。唯如此，才有可能保持史学研究的活力。

《东京梦华录》《清明上河图》以及《梦粱录》等文献对今人形成关于两宋城市影像的烙印，过于深刻。如欲正确解读这些历史文献，把握它们作者的宫廷画家与旧朝遗民的心态，十分重要。现在应该是我们走出“梦华”世界，走向历史真实的时候了。

（原载包伟民《宋代城市研究》，北京：中华书局，2014 年）

《宋代城市的发展瓶颈》导读

杨芹 周鑫

唐宋城市史研究是一个相当成熟的研究领域,20世纪初以来,历经几代学人的不懈探求,已获得诸多显著成果[①],也逐渐构建起一些规范性的认知。如何在一个研究积累如此丰富的领域,进一步拓展路径、深化认识,2014年中华书局出版的包伟民《宋代城市研究》一书给出了思路与示范,是一部深厚的城市史研究佳作。

作者包伟民,先后师从宋史名家徐规、邓广铭先生,1988年获北京大学历史学系历史学博士学位,曾在杭州大学、浙江大学任教,现为中国人民大学历史学院教授、唐宋史研究中心主任,中国宋史研究会会长。其研究主要集中在宋史、中国古代经济史及近代东南区域史等方面,专著《江南市镇及其近代命运》(知识出版社,1998年)、《宋代地方财政史研究》(上海古籍出版社,2001年;再版,中国人民大学出版社,2011年)、《传统国家与社会:960—1279年》(商务印书馆,2009年)等,主编《浙江区域史研究:1000—1900》(杭州出版社,2003年)、《宋代制度史研究百年:1900—2000》(商务印书馆,2004年),合著《江南市镇:传统历史文化聚焦》(同济大学出版社,2003年)、《宋朝简史》(福建人民出版社,2006年)、《〈宋史·食货志〉补正》(中华书局,2008年),编著《武义南宋徐谓礼文书》(中华书局,2012年)及《龙泉司法档案选编》第一辑、第二辑(中华书局,2012、2014年)等,

① 自20世纪80年代以来,已有十余篇综述性专文谈及唐宋城市学术史,较全面归纳的综述参见宁欣、陈涛的《唐宋城市社会变革研究的缘起与历程》,收入李华瑞主编《"唐宋变革"论的由来与发展》,天津古籍出版社,2010年,第293—357页。该文曾以《"中世纪城市革命"论说的提出和意义——基于"唐宋变革论"的考察》为题,刊载于《史学理论研究》2010年第1期;复在删节后以《唐宋城市社会变革研究的缘起与思考》为题,载于《中国史研究》2010年第1期。

选编《史学文存(1936—2000):浙江大学中国古代史论文集》(上海古籍出版社,2001 年)、《历史学基础文献选读》(浙江大学出版社,2007 年)。

一、唐宋城市研究学术史批判

正如作者所说,经常回顾学术的发展过程,自觉反思研究方法,对维持学术质量和深化认识尤为重要。《宋代城市研究》一书即在开篇之《绪论:唐宋城市研究学术史批判》(以下简称《绪论》)[①]中,持一种反思的批判态度,对唐宋城市研究的学术史进行了综合分析——归纳唐宋城市研究学术史展开、研究深入的一些具体表现,解析推动学术进步的动因和路径;接着对近年来这一领域一些代表性的论点与它们的研究方法,提出批判性的反思意见;最后对此后城市史研究展开的可行路径,提出希望和建议。

《绪论》首先梳理唐宋城市史研究的"阶段特征与发展趋势"。一般认为,关于唐宋城市史的研究,最早于 20 世纪二三十年代发轫于日本东洋史学界。作者也将 50 年代以前视为唐宋史研究的奠基期,特别对加藤繁先生的研究给予了高度评价,认为加藤氏是坊制与市制、城市市场、乡村草市、柜坊仓库、商业组织、货币形态等众多唐宋城市史专题领域的开拓者。[②] 此外,当时一些代表性学者也都从不同的议题入手参与了讨论,例如曾我部静雄关于宋代货币与城市经济、青山定雄关于城市交通、日野开三郎关于唐宋时期农村市场、宫崎市定关于城市商业等的研究,都具有引领学术走向的意义。

《绪论》将 20 世纪 50 年代到 80 年代中叶视为唐宋城市史研究的

① 该《绪论》亦先以《唐宋城市研究学术史批判》为题,发表于《人文杂志》2013 年第 1 期。

② 参见加藤繁《支那経済史考証》上卷(東京:東洋文庫,1952 年)、下卷(東京:東洋文庫,1953 年)。中译本见加藤繁著《支那经济史考证》,吴杰译,北京:商务印书馆,1962 年。其中上卷收录的唐宋城市史研究论文有《宋代都市的发展》,第 239—277 页;《唐宋时代的市》,第 278—303 页;《关于唐宋的草市》,第 304—309 页;《唐宋时代的草市及期发展》,第 310—336 页;《论唐宋时代的商业组织"行"并及清代的会馆》,第 337—369 页;《柜坊考》,第 395—412 页等。

拓展阶段,其中代表性研究如斯波义信在代表作《宋代商业史研究》中从个体和群体两方面对城市市场的深入梳理[①],以及梁庚尧关于宋代城市与农村分离问题的研究等。[②] 该阶段是拓展议题、深化史实的时代。同时期,对唐宋时期一些中心城市考古发掘取得重要成果,理清了基本思路。

20 世纪 80 年代中叶以后,唐宋城市史研究进入全面发展阶段,研究议题明显拓宽,学术观点多样化,一些新的观察取向开始形成,等等。《绪论》将 80 年代以来该领域的学术进步与研究深化的表现进行了总结:其一,讨论对象的地域视野大为扩宽,从前期聚焦于都城与少数区域中心城市,扩大到一般州县城市,尤其是从行政郡邑延伸到农村地区的草市镇;其二,讨论对象从早先的基本局限于个体城市,局限于城市作为一个聚落的本身,拓展到城市的群体,即对不同层级、不同区位的城市的综合研究;其三,除历来研究突出的长安、洛阳、开封、临安等几个唐宋时期的都城之外,其他个体郡邑城市如扬州、苏州、明州、广州、成都等,相关研究都成绩斐然。[③]

在一些传统议题的讨论趋于深化、细化,以及对旧说有所扬弃的同时,许多新议题得到拓展,研究视野不断扩大。《绪论》一并指出研究者的研究兴趣扩展至城市地域结构、城市"空间"、城市人口、城市经济、城市文化等问题,从政治到经济,从人群到文化,越来越凸显城市史作为综合性研究议题的特点,而且其中不乏一些相当引人注目的研究,展示了学术更新的魅力。

在条梳了近一个世纪学术进程的基础上,《绪论》从"研究方法与扩张维力"方面,阐发了推动城市史研究的动力发展过程。史学研究必然受社会思潮发展趋势的影响和制约。第二次世界大战以后,西方学术界出于对自身文明发展过程的反思,同时反思自己关于东方文明

---

① [日] 斯波义信:《宋代商業史研究》,東京:風間書房,1968 年。中文版见斯波义信著《宋代商业史研究》,庄景辉译,台北:稻禾出版社,1997 年。

② 梁庚尧:《南宋城市的发展》,载氏著《宋代社会经济史论集》上卷,台北:允晨文化实业股份有限公司,1997 年,第 481—583 页。

③ 包伟民:《宋代城市研究》之《绪论》,北京:中华书局,2014 年,第 5—11 页。

的看法，才开始逐步认识到近代以前的中国历史不断演进的事实。在这一过程中，尤其是关于唐宋之间的历史演进，随着当时社会在政治、经济与文化各方面显著进步的史实不断被确认，一种与旧说反其道而行之的新的思想趋势遂逐步形成，那就是不断强调历史的发展与进步。

作者从法国学者谢和耐（Jacques Gernet）的研究谈起，指出谢氏以研究宋代"城市中心和商业活动的突出发展"，力图纠正中华文明静止的"错觉"。[①] 之后，日本学者斯波义信认为唐宋间"商业的繁荣"乃至"商品、货币经济的发展"是"周知的历史事实"。[②] 英国学者伊懋可（Mark Elvin）[③]、中国学者漆侠[④]等都将宋代城市的发展作为论说宋代经济、生产力发展的核心论据。即便到了 90 年代，唐宋城市的发展依然作为内藤湖南等人提出的"唐宋转折"说的最有力论据，至今在学界有影响。

从研究方法层面而言，推动唐宋城市史研究不断深化的因素是多方面的，如近数十年来社会史学术思潮的兴起，推动学者去观察城市社会变迁的有关内容；一些比较契合研究对象的社会科学范式的引用，如为学者耳熟能详的地理学对城市地域结构的影响，等等。

然欲维持学术研究的品质，时常自觉地反思尤为重要。故《绪论》以"范式强化与概念纠葛"为目，指出唐宋城市研究面临的一些困惑与难题。史学研究是一个史实重构与现象解释（概念演绎）并重的过程，这也是评判学术进步与否的主要标尺。在作者看来，唐宋城市研究学术史的演进也展示了史学研究能否将二者并重这一特有难题。

一方面，研究者或因拙于从归纳史实来演绎概念，因此常常不得不生硬地套用前人既有的范式，以致将本来是针对特定历史现象所提

---

① ［法］谢和耐（Jacques Gernet）著《蒙元入侵前夜的中国日常生活》，刘东译，南京：江苏人民出版社，1995 年，第 1、5 页。刘东中译本的底本系 H.M. Wright 1962 年英译本。

② ［日］斯波义信著：《宋代商业史研究》，庄景辉译，台北：稻禾出版社，1997 年，第 1 页。

③ Mark Elvin, *The Pattern of the Chinese Past*, Stanford University Press, 1973.

④ 漆侠：《宋代社会生产力的发展及其在中国古代经济发展过程中所处的地位》，《中国经济史研究》1986 年第 1 期；漆侠：《宋代经济史研究》上册，上海：上海人民出版社，1987 年。

出的具有明显界定的命题泛化与扩大化，造成范式过度强化的现象。

《绪论》中便以若干例证来诠释“范式强化”的表现，伊懋可的宋代“城市革命”说之影响为显例之一。作者分析伊氏所说的“高水准平衡陷阱”之由来，以及“城市革命”说在其推论结构中的作用，即“只不过是对宋代城市发展的一种定量描述而已”；而且，伊氏主要是以日本学者所重构的唐宋城市发展的研究为依据。数年后引用伊懋可宋代“城市革命”论的施坚雅，在他看来，其研究目的也并不是针对唐宋时期的城市，不过是为其清朝末年的城市研究作一铺垫而已。然而，“城市革命”的概念却被中国的一些学者反复征引，不断抬升，最终被誉为具有“说服力”之“理论”，以迎合主导唐宋城市史研究的“发展”模式。

另一方面，不少学者停留在一般描述性词汇的层面来使用某些概念，导致概念的泛化。例如宋代出现“城市化”之论断。“城市化”是在现代化研究中被提出的概念，虽然不同的学科从不同的侧面对“城市化”的概念下过定义，如人口学对城市化的理解是指“人口城市化”即人口由农村向城市集中的过程等，但是绝大多数学者都认为，“城市化”的本质系指由农村社会向城市社会的转化，它是在近代社会转轨中才产生的现象，具有它的特指性与明确的历史规定性。不过，这样一个概念被提出后，仍然产生了泛化的现象，即抽取了它应该特指的社会现象，而泛化成一个一般的描述性词汇。就像在某些唐宋城市史的研究中，“城市化”只是陈说关于城市逐步发展的一般情形和过程，并没有揭示某个特定历史阶段的关键内容，也就无助于深化历史认识。[①]

从学术概念的泛化，《绪论》又引出学术概念异化的讨论，有所谓“概念纠葛”的问题。作者指出，诸如公共空间、市民文化、城市网络、开放结构等一些唐宋城市史研究领域比较常见的概念，其实都不是可以简单移用的。一些异域概念不当移用的后果——最不利于学术讨论的地方，或许在于分析问题的思路会受到异域历史经验的影响。如

① 包伟民：《宋代城市研究》之《绪论》，第 29—31 页。

以“市民文化”这一概念为例，尽管研究者在讨论唐宋时期的“市民文化”时，也曾相当清醒地意识到它与西欧历史之间的差异，分辨概念的定义；但当实际展开讨论时，他们又会从中国史籍记载中去参照找到所谓“自治和自由”这些欧洲“市民文化”的特征，显示出在观察历史时的一种明显的目的论特性。

《绪论》同时也论及唐宋城市史研究在一些“技术性”层面存在的困惑与难题。史学研究经历表明，传统中国存世的历史文献，绝大多数为文人士大夫的描述性文字；而史实重构也大多只能依仗于征引描述性文字的“举例子”的方式来完成，其可靠性在很大程度上取决于那些“例子”具有多少典型意义，所以在“例子”的取舍与解读上，对史学研究者的智力提出严峻的挑战。在唐宋城市史研究上，相关存世文献绝大多数出于文人士大夫之手，它们对都邑城镇市井生活的记述，在号称汗牛充栋的史籍中仅占极少比例；再者，许多记载又具有明显的文学夸张性与不确定性，所以在如何重构史实方面，面临着更多的困难。以解读城市人口资料作为典型案例，《绪论》表明了考订城市人口规模方面的陷阱，为研究者提出警醒。

简言之，经过近大半个世纪的学术积累，唐宋城市研究已经构建出一些规范性的认识，其中主要倾向是强调在商品经济的推动下城市不断发展的史实，《宋代城市研究》一书称之为“发展范式”。但是，范式逐渐深刻的过程，也可能是其僵化的过程。作为唐宋城市史研究“主旋律”的“发展”模式，虽然为唐宋间城市发展提供了论据，但这一单向思维路径，也给研究的进步加上了各种限制，和史实拉开了距离。因而，在唐宋城市史研究领域中，有必要对一些旧说进行检验及再探讨，对一些细节再做深入观察。同时，更多地利用新近的考古资料，展开充分的个案研究，在这些个案研究的基础上，作实证式的归纳，从而提高对唐宋城市全局的认识。这也是作者在进行了“唐宋城市研究学术史批判”之后提出的希望和目标，也是他在这本书试图达致的目标与希望。

二、全书主体内容框架

《宋代城市研究》一书在总结和反思现代唐宋城市史研究的基础上，试图以更为全面、更为综合的视角来观察和阐述两宋时期城市的发展历程。全书除《绪论》之外，共有八章，对宋代城市的规模类型、管理制度、市场、税制、市政建设、人口和文化等方面进行了深入探讨。

第一章《城市的规模、类型与其特征》，从城市的起源和早期发展谈起，指出中国古代城市兼具政治、军事性城堡和商业市场的双重性特征，进一步从细节上探讨了宋代城市的分布状态、等级、规模、城墙以及城区布局等方面，从中思考城市的行政地位与经济发展的关系问题。作者坚持将城市从不同地域、不同类型去进行分类考察，如将城市分成五大区域（华北、关中河东、东南、川蜀、岭南）、数个等级（首都、区域中心城市、路治城市、一般州军城市、县邑），以避免将首都或大城市的现象铺陈开去从而进行解释的倾向。经其探究发现，由于经济繁荣，宋代确实存在某些城市的地位凌驾于上级行政城市的新现象，这在中国传统社会城市发展史上也极具意义；不过这一新现象亦主要存在于作为农村商业聚落的草市镇，以及极少数低级城市的特殊情形。总体上来看，两宋时期各地城市的经济发展水平与其行政地位是基本匹配的，行政地位仍是决定其经济发展和城市发展的重要因素。

本章也修正一些过往对历史现象的简单化认识。例如关于居民“溢出”城郭与“城郭分隔城乡作用的消失”等，作者提出实际情形比传统认识要复杂。若深入观察可以发现，在“溢出”的同时，由城墙所包裹的城区内部大多存在没有城市化的区域，而“溢出”也多半集中在城关周围而已；城郭的扩大或城墙的新筑，既有城防上的需要，也有进一步明确城内外的行政目的。[1]

从唐代封闭式的坊市分离制度发展为宋代开放式的街市制度，是

① 包伟民：《宋代城市研究》结语，第 393 页。

学术史中对唐宋间城市行政管理制度演变最典型的描述。与这一演变过程相关,随着坊市制的崩溃与城区规模的扩大,又有城市中管辖多个坊区的大区"厢"制的形成。第二章《管理制度》梳理了"厢"制起源的一些史实,并认为至少到晚唐时期,厢坊制已基本形成。到宋代,厢制并有从州军城市向县邑城市扩散的趋势,以致一些小县邑城市也形成县、厢、坊三级管理体制。厢坊体系不仅一直是两宋时期城市管理的核心制度,并且影响到宋以后近千年城市史。[①]

针对唐宋城市转型上的重要命题,即传统封闭式的坊市制崩溃的论点,本章通过许多细节的辨析,进行了再探讨,认为传统的关于中古时期坊市分离制度的讨论,主要来自对京城等大城市的观察,未必符合大多数州县中小城市的史实。另一方面,所谓"坊市分离"制度瓦解以后,坊区作为城市管理的基层架构,却从未消失;作为职役之一的坊正仍然存在;在坊门上高悬坊名匾额也被视为城市一景观。以上均表明唐代的坊制在宋代虽然形态上发生了各种变化,但仍有着不同寻常的生命力。

第三章《城市市场》考察唐、宋州县城市市场管理制度。对于"宋代市制的开放性",作者认为,事实上从唐代至宋代,市场的变化并非如以前所论证的那样剧烈而显著,大的变化不存在,并且宋代的市场有着明显的因袭唐代市场的痕迹。唐代的"市"是专门买卖的场所,一般的零售都在各自坊内的商铺内进行;而宋代的市场的确是打破了界限、非排他性的商业活动区域,商人可以自由、任意开店,但实际情形是商铺仍然集中于传统的市场区域。州县城市的市场或在城内,或在城外,多呈块状而非条状,具体可能呈现十字街状。另一方面,宋代产生了广义上的城市市场,即指以城墙等物体标识整个州县城的城区,商品进出城市须纳门税。与此同时,宋代的"市户"与唐代的"市籍"也不相同,"市籍"专指其所管理的商人,而"市户"则指相对于乡村住户的城市住户。

---

① 包伟民:《宋代城市研究》结语,第392页。

将发展中的城市经济视为新的税源，形成一套专门的制度，从中攫取税利，是城市经济性的显著特征。新的城市居民及其新居住形态的诞生也促使了税制的变化。第四章《城市税制》讨论两宋时期如何向城市征发赋税、调整赋税制度的问题，内容涉及城乡地价差异对于坊郭地税制度形成的推动，地税征收中对屋宅、市场不同地块税率的分辨，屋（宅）税在城市众多赋税中所占的主项地位，家业、营运等税产概念的形成，差役负担向城市扩展，等等。

本章通过一系列实证表明，由于唐宋城市经济的发展，为了适应农村与城市间的土地价格及其贫富差距等社会实际情况，新的税制得以确立。宋代的城市税制在继承唐代旧制的基础上，唐代的屋税是以属于农村两税的屋宅地基等不动产为征税基准，而新的税制则综合评估坊郭户（城市居民）的所有财产，并以此作为基准。同时，为应对商业经营的复杂化，设计了土地、房屋、经营三者分立的税制。城市税制的演变，充分反映了赵宋王朝常能随着社会经济格局和社会经济关系的变化调整其赋税制度，其向社会征税能力之突出，在许多方面确为其他朝代所不及。①

第五章《市政建设》，从官衙学舍迁移、陶瓦建筑增多与修砌城市道路三个方面，从细节上补充论证两宋时期城市市政建设进步的历史现象。可以看出，就市政建设而言，宋之后的元明清各代在发展程度上或有超越前代之处，但基本格局在两宋时期已经形成。在某种程度上，这也为两宋历史的传承提出了新议题，有待挖掘。

在前面《绪论》提到重构史实的难题和挑战时，曾举城市人口研究为例。从唐到宋，城居人口究竟达到多大的规模，这是讨论当时城市发展水平和城市规模的一个核心内容，也是所有研究者都必须回答的问题。但是在记载中，没有现成的城居人口统计数据，研究者必须通过各种近似的信息来估计和推断。

有鉴于此，第六章《人口意象》避开传统的依靠数据性文献记载来

① 包伟民：《宋代城市研究》第四章，第270—271页。

分析城市人口规模的方法，尝试探讨当时的士大夫意象中对城市规模的认识。虽然同一行政层级的城市间，其人口存在着很大的差异，但在当时士大夫的意象中，它们却被认为拥有同等规模的人口，这也是城市发展的客观事实在当时士大夫印象中的反映，而且也昭示着行政层级仍然是关于城市地位的决定性因素。两宋各地城市的发展水准与它们的行政地位，基本是相匹配的。因此，以往过度强调两宋时期城市经济功能强化，经济地位决定行政层级的一些研究，似乎有以偏概全之嫌（回应第一章论点）。

在《绪论》论及“概念纠葛”问题的基础上，第七章《城市文化》对一直作为宋代的文化特征，即“市民”的兴起以及“市民”文化的发达提出了质疑，指出市井俗文化的兴起的确是宋代城市的新面相，这也是在相当程度上宋代与前期城市不同的阶段性特征。另一方面，随着士大夫阶层城居的经常化和规模化，政治之外的经济、文化等要素集聚于城市，它们对于城市发展的影响力也更为增强了。但就基本文化格局而言，如经济领域那样大跨度的发展没有发现，其主流仍是承续传统。无论在城乡的文化差异，抑或士大夫雅文化得到加强方面，唐宋间显著的“转折”并不存在。唐宋间城市文化发展的意义主要还是在政治领域，即唐代以来的士大夫阶层城居以及文化资源集中于城市得以继续和强化，这导致专制国家在文化上获得了前所未有的控制权，如科举制度赋予了国家在文化上的垄断性地位等。最后得出的结论是，自两宋时期起，中国传统文化的中心从农村最终转移到城市。[①]也是基于上述议论，可知对文化上受到政治强力影响的宋代社会而言，无批判地运用西方社会以“自由”“自治”为基本理念的“市民”概念，是极其不恰当的。

三、第八章《发展瓶颈》导读

第八章《发展瓶颈》是全书最能体现其自觉批判思维、多元观察视

① 包伟民：《宋代城市研究》第七章，第352—353页。

角与娴熟历史学技艺的一章。作者在《绪论》中深入批判了传统唐宋城市史研究中带有明显目的论特性的单向发展范式，并进一步反思"都在不断'强化范式'的时候，我们主动停下来，想一想是否可能存在不一样的观察路径"。[①] 著名经济史学者赵冈从"宏观角度"讨论中国历史上城市发展过程的思考恰好给作者以启发。赵冈指出："研究一个国家城市化的过程与速度，应该注意到促成城市化的动力以及这种运动所遭遇的制约因素。"包伟民认为，这"为我们分析唐宋间城市显著发展的历史，指出了比单向的发展范式更多的可能性"。[②] 沿着"城市化运动所遭遇的制约因素"的路径去研究宋代城市史，"既是我们在重构史实时不断精致深化的有效途径，更是检验旧说的合适视角"[③]；不仅可以在学界以往的共同倾向——主要从各不同侧面论证宋代城市发展——之旁另发新枝，关注"在这一过程中可能产生的有碍于其进一步发展的新问题"，而且能够契合数十年来人类对工业化以来社会进步过程的反思，"人类社会的发展是具有双面性的，我们从社会进步获益的同时，也必须为此付出一定的代价"。[④]

那么，如何具体展开"城市化运动所遭遇的制约因素"的研究路径呢？作者首先从城市学或城市史学的一般性认识入手，"城市生活是不同于乡村生活的一种居住方式，城市的发展意味着人口在某一特定地区的高密度聚集。由于人类的生活需要消耗相应的资源，因此人口的高度聚集必将在许多方面，如物资供应、社会组织、建筑构成、卫生防疫、公共安全等，带来传统社会之所未曾面临的一系列新问题"。进而指出，无论就中国中古社会的实态还是当代城市学研究的理论而言，这些新问题中既有推进城市进步的正面作用，更有制约城市进步的负面影响甚至弊病。而恰好到宋代，研究这些负面的新问题的两个前提：都市的发展水准与相关的传世文献都基本具备。由此道明在

① 包伟民：《宋代城市研究》绪论，第40页。
② 包伟民：《宋代城市研究》绪论，第40页。
③ 包伟民：《宋代城市研究》绪论，第41页。
④ 包伟民：《宋代城市研究》第八章，第354页。

资料可能的前提下，本章主要从人口密度、生活物资供应与卫生管理、消防安全（火灾）等方面探讨宋代制约城市发展的瓶颈。主体的三节亦由这三个方面依次展开。其中以第一节最为精彩。

第一节“城市人口密度蠡测”。诚如作者在《绪论》所言，“从唐到宋，城居人口究竟达到多大的规模，这是讨论当时城市发展水平的核心内容，因此是所有研究者都必须回答的问题”。[①] 但既有学者的研究及其结论，歧异互见。包伟民在《绪论》中深刻剖析，正是由于学者对唐宋城市发展总体水平的认识不同，“每个人‘希望值’的差异导致他们在解读文献时所取之‘偏差值’也常常有很大出入”。他严厉批判了学者为举例子证实当时城市的发展现象，将许多文学性描述引为信史的情形。但相当数量的文献记载偏于较夸饰的“十百万”“千万家”等文学性描述。如何处理这类史料？作者在本书第六章转换视角，从宋代人口实际所拥有的人口数量转向对当时文人士大夫意念中关于城市人口规模的认识，即“意象”的角度，进行了精妙解读。他依照第一章经过整理分析后的分类标准，将宋代文人士大夫笔下的城市分为京城、区域中心城市和州军城市、县邑城市及镇市，经过解读发现，“总体看来，不同行政层级的城市，其实际人口规模与时人的意象，至少在类型上大体还是相应的……当时行政城市等级架构与它们的经济地位，在总体上是相吻合的”。[②] 这完全映照了第一章的主要结论，“两宋各地城市的发展水准与它们的行政地位，基本是匹配的”。[③]

但作者在这节开头部分，并未依照宋代城市的行政划分去描述不同层级城市的发展水准，而是荡开一笔写道：“中国地域辽阔，不同区域间发展的差异颇大，宋代城市的发展水准也是如此”。更有意思的是，他选取的数个区域城市的案例，北宋京师四辅之一郑州、陕西重镇延州、河东宁化军、苏州吴江县、南宋汀州上杭县及淮南，无一例外都是城市规模绝小。不仅如此，他证明郑州、延州城市小的史料都是来

① 包伟民：《宋代城市研究》绪论，第35页。
② 包伟民：《宋代城市研究》第六章，第322—323页。
③ 包伟民：《宋代城市研究》第一章，第98页。

自文学性描述色彩较强的庄绰的《上川陕驿路纪事诗》。作者如此处理，在笔者看来，实际暗示不管是选取宋代何种地域的州县，都可能无法推算出相应行政层级的城市人口密度。而且表明，他对宋代城市发展总体水平的认识是偏保守的。当然，后面的推断证实这种认识应该是更符合实际的。由此，作者仅选取人口记载较多、行政地位和城市发展水准都最高的北宋京城开封府与南宋行都临安府来说明当时都市人口高度聚集的情况。

他先是交替运用描写开封府城区拥挤的文学性材料及其城区不断扩大的过程，描述北宋时期开封城人口的高度聚集，然后着重推测其人口密度的指标。利用开封宋城的考古实测数据，并结合《宋会要辑稿》的记载，包伟民估算出北宋开封城宫城面积 0.393 3 平方公里、内城 8.336 平方公里、外城约 53 平方公里。人口数则主要依据天禧五年（1021）新旧城十厢人吏约 97 750 户，以户均 5 口折算，得 488 750 口；再加上宫城人口及未登录当地户籍的军队与各类流动人口，按占总数 20%计，估计当时开封新旧城城区人口大约 58 万。除以 53 平方公里，计算出人口密度为 10 943 人/平方公里。由此估算出北宋后期开封城的人口密度约为 12 000—13 000 人/平方公里。无论是人口总数还是人口密度，都比之前学者估计的低得多。①

其对南宋临安府人口密度的分析亦依循上述流程，先描述后推算。但因为《咸淳临安志》所载南宋乾道（1165—1173）、淳祐（1241—1252）、咸淳（1265—1274）三个时期临安府依郭县钱塘、仁和二县主客户数还包括不属于城郭的 24 乡的农户数，而这 24 乡平均户数难以统计，计算过程更为复杂。他依据此前对唐宋乡制的整体研究指出，由唐入宋，呈现出乡数并省，乡均户数增加，不复一乡 500 户旧规的总趋势。而唐元和（806—820）及北宋太平兴国（976—984）、元丰年间（1078—1085）三个时期杭州（临安府）与钱塘、仁和二县的乡数及杭州（临安府）的乡均户数完全符合这一趋势。因主要计算二县的 24 乡

---

① 其他学者估计的开封城人口总数都在 100 万人以上，参见包伟民《宋代城市研究》第六章，第 304—305 页。

的农户数，作者便选取二县之外的临安府其他 7 个属县，根据《咸淳临安志》所载计算出 7 县的乡均户数为 2 781 户。然后按宁失之高、务失之低的原则，取总数 30% 为各县城区的人户数，得 7 县乡均最低 1 946 户。[①] 如此，钱塘、仁和二县的 24 乡取更低的每乡 1 900 户，得 45 600 户，算出咸淳年间临安府城最高当为 140 730 户，703 650 口。再据乾道、淳祐、咸淳二县主客户数增长比，估出临安城人口乾道年间约 40 万，淳祐年间 45 万。

咸淳年间 70 万人口中实际还有居住在临安城外的郊厢人口。在比较嘉定十一年(1218)郑湜为城南厢所作《厅壁记》中“南厢四十万，视北厢为倍”和楼钥《直密阁知扬州薛公行状》中乾道年间“南厢户口十四万”后，推断楼钥所记的“十四万”更为可信，估计出嘉定中南、北厢合计人口约 20 万。拿年代相近的淳祐年间城区约 40 万的总人数相减，得城区人口约为 25 万；再加上 20% 的其他人口，估计出当时临安城区人口大约 32 万。这一数值明显也远低于之前学者的估算。[②] 南宋临安城的面积则按照长宽和方格两种方式共同测算，取最大值约为 15 平方公里。[③] 由此估算出淳祐年间临安城的人口密度在 2.1 万人/平方公里，咸淳年间则可能达到 3.5 万人/平方公里。

那又如何评估如此推算所得的北宋开封府、南宋临安府的人口密度指标呢？作者再次显示出其妙用描述性材料和计量分析的技艺。他先是轻松例举，使用《建炎以来系年要录》所载宋高宗行祭天之礼因临安街道过狭而废弃旧制和周煇《清波别志》中对两京街道和帝王出行仪式的耳闻观感，证实南宋临安府人口密度较北宋开封府为高。紧接着将两宋都城的人口密度与现代城市人口进行比较：“在中国传统

---

① 南宋鼎盛时期的 30% 城市化率为斯波义信的估计，其他学者的估计基本都在 10%—20% 之间，可参包伟民《宋代城市研究》前言第 35 页注①，第六章前言第 305—306 页注⑩。尽管包伟民对南宋 30% 城市化率有所怀疑，但此处却活用这一数值以求各县最低的乡均户数，可谓妙手。

② 其他学者的估计则都在 40 万以上，甚至城厢总人数近 250 万，参见包伟民《宋代城市研究》第六章，第 304—305 页。

③ 临安府虽是南宋的行都，其城墙范围却是吴越国时期确定的，因此其城市规模排在苏州之下，仅比南方的路治城市和两浙路的州治城市略大，不及北宋开封府那么突出。参见包伟民《宋代城市研究》第一章，第 72—76 页。

社会中期的两宋时期，以单层或双层木结构建筑为主的开封府与临安府城区，其人口密度超过以多层钢筋水泥建筑为主的现代都市市区数倍，相比现代人口尤为众多的一些都市，差距也有限。”实际上如果以推算所得的咸淳年间临安府3.5万人/平方公里的人口密度，都已经超过2001年全世界最高的上海市中心区的人口密度。这样一比较，就能体会到尽管使用较严密的计算方法，依照最低的标准估算北宋开封府与南宋临安府的城市人口密度，但结果还是让人觉得不可思议。

面对这样的结果，包伟民给出了自己的看法。一方面，“前文提出的北宋开封府与南宋临安府两个城区的人口密度，当然只是约数，目的在于对此两城人口众多、拥挤不堪的情形给出一个直观指示，并不能引以为精确的统计数据”。换言之，尽管从研究方法上，统计材料的计量分析比描述性材料的举例引证更加“科学”，但统计材料背后的信息常常缺失，“无法深入探究他们的统计口径”[①]，计量所得的数据也不一定精确，而描述性材料又常常占绝大多数，两种研究方法实际不可偏废。这或许是作者同时利用两种材料、运用两种研究方法的原因所在。另一方面，“不过这两个数据也相当明确地提示着我们，在估算两宋城市人口数据时应该保持冷静客观，如果为了凸显当时城市经济的发展而一味过高地推断其人口规模，就有可能使得宋代的城市居民因过度拥挤而难以度日”。也就是说，他以较具体的数据明确证实，单向的发展范式造成之前学者们对唐宋城市发展总体水平的认识并不符合历史事实。

既然宋代城市的人口规模比人们想象的要低得多，那么都城的人口高密度聚集是否绝无仅有呢？作者显然不同意，而是认为“具有一定的普遍性”。他指出，“随着两宋时期城市的不断扩张，尤其是经济发达区域中心，一些城市经济文化繁荣，万众聚集，人口密集较前大为提高，文献中有一些描述性反映”；他还接连举出描述南宋建康府句容县城、明州城、台州城等城内拥挤、建筑密集甚至侵占街衢河道

---

① 有关对统计材料的反思，可参见包伟民《宋代城市研究》第六章，第307页。

的文字材料，以说明到南宋，“为数不少的城市已经出现人口过度聚集的问题”。

回顾整节的行文过程，开头以描述性材料给人营造出宋代不同区域的城市规模大多绝小的印象，为全节定下冷静客观的基调；中段交互使用描述性材料的举例引证与统计材料的计量分析层层推进，阐明北宋开封府与南宋临安府城市超乎想象的人口高密度，有力论证其采取“保守”的态度估算宋代城市人口规模的可靠性；最后又例举描述性材料，揭明南宋经济发达的区域中心，一定范围内也出现了城市人口过度聚集的现象。这不仅能让读者体会到作者对研究方法的娴熟运用与自觉批判，更能体味到其对研究材料的了然于胸与剪裁得法。

第二节“城市物资供应与卫生管理”。此节主要从城市土地同粮食、薪柴燃料、菜蔬鱼肉、水源等城市居民物资供应，和公共卫生、空气污染、生活污水、疫疾等卫生问题及其管理两方面，阐释宋代城市人口高度密集带来的新问题。其中，对城市粮食供应和疫疾问题的分析颇值得称道。

作者在《绪论》中就已经提出疑问：“在不具备现代交通、卫生防疫、物资供应等等技术手段与经济条件之前，城市日常管理如何维持呢？”尤其是粮食问题，“如果宋代城市人口的确达到了占人口的百分之二十甚至三十，当时的农业生产是否有能力供应足够的商品粮，包括生产与运输？如果将它落实到具体的历史区域，问题可能更加复杂。试想，若按每人日均消费粮食一升半计，则每年消费约五石，一个百万人口的城市，就需年均消费粮食五百万石”。作者还指出：“北宋时期，专制政府动员全国行政资源，花费巨额运费，从东南六路向京师开封运送漕粮，年额最高不过六百万石，因此东南漕粮主要只能供开封地区消费，无法再转送西北沿边。其他地区那些号称数十万人口的‘大都市’，它们的行政资源与经济资源远远无法与开封相比，如果其人口规模不误，那么每个城市至少年均消费二三十万石粮食，这些粮食从哪里、如何来供应呢？南宋中后期各地城市居民粮食供应困难的记载，在史籍中明显增多，是否即为赵冈所论‘制约因素’的具体表现?”[①]如果说第八章第一节从城市人口聚集的密度力证此前学者估算宋代城市人口规模过高的话,那么《绪论》中实际早已从人口聚集引发的粮食供应问题上提出挑战。而在第八章第二节,作者着重通过例证的方法归纳出两宋京师和地方州军为保证城市军民的粮食供应而采取的解决之道。如北宋首都开封府主要通过从江淮调发漕粮,南宋临安府则就近调发上供粮食,到中后期还不得不在平江府增设百万仓。兴建各类粮仓也成为南宋时期地方州军赈济城市居民的重要措施。但因粮食供应有限,地方官府常常“苦于贵籴”。而“从文献可见,‘苦于贵籴’是当时一个经常性的话题,商品粮供应不足已成了城市发展所面临的最大挑战之一。因此,尤其到南宋,各地以行政权力阻止商品粮输出的遏籴之风‘今日尤甚’”。[②] 地方官府深度介入城市粮食供应的相同或相反举措,正说明商品粮问题已构成宋代城市发展的重要瓶颈。

而在处理城市疫疾问题上,作者不仅袭用例证的方法描述宋代城市的疫疾惨状及地方官员的救治之方,而且运用统计的方法,从现存文献中钩稽出 992—1127 年北宋开封府 10 次、1146—1276 年南宋临安府 14 次疫情,制成宋代两京疫情表。[③] 表格直观显示,南宋临安的疫情远比北宋开封严重。个中原因“也许正是临安城人口比开封城更为密集所造成的”。疫情反过来制约城市的发展,“我们可以从‘大疫’‘民多疫死’‘禁旅多死’之类的记载,想象疫病横行对当时城市生活的影响”。[④] 与之相提并论的严重问题便是第三节“火灾”中着重讨论的城市频发的火灾。

第三节“火灾”。作者在第二节讨论宋代城市居民生活物资供应时,已经指出,“时人称唐代长安城‘百物皆贵’,已经反映了当时由于

① 包伟民:《宋代城市研究》绪论,第 40—41 页。

② 包伟民:《宋代城市研究》第八章,第 371 页。

③ 值得注意的是,所统计的南宋临安府 14 次疫情除亡国前数年的 1276 年外,其余 13 起集中在 1146 至 1211 年的 60 多年间,基本 10 年一个周期;1195—1197、1209—1211 年更是连年大疫。但 1212—1275 年 60 多年间却没有一起,到底是资料缺失还是城市防疫技术提高等原因,尚需进一步研究。这也说明,单一的统计方法并不足以揭示宋代城市发展的复杂问题。

④ 包伟民:《宋代城市研究》第八章,第 381 页。

供应不足造成的物价上涨现象，两宋时尤甚”。[①] 但因为史料太少，并未进行具体的唐宋比较。而在分析宋代城市火灾问题时，这种比较成为重要方法。作者先是援引颜真卿、权德舆、柳宗元等唐人文集中的材料说明唐代已有不少城市发生火灾，然后据《新唐书》卷三四《五行志一》统计出唐代烧毁民舍超过万家的火灾仅见两次。与之相比，“宋代火灾的规模显然就超乎古人了”。作者分都城和州军县（笔者注：原文作“州军”，但因已举及处州青田县，故改为“州军县”更为妥当）两个行政级别展开。其中北宋开封府与岳州、建安军、温州及南宋温州、太平州、合州、成都、处州青田县都是举例引证法，而南宋临安府则是采用第二节处理城市疫疾问题使用的数据统计法。其拾掇史料，共统计到临安府从绍兴元年（1131）至德祐元年（1275）建都近 150 年间，共发生 46 次较大的火灾，其惨烈程度，可称两宋城市火灾之最。如此，两宋时期城市火灾为害显然甚于前代，“其主要原因自然是如前文所述城市众生聚居，密度过高所致”。[②] 但这一笼统的解释，作者似乎并不满意。他搜罗到“宋人对此就有清楚的认识”的相关记载，发现尚可从唐宋城市的比较中分两方面论说。

其一，关于城市建筑布局。一般认为，唐宋城市之间的重要变化便是坊墙的废弃。坊墙能形成一道自然的防火屏障，“这大概是唐代都城长安未见有如宋代都城那样严重火灾的重要原因”。但作者一直怀疑，“在许多州县连城墙都未能完备的前提下，唐代城市的坊墙是否确如学者所认为的那样普遍”。而前面征引的唐人文集与《旧唐书》中有关火灾的记载，基本都反映了当时南方州城火灾之烈。因此，包伟民估计，宋代以前城市完整的坊墙建筑，大体是在以北方为主的都府等主要城市中存在。到宋代，随着所有城市坊墙的倒塌，火灾随之为孽，“所以宋人开始强调要在城市中开火墙以防火势蔓延”。最后他还不忘这种城市的南北地域差别：“当然相对而言，北方城市的建筑密

---

① 包伟民：《宋代城市研究》第八章，第 368—369 页。

② 包伟民：《宋代城市研究》第八章，第 387 页。

度要低一些,灾情也比南方城市为轻。”如果我们稍加注意便会发现,作者搜罗到的宋人强调要在城市中开火墙的史料实际只有《宋会要辑稿・方域》和周必大文集等。但因为其注意到唐宋城市的南北地域差别、都府与州县的行政差别,所以能够从城市火灾这一点解决自己对唐代坊墙制度普及度的怀疑,进而呈现唐宋城市建筑布局变化的多元实态。

其二,关于城市建筑用材。唐宋之际,城市建筑用材水准改善,砖瓦逐步取代茅檐草屋的趋势明显。作者先比较唐宋地方官员劝谕居民建造砖瓦房屋以控制火灾的案例,发现唐代虽有但记载不多,宋代火政已成为州县政府首务,“陶瓦覆屋,以宁室居”被列为地方官为民兴利的重要内容。本书第五章《市政建设》第二节即以“陶瓦覆屋,以宁室居”为题,用大量事例证实两宋城市城区砖瓦建筑得到一定程度的普及。同时也指出,城市砖瓦建筑的比例虽比农村为高,但仍以茅屋为主,南宋时期江南地区一般州军城市瓦屋占三四成、茅屋有六七成的发展水平。因此,尽管宋代较唐代城市的砖瓦建筑显著增加,但建筑材料仍以草木为主,在宋代城市人口增长的情形下,火灾造成的损失就更为严重。见诸存世文献的话,就是“关于唐代城市火灾损毁民居超过玩家的仅见两次,到了宋代,不仅超过万家,即如超过十万家的记载也已不止一次”。[①] 这种从火灾的角度出发看待唐宋城市建筑材料的变化,既肯定宋代城市建筑材料的发展,但又不过高估计其普及程度,与从火灾的角度出发看待唐宋城市建筑布局的变化如出一辙,都体现出作者自觉的批判思维、多元的观察视角与娴熟的历史学技艺。

可以说,《宋代城市研究》一书在继承和吸收前辈学者研究成果的基础上,通过娴熟的历史学技艺挖掘剪裁史料、多元的观察视角分析解读史料,自觉运用批判思维,对宋代城市史的诸多方面展开了深入探讨,对迄今为止的唐宋城市历史研究范式进行了深刻反思,对占据

---

① 包伟民:《宋代城市研究》第八章,第 389 页。

"主旋律"地位的"发展"模式发出了正面挑战。诚如作者所指出的，如果仅仅关心城市持续发展的史实，自觉地集中、放大那些有助于证实"发展"的历史现象，就必然会忽视历史演变过程中的复杂和曲折，落入成说的窠臼。本书的讨论从许多方面都在提醒或警告，观察两宋时期城市历史演进过程，应该避免过分强化范式，避免观察视角的单一化与绝对化；需要究心于历史的连续性问题，重视历史演变的前后承袭关系，而不是单纯地放大历史的"裂变"或"转折"。

中国城市史一千年：苏州城的形态、时间和空间观念

［美］牟复礼

这篇文章以1972年10月11日在莱斯大学(Rice University)的演讲为基础,在当代社会城市化的背景下提到了休斯敦,然后焦点转到中国的都市生活(urbanism)。作为苏州城市史和中国人历史的要素,本文讨论了苏州的物质形态和物质成分、历史时间的观念和影响空间运用的观念。

1. 都市生活和中国城市史

休斯敦可能是当今美国城市发展最显著的例子。它的人口在过去三十年间增长了三倍到四倍,并且今天这个城市的大多数实体容貌,至少那些统治着天际线、能率先给游客以深刻印象的景观,在我上次也就是三十年前到休斯敦时,是不存在的。这座城市的边界——不管是其法定边界,还是其建成界限——也与三四十年前同样标志着边界的那些地方相距数英里。休斯敦的发展并不典型,但却揭示了一个普遍的真理:在短暂的一段时间范围内,我们的社会已经不可阻挡地都市化了。

在1790年我国进行第一次全国人口普查的时候,人口5%住在城市。1910—1920年间人口普查显示,城市人口超过了15%,现在城市人口已将近80%。人口向城市的移动基本上是单向的,并且我们的整个社会因此而改变。对于我们的社会以及一些其他的社会来说,这个过程的实际结果已经达到。关于城市化,苏联社会在20世纪70年代

的水平相当于我们国家在20世纪30年代达到的水平（即，大约56%的城市人口）。同期，中国的城市化水准相当于我国内战前不久所达到的水平。在这个似乎不可阻挡的现代化过程和由此导致的城市化方面，英国和其他一些国家领先我们几步。我们倾向于认为，从主要是乡村与农耕社会向主要是城市与工业社会的转变过程是一种自然的过程，这一过程最终在任何一个地方都会出现。但事实也可能不是这样。[①] 在这一案例中，正如其他多数案例一样，只有社会与文明的历史才能指引我们理解正在发生什么，帮助我们知道什么将会发生。

我们看待城市时被迫怀有一种奇特的想法：我们似乎正在进入人类历史的"城市阶段"。城市已经成为那些西方社会、日本以及全球其他高度现代化地区人们的标准环境。在一系列学术标签下的城市研究正在努力寻求它的科学地位。在当今世界，对我们大多数人将在其中度过一生主要时间的城市世界加深理解，是一种广泛而迫切的需求。我并不认为自己是那些在城市研究中忙于发现新事实的科学家之一。对中国城市的研究，不管是过去还是现在，仅仅是我作为历史学家的兴趣。这种兴趣最初发端于对中国一些城市的实地考察，以及其作为无尽财富和有趣生活之环境的迷恋。然而，当我由兴趣转向中国那些未充分利用的文献资料和那些关于城市生活比较研究的新科学论著时，我认识到，对中国城市历史的研究是理解中国的关键要素之一，也在总体上对城市生活的研究具有重要意义。中国的案例蕴含着大量重要的事实，这些事实和我们通常所遇到的关于城市的概括并不相符。确实，历史学——倔强地，一些社会科学家会这样说——寻求理解所有在一定意义上的独特的事实和事件。但是历史

① 一些当代社会，可能中国也在其中，也许试图通过有意识的政策运用去设计另一条通向现代世界的道路。除了其可能性之外，还存在其他的实际问题，即这些社会是否具有达到支撑高城市化水平的现代化的能力。见马利安·列维《现代化：后来者与幸存者》，纽约：基础书籍出版社，1972年（Marion J. Levy, Jr., *Modernization: Latecomers and Survivors*, New York: Basic Books, 1972.）；特别是第3—28页，"后来者面临的主要问题"（"The Gist of Matter for Latecomers"），可获得简明的概览。

学家也在历史中探寻模式和普遍化，他们也必须考察所有关于人类经验的一般性论述应用于其所研究的具体事物时是否依然有效。如果城市研究这门正在兴起的学科想要被认可，它将要建立的一般性论述将不得不考虑中国情况，不管它是反常还是正常，难以解释或不难以解释。这或许是试图对历史中的中国城市有更多了解的一个原因。

然而，中国城市的历史与我们城市的历史不仅仅是不同。在最近的几个世纪中，不管西方的经验看上去似乎多么具有普遍影响力，但从历史的角度来看，西方模式并不是人类经验的典型特征。世界上其余部分，尤其是中国，并不一定要顺着我们在城市发展中已经走过的路去走，甚至也没有必要用和我们相同的手段去发展。纵观历史，不是我们的城市经验，而是中国的城市经验，被认为是规模最大、最长久以及最早达到城市发展的某种先进的虽然是前工业化的水平。最近一项关于历史上中国和日本城市的比较研究向我们提供了这种估算，从新石器时代人类建造城市开始直到 1800 年，那些住在城市中的人类大约 40%是中国人。① 这也就是说，在传统社会中所有人类积累起来的城市生活经验大约有一半是由中国人所积累的。很幸运，他们保存着关于这些经验的非凡记录。剩下来的那一半，或者稍微更多点的人类城市经验，分布在其他或存或亡的拥有城市的文明之中。从人类城市经验的广泛性与多样性来说，包括建筑城市、统治城市、定居于城市以及城市与社会其他方面的联系来说，到目前为止，中国人的经验占同类经验的最大比重。如果对任何相关的信息，即使是微小和反常的，没有一定的认知，对城市生活的概括从科学性上来讲会有缺陷。当这些概括在形成时没能考虑到中国历史能够提供给我们如此广阔的材料时，从实践上来说，这些概括将会变得

---

① 此处关于中国城市生活一般特征的论述主要参考吉尔伯特·罗兹曼《清代中国和德川日本的城市网络》，普林斯顿：普林斯顿大学出版社，1973 年。（Gilbert Rozman, *Urban Networks in Ch'ing China and Tokugawa Japan*, Princeton, N.J.: Princeton University Press, 1973）

更加有缺陷。①

一种关于前工业化时期欧洲城市的普遍观点是,这些城市必须作为一个有序的实体拥有独立的法律和政治地位,只有这样,它们才会被认为是城市。同样,我们往往假定城市居民是一个具有自觉的城市意识、能够自我延续的团体,这个团体作为社会的一部分,需要具有一种作为都市人的特殊身份,并且要求具有能够使他们区别开来,或至少与那些居住在城市外的公民区别开来的姿态。长期以来,城市被视作一种环境,以至于它成为欧洲历史的一条公理——这条公理尤其被马克思和恩格斯所发展,并被他们赋予了社会发展过程中的工具性角色。同样,在过去的一个世纪中还有一条也成为多数欧洲历史的普遍公理——即农村人口和城市人口通常处于一种敌对关系中。② 从这一方面来看,中国城市展现给我的是一种显著的不同。很明显,中国城市并不是一个法人实体(corporate entities),并且没有那种组织化的特征,而这些特征让欧洲城市在法律和政治上能够独立起来。然而,或许更为重要的是,在中国人生活中的心理、社会以及物质方面,城市和乡村之间有着很明显的连续性。在整个历史中,中国人对乡村生活的

① 笔者曾概括性地比较历史上的中国城市和西方城市,并指出关于世界历史上城市的研究著作的概括性论述中存在忽视中国城市史的现象,参见牟复礼《元末明初时期南京的变迁:1350—1400》,载施坚雅主编《传统中国的城市》,斯坦福:斯坦福大学出版社,即将出版(F.W. Mote, "The Transformation of Nanking, 1350—1400", in G.W. Skinner, ed., The City in Traditional China, Stanford: Stanford University Press, forthcoming);一个节略版,收入詹姆斯·刘、彼得·古拉斯《传统中国》,普伦蒂斯-霍尔出版社,1970 年(James T.C. Liu and Peter Golas, Traditional China, Prentice-Hall, 1970),第 42—50 页。当然,在众多学者之中,中国学者也如笔者此处一样,经常针对西方学者的偏见表达抗议。

② 卡尔·马克思、弗里德里希·恩格斯:《德意志意识形态》,莫斯科:进步出版社,1964 年(Karl Marx and Frederick Engels, *The German Ideology*, Moscow: Progress Publishers, 1964),第 80—81 页;马克思、恩格斯:《哥达纲领批判》,纽约:国际出版社,1938 年(Marx and Engles, *Critique of the Gotha Program*, New York: International Publishers, 1938),第 33—34 页。感谢 Khien Theeravitaya, *The Hisa-fang System: Bureaucracy and Nation Building in Communist China*(未出版博士论文,华盛顿大学,西雅图,1971),第 98—99 页,提供以上书目信息。在该书《矛盾:城市和乡村》一节中,作者还展示了这个语境中的公理如何变成中国马克思主义的信条。在其最近的一本书《美国的民主思想》(*On the Democratic Idea in America*, New York: Harper and Row, 1972)中,艾文·克里斯托(Irving Kristol)提供了生活在城市文明中意味着什么的有价值的分析,见第一章《城市文明及其不满》。但是,克里斯托也在某种程度上过于笼统地认定历史上城乡敌对的公理性和普遍性。

价值有一种基本的坚持。与西方有时相当模糊与柔情的乡村想象相比,在日常生活中,中国人对乡村生活价值的坚持更加具有可操作性和更加纠缠。此时我头脑中的比较是伴随着英国绅士的生活方式或卢梭对乡村的浪漫化等等出现的。中国人对乡村的认同并不属于那种情调;它对于历史来说更加强烈、更为普遍、更具重要性。但是,这并不能阻止中国人创建众多巨大的城市,也不能阻止这些城市对社会生活发挥可能更为核心的功能。与任何中国社会中城市和乡村之间的对立性相比,城市地区的整合功能对理解中国历史进程会重要得多。

尽管中国城市经常因其高大的城墙而显得异常,但在中国城市内却通常包含乡村生活和农业活动。同时,城市的建成区和城市功能往往延伸到了城墙之外。这种情况对那些巨大的相对稳定的城市也同样真实,比如苏州。在苏州,一千年来一直存在城墙之外的城市区域,至少在最近的五百年中,这些城墙外的城市区域可能占整个苏州城市人口的四分之一。在那些更小、迅速成长的城市也同样如此,如松江(上海的西南),自晚明以来,一半甚至超过一半的人口似乎居住在城墙之外。对那些以前很大但最近两个世纪的经历衰落的城市也同样真实,如扬州,城墙内的广阔区域已经退回到农耕用途,但两个主城门之外的城市建成区仍然保持稳定,或者继续增长。由于缺乏拥有管辖边界的市政府(municipal governments),除了城墙,中国城市没有正式的边界。因此,对那些研究中国城市并期望在中国城市中找到一些不同事物的西方学生来说,城墙既可以是城市形态中最重要的物质特征,也可以是在城市组织化生活中不具意义的事物,就像其至多不过是城市生活在社会心理上的一种模棱两可的象征一样。这揭示出我们主题的真正重要性:从组织特征、功能和作为一种社会心理因素来说,有历史的中国城市,即便其历史不是很久远,拥有一些独特的品质,并能使其他地方的现代人产生兴趣。中国人对城市的独特感受也让我们注意到城市人的另一种可能性。纯粹站在人文学科的立场上,这些知识一定能够拓宽我们关于人类是怎样的、我们是怎样的认识。

在所有能推动人们去求知的各种奇怪理由中，对许多人来说，这是最具有说服力的。为了能够更具体和有针对性地探讨中国最近一千年的城市历史，同时为了揭示这一主题中一些更深的意涵，我们在这里集中以苏州作为历史个案来进行考察。

2. 城市史中的苏州

我们非常幸运拥有一张巨大的，并且相当精确地刻在石头上的苏州地图，这张地图向我们展现了1229年时的苏州。[①] 将这幅地图的拓片与1945年航拍的照片放在一起比对，展现了苏州城市形态确实非凡的稳定性。[②] 在其他文明中是不可能寻找到类似的例子的；就是说，一个非常大的城市在其从1229—1945年持续而繁荣的存在中展现出物质形态上从早期到晚期的相似性。城墙和护城河一模一样；城门也差不多如此，只有一两处发生了轻微的改变或增加；街道和水道也一模一样，大多数同样的桥梁出现在两张照片之中；一些主要的建筑物也坐落在相同的地点，有同样的名字。一项主要的变化出现了：一片内城墙(inner-city wall)(相当于帝国首都的紫禁城)，一开始修建是为了把政府办公的场所围起来，现在被移除了，一些政府办公场所已经坐落在了内城墙之外。从历史中我们知道，是明朝的建立者在1368年命令采取了这项行动，以便消除这些建筑与在导致元帝国衰亡和明帝国建立的战争中刚刚被消灭的对手之间的联系。从南宋时期到现在的几个世纪内，历史似乎只留给我们这样一个城市实体上的巨大印记。然而，形态的惊人延续性和相似性并不能鼓励我们转向“没有变化的中国”这一概念。1945年的中国距1229的中国整整相差716年，

① 该图拓片保存在台北中研院，普林斯顿大学葛斯德图书馆通过大学图书馆特别助理馆员和东亚收藏负责人童世纲(James S.k. T'ung)获得了该拓片的照片。这就是著名的“平江图碑”，由于其透露出宋代城市史的重要信息，近年来被日本和中国历史学家深入研究过。特别参见，加藤繁在《宋代都市的发展》(初版于1931年)一文中对其首创性的检验和利用；该文还被收入加藤繁的两卷本文集(*Shina Keizaishi Kosho*, Tokyo: Toyobenko, 1952—1953)中。该文也收录在吴杰翻译的加藤繁两卷本文集《中国经济史考证》(北京：商务印书馆，1959)中。

② 美国第十四空军部队第二次世界大战档案。

在这段时间中,中国不断变化和发展。我们可以用最简单的证据来证明这一点,那就是 1229 年中国人口在一亿多徘徊。① 到 1945 年,中国人口将近 5 亿。苏州人口在 1229 年估计有 30 万人,到 1945 年大约 60 万人。从这些数据中我们可以看出,苏州人口以平稳的趋势增长,在某些点上(例如 19 世纪中叶太平天国运动之前)其人口可能要比 1945 年高一点,但并不是非常明显。所有这些数据,不管是关于中国的还是关于苏州的,都展现出一种变化。它们展现了变化的不同速率,也展现了相互关联的城乡发展速度以及整个变化过程的微妙复杂性。总之,我们关注的是一个有活力的中国,而不是一个垂死的中国。

我们在 1229 年地图上所看到的苏州是当时中国最大的城市之一,也是世界上最大的城市之一。由于中国的城市并不是一个法人实体(corporate entities),中国的统计通常并不单独保存我们称之为城市人口的数据,而是将严格意义上的城市人口数据包含于其所属的行政单位,也就是县、府的统计数据之中。因此,上文 1229 年苏州 30 万人口的数据是一种估计,但这种估计并非很离谱。我们没有理由相信苏州人口在 1229 年以后曾经低于这个点,并且很有可能在 1229 年前的几百年,苏州人口就可能已经达到了这一规模。可能在 16 世纪,苏州人口已达到 50 万,并且在太平天国运动前接近 100 万。与运动相伴随的破坏——作为这个城市民间传说的一部分——据说损耗了苏州将近 50 万人口,这些损耗的人口大多数定居在著名的西部城郊,其中很大一部分或许只是暂时的难民。1911 年,一位善于观察的长期居民对苏州包括城郊人口进行了估计,大约是 70 万人。② 民国时期警察和其他行政机构估计显示,苏州人口大约在 50 万—60 万之间。考察这些数字的关键点是,我们想知道世界上有多少这样的城市,它们像苏

① 何炳棣:《宋金时代中国人口总数的估计》(P'ing-ti Ho, "*An Estimate of the Total Population of Sung-Chin China*", in *Etudes Song/Demographie*, Paris: Publications of the Song History Project, 1967),第 51 页。

② 杜布西:《"美丽苏州":苏州旅行指南》,上海:别发洋行,1911 年(Hampden C. du Bose, "*Beautiful Soo,*" *A Handbook to Soochow*, Shanghai: Kelly & Walsh, 1911),第 63、69 页。

州一样在12或13世纪达到相同的规模,以一种平稳也许是缓慢的速度发展,并且在过去的七或八个世纪中依然是其所处区域的主要城市?答案是:除了苏州和其他一些和苏州同等级的中国城市,基本没有。①

和世界其他地方的城市进行一些比较是有益的。大多数的历史学家认为,罗马是古代世界最大的城市,同时认为,在罗马帝国衰落和现代欧洲崛起之间的漫长世纪中,君士坦丁堡是世界上最大的城市。君士坦丁堡在其发展的巅峰时期,也就是10世纪和11世纪,其实际人口达到了100万的规模,但是在1453年奥斯曼土耳其导致其衰落并攻陷它前夕,其人口下降到大约只有3万。在这之后,其人口又快速增长,在该世纪末,人口达到了10万,到1600年为止,人口达到了70万。② 作为伊斯坦布尔,这座城市和君士坦丁堡至少在某种程度上具有非连续性,因为,除了人口下降和恢复这一事实外,毫无疑问它显示了先前对这片区域并不熟悉的人所创建的继任政权对原先政权的替代,从某种意义上来说,它也成为了一座新的城市;它获得了一种新的语言和新的国家宗教,一种新的文化,以及充当新民族国家首都的新角色。尽管如此,毫无疑问,君士坦丁堡是16世纪以来欧洲最大的城市。在中世纪,其他两座最大的城市是科尔多瓦(Cordoba)和巴勒莫(Palermo),它们在13和14世纪人口都达到了50万的规模。它们(尽管事实上巴勒莫在11世纪以来连接了两个世界)最初也是在和西欧文化不同的另外一种文化世界中建立起来的。这个世界在15世纪的收缩导致这两个城市在其历史中的非连续性和重要性降低。1200年,在阿尔卑斯山北部只有巴黎有10万多居民;伦敦可能有2万多居民。到1300年,巴黎增加到15万,意大利北部的一些城市,比如著名的威尼斯、米兰和佛罗伦萨,它们或多或少有10万人口的规模。罗

---

① 在非中国城市中,京都也许最接近于达到这一记录。尽管作为一国首都,它比之苏州和其他中国大城市更受政治变化的影响,并经历了更多的实体变化和人口下降。

② 伊兹科维茨:《奥斯曼帝国和伊斯兰教传统》,纽约:阿尔弗雷德出版公司,1972年,第28页。(Norman Itzkowitz, *Ottoman Empire and Islamic Tradition*, New York: Alfred A. Knopf, Inc., 1972.)

马，迟至1447年，仍然只有8万居民，这只是公元2世纪罗马人口的十分之一，而且此时的罗马城只占据了奥勒良城墙（Aurelian walls）内区域的十分之一。除了三四个处于苏格兰低地的大城市人口达到了5万的规模，15世纪处于阿尔卑斯山以北欧洲的那些在后来将成为大中心的所有其他城市，其规模只比得上中国人口在1万到2万之间的市镇（market towns），尽管这些城市在当时看起来一点儿都不像中国市镇。将视野转向西欧之外，大马士革在8世纪鼎盛时期是相当小的，大约只有1.5万人口。巴格达在1258年被蒙古灭亡之前大约有100万居民，在这段时期内，蒙古正从西亚到中国洗劫其他的大城市。印度和其他一些伟大的远东文明也发展出了几座人口规模在50万左右的城市，但是，它们并没有延续其作为主要中心的历史。

上述的比较旨在说明，13世纪的中国，就像马可·波罗（Macro Polo）所指出的那样[①]，已有大量其他地方闻所未闻的具有相当规模与繁华程度的城市。苏州并不是国家的首都，并且也从来不是中国最大的城市，然而威尼斯并不能与其相比。当马可·波罗在13世纪晚期从中国返回威尼斯的时候，威尼斯还没达到它最大的发展；在1300年，毫无疑问苏州的规模要比当时的威尼斯大三倍。两个世纪以后，威尼斯在达到它发展顶峰的时候，变成了一个有着接近20万居民的城市，其居民分散在117个沿海岛屿上，使用150条运河，并有400多座桥横跨其间。尽管苏州是一座内陆城市，但有时候苏州也会被称为中国的威尼斯。作为比较的一个点，一位19世纪的著名诗人声称苏州有390座桥，并且方志也持续记录了大约400座桥，最终这些桥多数用石头筑成，并且在其后的几个世纪内一直在使用。在许多方面，威尼斯是中世纪晚期欧洲最繁华的城市，但是在大多数方面，已被中国的二十几座城市所超过，这些中国城市经历并保持着其平稳

① 参见白乐日在《中国的文明和官僚政治》（Etienne Balazs, *Chinese Civilization and Bureaucracy*, New Haven: Yale University Press, 1964）中的两项研究，“中国市镇”（第66—78页）和“马可·波罗在中国首都”（第79—100页）。

的增长，并且发展其城市形态及城市道路，直到现在。苏州是众多区域性主导城市中的一座，这些城市长期繁荣，人口基本维持在25万至50万规模之间。西欧直到18世纪才能看到50万人口的城市。到了19世纪，这种城市在西欧大量出现。在当今世纪，这种规模的城市在所有工业化国家中随处可见，甚至在处于现代化早期阶段的亚洲小国中也能见到。

这些比较证实了我们的判断，那就是，中国的城市化进程在过去的一千年甚至更长时间内，是沿着一条有些不同于世界上大多数国家的轨迹在运行。中国的城市化达到了一种很先进的水平，比任何其他国家都要快，并且是通过长期稳定的前工业化经济的发展达到了这一水平。日本在18世纪超过了中国的城市化水平，也是基于一种前工业化经济。[①] 通过早期工业化，欧美也达到了同样水平。中国处于现代化的新来者的行列。这掩盖了这样一种事实，那就是对于一种与众不同的前工业化和相对高水准的城市化来说，中国并不是一位新来者。这方面也同其他方面一样，中国自身的过去会影响其将来的发展，其影响和在世界上其他地方建立起来的正在影响中国的那些模式一样重要。我们不会知道这种影响会达到怎样的程度，除非我们了解更多中国历史上的城市。

3. 苏州在中国城市史中的地位

在其完全汉化(sinified)之前的长时期里，苏州所在的区域处在中国文化影响力的前哨地带；它的历史可以追溯到公元前12世纪。在公元前3世纪随着帝国的建立，它成为本地和区域行政的治所。但是长江下游是在帝国早期的几个世纪里才被慢慢吸收进来的边缘地带，而苏州重要的发展时期只有在公元9、10世纪中国的人口重心开始转移到长江流域时才真正开始。该地区优越的经济发展条件，有利于在

① 见罗兹曼前注中提到的著作。

农业上获得更高的利润,也有利于通过水路运输把农产品成本更低、更加方便地分销出去,这为苏州的富裕提供了现实的基础;因处在大运河岸边并且靠近运河水道穿过长江的交汇点,苏州可以被看作长江下游地区的排水中心。一场可分为两个阶段的农业革命尤其使这一地区受益良多。这场革命开始于宋代早熟稻的引进和改良,随后通过持续的技术进步并在16世纪后以从新世界引进粮食作物为标志的第二阶段结束。[①] 农业生产力的增长以及农副产品的种植解放了以种植水稻为生的农民,使其不再为了自身的生存需要,把这些基本粮食的大部分保留起来;在日益增长的人口中,更多人口能够从事次级生产(secondary production)和分配。商业、手工业和金融业在规模和数量上快速发展。奢侈品的生产以及纺织业的发展(首先是丝织品,其次是14世纪后棉纺织业的快速增长)是苏州地区的典型特征。更多的劳动力被吸纳进这些第二产业的经济活动,苏州则扮演了吸收和使用这些劳动力的组织者角色。原材料的聚集和制成品的分配把更广阔的内地吸引进来。感谢水运交通的便捷和经济,苏州成为水域的中心,也成为一圈正在发展的卫星城的中心,这些卫星城是吴江、昆山、常熟和无锡,它们在16世纪以后人口都达到了10万这个级别。该规模的城市在再远一点儿的外围同样存在,并且整个地区被相当于卫星城一半大小或更小点儿的繁荣市镇所覆盖。尽管苏州一直是该地区最大城市,苏南的城市发展是普遍的,并没有导致单一城市的片面增长。

在中国,财富的获取并不必然导致系统性的资本积累,也不一定会使资源向经济活动配置以产生最大的回报。在扬州——离苏州最近的大城市,位于扬子江北岸——该城市特定的环境会给其领袖

① 参见何炳棣《中国历史上的早熟稻》(P'ing-ti Ho, *Early — Ripening Rice in Chinese History*, in *Economic History Review*, 2nd Series, IX, No.2, December, 1956);关于农业改良对人口增长关系的进一步讨论,参见同作者的《中国人口研究,1368—1953》(*Studies on the population of China, 1368—1953*, Cambridge, Mass: Harvard University Press, 1959)。斯波义信在《中国宋代的商业与社会》(Shiba Yoshinobu, *Commerce and Society in Song China*, translated by Mark Elvin, Ann Arbor: University of Michigan, 1970, pp.50—59)的注释中也对该地区的农业财富发表了评论。

商人集团带来巨大的财富，但这个商人集团中，奢侈性消费和不寻常（irregular）的行为却成为生活的基调。[①] 在运用资本方面，苏州显得更加典型；苏州把大量多余财富投资到土地和获取文化上。在获取社会地位和达到小康水平（moderate wealth）方面，这两者都是安全和可靠的投资；这两者也加强了中国文明的规范元素及其对文化保守主义的偏爱。苏州致力于这一点并且着力培养各种中国艺术，首先是文学艺术，当然还包括音乐、绘画、书法、手工艺、装饰艺术以及其他次要艺术，它们都促进了苏州人优雅生活的形成。同样，苏州人坚持读书学习，这是获得社会地位以及仕途的途径，也是所有能负担得起的人的声望之所在。苏州把大量的钱财花费在私家园林、艺术品收藏以及宗教组织上；苏州人的衣着打扮、宅邸、精致的饮食、画舫、妓院、戏剧以及节日都被认为是全中国最好的。如果这些论述也被同样用来描述其他地方（而且，它们通常只用于中国同一区域的其他地方），这只会证明在多中心的中国城市生活中，苏州在所有竞争对手中是第一位的。

简单地说，以上讨论向我们提供了理解苏州的基本情况，并且提供了在中华帝国最后几个世纪中，在中国人的思想中关于苏州形象主要的表面性描述。让我们进入这个城市并近距离地观察它。

4. 苏州观察

在19世纪末年一直到20世纪的第一个十年期间，一位名叫杜布西（Hampden C. du Bose）的美国长老会传教士住在苏州。他是一位缺乏批判性和并非见多识广的历史学家，尽管如此，他却是一个有感知力的观察者。他在1911年写了一本关于苏州的旅行指南，向我们很好地展现了一位外国居民观看苏州的方式。下面就是这本旅行指南的开头几行：

---

① 何炳棣：《扬州的盐商》（P'ing-ti Ho, *The Salt Merchants of Yang-chou*, in *Harvard Journal of Asiatic Studies* 17, nos. 1—2, June. 1954）。

在大运河沿岸，上海以西80英里、太湖以东12英里、长江以南40英里的地方，坐落着一座盛名远播的城市，东方丝绸之都。甚至在这脚步匆匆的20世纪，许多仰慕者仍充满虔诚，敬意地站在这座古代的雕塑面前，凝望着这雕塑参天耸立，似乎刺破云霄。[①]

“古代的雕塑”(statue of antiquity)似乎是苏州的比喻性指称，因为它体现了所有中国人描述其古迹时体现的价值。但也有可能杜布西博士通过这一名称来指称苏州的北寺塔(Great Pagoda)。北寺塔坐落在苏州北部混杂着大量佛寺的区域内，有250英尺高，是当时全中国最高的建筑。[②] 作为一处遗迹，将会在下文讨论它。在这里，我们需要留意的是当一个游客来到苏州时，这座佛寺宝塔高出城市中所有其他建筑，成为天际线中最主要的标志。

考虑到现代游客的便利，在1911年，杜布西博士建议通过刚开通的从上海起始的铁路抵达苏州。但是他提醒，“从观察城墙来说，(这样)不如我们坐船在环绕苏州的运河上航行时那样便利”。他意识到水路交通对这个地区及这个城市的重要性：

我们的城市坐落在帝国最大的人工运输线京杭大运河的边上。这条大运河大约有50—100码宽，上面横跨许多宏伟壮丽的石拱桥——其中一座靠近苏州，有53个拱。在这条巨大河流上，当大船和小舟的白帆在风中招展，纤夫们沿着纤道逆风拉着纤绳之时，这是多么动人的画面。在内河航运上，苏州是一个枢纽。又大又宽的运河从这里会有很多分叉，据说伸向每个方向，所有这些分叉，就像中国船夫所说，仿佛“一只蜈蚣”。在这片水量丰

① 杜布西：《指南》，注释8。我要感谢莱斯大学历史系的罗伯特·开普教授(Prof. Robert Kapp)，他在旧书店中发现了该书并拿给我看。尽管该书年代和作者所处环境导致其具有一些奇特并偶尔显得傲慢的风格，但苏州历史的研究者会发现这本小书非常值得阅读。

② 南京的大报恩寺塔，又称“瓷塔”(Porcelain Pagoda)，更高，它建于15世纪早期，在19世纪中期的太平天国运动中被毁。关于它的高度，有不同的说法，从276英尺到300英尺不等。

沛的平原上,沿着数不清的或左或右分叉的河道,没有一个城市、市镇、村庄或小村庄是通过船只不能到达的,这对那些行商来说是多么诱人。(第7—8页)

1911年苏州的富裕给这位美国人留下了深刻印象。他描绘着该地区富人高雅的宅邸,尽管他可能从来都没有被邀请进入这些宅邸。他告诉我们苏州人的文雅,他们在华丽服饰和精致食物上高雅的品位。他注意到地方银店和本土银行巨大的资本积累。他清楚地认识到,当地财富的基础是长江三角洲地区不可思议的多产的水稻栽培,以及相伴而生的纺织和手工艺技术,还有商人的企业智慧。外国资本在19世纪中叶开辟了上海,使之成为通商口岸,尽管从多方面衡量,上海已迅速超过了苏州这座更古老的城市,但是附近这座国际化城市的迅速成长并没有榨干苏州的商业和财富。对杜布西来说,北寺塔象征着苏州长期保持的优势地位,从其最高处提供的视野也证实苏州的富饶是真实的:

北寺塔是(江苏省)省会的骄傲,它是这片土地上最高的,也是中国最高的建筑。让我们站在它旁边凝视这个世界上最伟大的奇迹之一!数数这楼层,瞧瞧这走廊,看看这门,就像许多的鸽子笼,在这些令人头晕目眩的高大建筑物中,人类就像侏儒一样!想象一下地基,用砍削过的石块组成的方形支撑起这座畏人的砖石建筑,在塔底部周围的第一层是一圈棚屋,这些棚屋的直径有100英尺或周长有100码。看看云间浮雕的图像,或坐落在房顶上,或隐藏在壁龛中,或庄严地矗立在神殿里:佛教的神在里面,婆罗门教的神[原文如此]在外面——大约有两百多,这是一座异教的庙宇。塔的设计者克里斯多佛·雷恩爵士(Christopher Wren)的名字并没有出现,但我们能领会这位大师的技艺。塔的墙体呈八边形,一堵墙在里,一堵墙在外,或者说是一个宝塔套着一个宝塔。每堵墙厚十英寸,在两堵墙体之间是平稳上升的台阶。在到下一层楼之前有一段环形的走道，楼板由两平方英寸的砖块铺设而成。塔有九层，每层有八扇门和连接的通道，厅里挂满了灯。此塔比例如此完美——底部直径60英尺，越往上直径越小，到顶层只有45英尺。当你向上攀登的时候，每上一层，高度就会更矮，门也会更小，走廊也会更窄。在塔的回廊上踱步，你会看到整个城市都在你的脚下。护龙街(Dragon Street)向南一直延伸到文庙，繁华的西北门，城隍庙建筑群，西边的太湖，还有群山以及坐落于突出高地顶端的别致寺庙，每隔四英里点缀一个小村庄的平原。看看南边的塔——它是吴江城的标志。通往上海的水道在阳光下闪闪发光，沿着水道往东看，你的目光会停留在一座山上，那就是昆山。在山脚下西北方三十英里就是常熟，是一座有10万居民的城市。沿大运河向西北方向看去，在三十英里的地方是锡山、惠山(Mount Wei-ts'ien)，边上的无锡是一个有15万人口的城市，而且这三十英里半径范围内，有一百多个市镇，其居民从1 000到50 000不等；还有大约10万个村庄(villages)和小村子(hamlets)，在视力范围所及之内或许有500万人。(第39—40页)

恰恰在九百年前，也就是1072年，众多的日本游客来到宋代中国，其中一位来到了苏州。这位日本佛教僧侣石井(Monk Seijin)从最通常的路线来到苏州。他从杭州出发，沿着大运河一路北上。杭州城在不久之后成为南宋首都，也是一座繁华的城市！在去往苏州途中，他在日记中写道：

这里有木桥，也有石桥；这里桥梁众多，以至于我都不知道到底有多少；当我们到达茶灵亭(Ch'a-ling Pavilion)的时候，有一座桥叫做李王桥(Li-wang Bridge)，长一里二丈，(大约1 800英尺)，有48个桥墩。这座桥有一个高高的朱红色油漆的栏杆，在桥上

> 有四座塔楼。我们穿过这座桥……然后我们来到了吴江县城的城墙外……穿过这座城,我们继续前进……在继续走了四十五里之后,在黄昏时刻我们来到了府城(苏州)的城墙边。我们在城墙外停了下来了,并在此过夜。[①]

那是在1072年10月16日的晚上。在第二天清晨,他乘船穿过了一座水门进入苏州城,所有的水门都坐落在紧挨着它的陆门旁边。

在继续沿着大运河北上,到达目的地——著名的佛教中心山西五台山之前,石井花了两天的时间参观苏州。他来苏州的一件紧要事儿是参观寂照大师(Entsu Daishi)的纪念神龛。寂照是一位日本僧侣,11世纪早期于苏州圆寂。他需要去郊区的普门寺院(Pu men Monastery)。苏州的社区和宗教领袖为他安排了行程,给他分配了十个人,其中四人抬轿,其他人在前后护卫。慷慨的接待,众多的赠礼,以及在其整个访问期间所展现出的其他礼节,是记录的主要内容。不幸的是,与稍后的那位神职人员杜布西牧师相比,他的日记较少关注景物。石井遇到同样的景物,可能还怀有更虔敬之情,但是他对这块地方富饶和壮丽的论述可以和杜布西相比。“所有政府衙门和住宅在宏伟与规模方面与杭州相似。市场的商业超乎想象。有大约360座巨大的石桥,不管是东西南北,都有水道贯通。”石井还拜访了一些有名的僧侣,参观了报恩寺(北寺塔所在地)。他谈到苏州园林有假山、溪流以及其他一些别致的设计,并再次发现,这是“超出想象的”。在其1072年对苏州的考察中,他遗漏了一处。他没能提及北寺塔——这座苏州“古老的雕塑”,毫无疑问,它是近千年大部分时间中苏州最壮观的宝塔。

---

① 这里引用的段落译自石井的旅行日记,*San tendai godaisan Ki*。我使用的版本收在名为Shiseki Shuran的日本历史资料合集(*Shiseki Shuran*, Tokyo, 1898, vol.26, pp.647—814)中;该段落的英文翻译出现在其中的*Chuan* 3,在第692—694页。我要感谢Kato Shigeshi关于苏州的文章“Soshu Konjaku”提供了以上信息,该文收在其关于中国旅行的文集*Shigaku Zasso*(Tokyo,1944)中;也要感谢Jae-hyon Byon先生提醒我注意这本书。石井和寂照(Entsu,原名Jakusho)的传记,可在日本《高僧传》(*Lives of Eminent Monks*, the *Honcho Koso den*, 1702, *ch.* 67, pp.11a—14b)中找到。

5. 苏州和中国人对过去的理解

日本的来访者僧人石井没提及北寺塔，可能是由于该塔正处于严重的失修状态。甚至可能在1072年，北寺塔大部分已经倒塌：我们只知道在十年之后北寺塔进行了彻底重建。北寺塔是苏州“古代标志性建筑”之一，是这座城市与过去众多联结中的一个，然而为了避免与我们传统中过去的物质历史遗迹进行误导性的类比，我们必须考虑它是一种什么类型的联系，指向什么类型的过去。这与城市所扮演的角色有密切的关联，在城市扮演的角色中，这种联系的积聚可以起到非常重要的作用。

在对苏州的大街和建筑的描述中，杜布西牧师记叙道：

> 这座城市没有古代的遗址。当地的历史告诉我们：许多过去数世纪中人们引以为豪的著名建筑已经消逝，当然这些建筑的墙并不像古希腊与古罗马一样用方石砌成，可以阻碍岁月的侵蚀，而是使用易碎的砖块和雕刻新颖的木头；当一场大火席卷街道，或一场破坏性的叛乱横扫大街时，就不会留下任何东西来告诉我们以前的光辉传说，只剩下身首异处和残缺不全的石狮子。（第32页）

他的观察大部分是正确的。那么，苏州是一座充满古迹的城市，还是一座古迹意识来自其他事物的城市？在我们的传统中，以真实的物质实物来衡量古迹的存在。中国没有像古罗马竞技场（Roman Forum）一样的遗址，甚至也没有比它晚1 000年的吴哥窟（Angkor Wat）。中国没有像古罗马的万神殿（Pantheon）和伊斯坦布尔的圣索菲亚大教堂（Hagia Sophia）那样一直使用的古代建筑。中国没有这些，不是因为不能如杜布西所指出的“像古希腊与古罗马一样用方石”

来建造。① 中国没有这些遗址,是因为态度不同——对实现不朽成就方式的态度不同,对于建造和实现持久丰碑方式的态度不同。

中国文明在其建筑中很清楚地显露出来,中国的建造动机与西方的建造动机有非常广泛的不同。同样,城市的物理形态和物质材料以及城市历史遗迹(monuments)保存和传递古迹(antiquity)价值的功能,也不同。

苏州的北寺塔很好地证明了这一点。地方史书告诉我们,该塔附属于一个寺庙,它初创于公元3世纪,是现在的报恩寺的前身。这是它被视作苏州历史遗址的开端。但是这座寺庙在几个世纪中坐落于城墙内侧的不同位置,直到10世纪,它以宏伟的方式重建。从那时起,复原的寺庙建筑群才定位于现在的位置——苏州中央大道的北端。事实上,自公元6世纪,一个重要的塔已经出现在那个位置。当这座11层的老塔倒塌后,在1072年僧人石井来访后不久,它于1078—1085年间令人难忘地重建起来。随后,在女真征服北宋的战争中,该塔和与之一起的寺庙建筑在1130年被毁。经过二三十年,寺庙和宝塔在12世纪中期再一次盛大重建。现在,宝塔有9层,和原先11层的塔相比差不多高或更高。被画在1229年地图上的塔是现存宝塔最直接的前身,但是它也经历了1449年的重要重建,1570年被烧毁,1582—1590年间完全重建;在之后的十年开始出现倾斜的征兆,然后在1603年被纠正和修复。1671年,它被彻底修复,但太平天国运动期间,1861年苏州被起义军占领,寺庙被夷为平地,宝塔被毁坏,只剩7层。再一次,佛教虔诚与本地骄傲相结合,寻找资源将其重建,于1900

---

① 中国建筑的流行风格与样式似乎代表了一种有意识的另类选择。有充足的证据显示,在工程方面、对拱和筒拱原理的理解方面以及砖石建筑技术方面,中国建筑技巧中有很多与古希腊和古罗马相似的元素。中国的石桥,其中上百座出现于宋代甚至更早时期,运用了复杂的工程原理和完美的具有相当跨度的石拱结构,这在苏州地区数量众多而且尤其著名。一座可以追溯到宋代的苏州寺庙被称为"无梁殿",因为它使用砖石筒拱来支撑巨大的空间,而没有使用更通行的中国传统风格——梁柱结构;它看起来更像罗马风格的教堂,只是缺少了耳堂和后殿,这充分证明(中国人)具备建造经久性纪念建筑的能力。方便的关于中国建筑的概览,可参见刘致平《中国建筑类型及结构》(北京:建筑工程出版社,1957年),该书配有草图、图表和照片。也可参见博伊德·安德鲁《中国建筑与城镇规划》,伦敦,1962年(Andrew Boyde, *Chinese Architecture and Town Planning*, London, 1962)。

年完工。杜布西牧师在20世纪初所爬过的就是这个刚建的、全新的塔,他称它为苏州"古代的雕像"。

这段历史对中国的历史遗迹来说是典型性的。即使是在美国,也没有一座建筑可以依靠这样的血统(pedigree)来号称一处真正的古迹,更不用说在罗马。在罗斯金的《威尼斯之石》(Ruskin's *Stones of Vencie*)中,这当然更不会有多大的价值。如果维奥勒·勒·杜克(Viollet-le-Duc)因其在法国努力去除各种后来积累以重返建筑最初设计状态的修复工作,被认为是迂腐的,是侮辱古迹和亵渎历史,苏州北寺塔的历史又会在具有历史头脑的建筑学学生中激起什么样的情感呢?①

这一点强调的不是中国不留恋其过去。他研究过去,并利用它去设计和维持其现在,就好像不存在其他文明。但是像苏州这样的古老城市作为纯粹的物质对象是"超越时间"(time free)的。它们以特别的方式成为过去的储存室——它们体现和暗示着那些与存于它处的价值的关联。过去是文字(words)的过去,而不是石头的过去。中国保存了人类关于过去的文献中最大量和最长久的部分。它持续地检查其用文字记录下来的过去,并使其在现实生活中发挥作用。但是,中国没有建立卫城,没有留下古罗马竞技场,这并非因为缺少材料和技术。中国古迹中耐久的石质建筑中最典型的是地下的墓穴,在帝国后期,则是桥梁。这些墓穴和桥梁是为另外的用处服务的,显示人类伟绩的公共历史纪念物并不依靠这种方式。

中华文明并不将其历史存放在建筑之中。即使其宏伟宫殿和城市综合体强调宏大布局,利用的也是空间,而不是建筑,建筑只是作为相对来说

---

① "维奥勒·勒·杜克1840至1870年的法国建筑界居统治地位,这既基于其作为一个修复者的工作,也基于其写的著作。韦兹莱、圣丹尼斯、巴黎圣母院、亚眠、查特斯(Charters)、兰斯、图卢兹的圣塞尔南,以及后来的卡尔卡松和皮埃尔丰,几乎所有中世纪的伟大纪念建筑都通过他的手流传下来,有些也成为他的牺牲品。现在我们非常严厉地评价他的修复工作,这并非不公正。抛开他的自负不说,**没有心灵是非历史的,如果我们用这个词表达对过去的尊重**(*no mind was less historical, if by this we mean respectful of the past*)……"(着重标记为作者所加)。皮尔·拉瓦丹:《法国建筑》(Pierre Lavedan, *French Architecture*, Harmondsworth, Middlesex: Pelican Books, 1956),第146页。

非永久性的上层结构被添加进来。[①] 中华文明似乎并不将历史遗迹倒塌或毁坏视作冒犯或侮辱历史,只要它们能够替代或恢复并重新发挥功能。简言之,我们可以说,真实的苏州的过去是心中的过去,其不朽的元素是人类经验的各种瞬间。唯一真正持久体现人类永恒瞬间的是文学。

地方志中一些章节题为"沿革"(historical outline)或"建置"(establishment and construction)涉及地点使用的历史,其他题为"街巷"或"桥梁渡口"或"宅第建筑"或"寺庙"或"遗迹"的章节,则列出城市所有物质成分,并伴随着描述它们的条目。然而,实际上,它们即使被描述了,也是描述得很少的。篇幅通常给了城墙,但是给予建筑的描述很少。换句话说,举一个例子,提到一座桥,其建立或重建日期可能会随之被提到。但"描述"通常会是一首附录的诗,或一系列按年代排序的诗集或纯文学性的散文,它们每一个都或多或少与桥有明确的联系。地方史志的质量不等,从编纂目的来说,一些更为实用,一些则更具文学性。[②]

即使在1883年出版的名为《苏州府志》的地方志中,在横跨西北郊大运河的著名的"枫桥"标题下也有这样一个条目。唐代诗人张继的诗让每个中国人都知道这座桥,许多西方学生从赵元任的《国语入门》(Mandarin Primer)第22课学习了这首诗。想从这本方志中了解

---

① 使用某种不同的概念和为了不同的目的,芮沃寿强调城市土地规划的重要意义和建筑的非实体性质(insubstantial nature)。在其亚洲协会主席就职演讲中,他指出中华帝国早期的首都是"蜉蝣城市"(urbs ephemera);参见其《象征与功能:对长安和其他大城市的反思》,《亚洲研究杂志》1965年第4期(Arthur F. Wright, *Symbolism and Function: Reflection on Changan and Other Great Cities*, *Journal of Asian Studies* XXIV, No.4, August, 1965),第667—679页,尤其是第676—679页。也可参见芮沃寿的《中国城市的宇宙论》,载施坚雅编《传统中国的城市》,加州斯坦福:斯坦福大学出版社,即将出版(*The Cosmology of the Chinese City*, in G.Wm. Skinner, ed., *The City in Traditional China*, Stanford: Stanford University Press, forthcoming)。有人可能会怀疑中国人关于财产的观念具有调节作用,降低了建筑的价值。中国社会"缺乏财产观念"的说法经常被提及,这或许可以解释中国人较少在浮华家庭宅院上的投资;传统中国精英似乎从不通过豪华宅院来评定精英的地位,尽管其生活方式在其他方面非常奢华。意大利文艺复兴时期城市中的宫殿(palazzi)们并不仅仅是保护其城市的贵族居民;这些贵族面临着持久的地位和财产的竞争,王子必须超越伯爵和公爵,国王必须展现其威严。中国社会是通过其他方式。

② 明代中期一批著名学者开始编纂苏州的地方志并且于公元1506年出版,名《姑苏志》,这是苏州史志中最具"文学性"的一个;它经常被誉为明代最好的地方志。关于这本书及其他苏州地方史志的讨论,参见张国淦《中国方志考》,"第四部分江苏省",《禹贡》第4卷9期,1935年。(Chang Kuo-kan, *Studies on China's local gazetteers*, in *Yu-kung*, 4, No.9, 1935)

这是一座什么样的桥时，会找到下面的话：

> 枫桥：在阊门西七里。（接下来的一段指出“枫”这个名字是不正确的；一个与“枫”同音异义的词才是最初的名字，但是因为张继的诗称之为“枫桥”，所有人就这样写了）……现在的桥是1770年修，1867年由长洲县地方官蒯德模重建……（译者按：此处为原文直译。光绪《苏州府志》卷三三“津梁一·枫桥”条原文为：“枫桥：在阊门西七里。《豹隐纪谈》云：旧作封桥，因张继诗，相承作枫。今天平寺藏经多唐人书，背有封桥长住字。国朝乾隆三十五年修，同治六年知长洲县蒯德模重建。”）

接下来是一小段诗集选，从张继的诗开始，这首诗将一个孤独旅人的心情与这座桥联系在一起。第二首诗是晚唐诗人张祜（Chang Yu）的，这首诗建立在张继创建的联系之上；他的诗表达的是，当船在雨夜停泊枫桥时，旅行者所油然而生的长期分离后的孤寂之感。（译者按：张祜诗云：“长洲苑外草萧萧，却算游人岁月遥。惟有别时今不忘，暮烟疏雨过枫桥。”）接下来的一首诗是宋代诗人范成大的，他是苏州著名的范氏家族的成员。[①] 这是一首不常见的送别朋友的诗，使用旅人的主题，但是伤感情绪有所减弱。（译者按：范成大诗云：“朱门白壁枕湾流，桃李无言满屋头。墙上浮图路旁堠，送人南北管离愁。”）然后是14世纪苏州本地人高启的诗。这是一首“咏物”诗，在这里，这个物就是著名的枫桥。高启注意到，苏州城的三百座桥中，这座是最出名的，这都是因为张继的诗，每一次他路过枫桥，都会想到其唐代的先辈——仿佛听到乌啼声，看到了月亮，听到远处寺庙的钟声，就像张继诗里提到的一样。（译者按：高启诗云：“画桥三百映江城，诗里枫桥独有名。几度经过忆张继，乌啼月落又钟声。”）最后一首诗是高启的同代人张

① 参见杜希德《范氏义庄》，载尼维森、芮沃寿编《行动中的儒教》，加州斯坦福：斯坦福大学出版社，1959年，第97—102页。（Denis Twitchett, “The Fan Clan’s Charitable Estate”, in D.S. Nivison and A.F. Wright, eds., Confucianism in Action, Stanford: Stanford University Press, 1959）

羽的,他的诗又一次将孤独悲伤的旅人与枫桥联系起来,他在诗中暗示,这些旅人在繁忙世界中奔走,其追求的价值却可能存有疑问。[①](译者按:张羽诗云:"晚泊枫桥市,冥搜忆旧游。月明天不夜,江冷水先秋。岸曲依渔艇,林低出戍楼。堪嗟名与利,白却几人头。")

所有这些和枫桥联系在一起的心理历史学材料中,作为物体的桥并不重要;我们没有被告知桥是用什么材料建造的,有多大,或者它看起来怎样。除了提及18和19世纪的重建,我们不知道它从唐代以来是什么样的物质存在,尽管从那时起,因为一位诗人和枫桥联系在一起,从而使它开始在历史中变得重要。这些诗都描绘了一些经验或思考的瞬间,其中一些由该桥所激发,但更多的时候,是间接通过该桥从早期的诗作中获得灵感。没有一首附录的诗提及枫桥的物质存在。枫桥作为一个意象(idea)存在于知道这首诗的所有中国人的意识里,这意味着,每一个有文化的中国人和许多有初等文化者甚至没有文化的中国人,都普遍熟悉标准的唐代诗选。再进一步而言,对他们来说,该桥的真实性并不是构成跨度的石头造型,而是它与那些永恒瞬间的联系;永恒的瞬间体现在文字之中。物质存在是完全次要的。任何人试图在其同胞心中实现不朽,不会首先选择修建一些宏大的石头纪念碑,而是首先培养自己的人文才能,这样就能够通过文字永久地传达自己,或者至少在伟大诗人或散文家的不朽篇章中被提及。

在阅读了苏州地方史书之后,你可能很容易认为这座城市是观念上的古墓。探索它的考古学家们必须通过梳理不断层积的语言造物,像在苏州居民心里所呈现的那样,重建过去的城市环境。这些流传下来的文学作品,仅选择性地保存在地方志中,更多地保存在学者的藏书楼中,它们之于苏州,正如竞技场之于罗马。通过这些文学作品,每一个受过教育的中国人能够在头脑中重建一个现实的苏州,没有古老石头上的裂缝和伤痕。他甚至可能喜欢一个实用的、基本上重建的桥和宝塔,超过一个古迹的残骸。我们必须假设,即使是大街上的普通人,在其意识中也存在一个观念中的

---

① 牟复礼在《诗人高启1336—1374》中讨论了高启和张羽。(F.W. Mote, *The Poet Kao Ch'I 1336—1374*, Princeton University Press, 1962, ch.33. pp.11b—12a)

真实城市，就像他们生活在这个城市漫长历史所造就的物质遗存中一样。

6. 空间中的苏州与苏州的空间

在1229年地图和1945年航拍中都可见的城墙和其他的面貌，是相同的城墙、城门、内外护城河。同样，1900年最后一次重建的北寺塔与1080年或1150年或1449年或1590年，或者任何时间建的宝塔，是一样的。城墙的长度在13至14英尺之间，环抱着这片占据超过两千年的地点，但是城墙具有现在的长度和精确的位置，可能是在公元626—875年。当922年重建和加固时，它第一次拥有了砖石墙面，并且在随后的历史中，扩到了其可能最大的规模，也就是大约25英尺高和底部25英尺厚。在1280年，忽必烈汗统治初期，由于害怕有围墙城市成为汉族居民抵抗的堡垒，蒙古统治者规定了很多城市城墙的尺寸。我们不能确知苏州的城墙在当时被拆除的彻底程度，但是在1350年，蒙古人紧急命令重建原先命令拆除的城墙，以便保卫蒙古守卫者，对抗汉族叛乱者。那时，在众多叛军中，有一个首领占领了苏州，城墙在其手中得到重建。在1229—1945年间，任何城墙自身轻微的变化，几乎都不影响街道、运河、桥梁，以及主要寺庙和政府建筑的布局。实际的土地利用可能已经发生变化，但是保持了其持久的物理外形，以及具有持续性的空间利用形式。这个用墙围住的区域超过12平方英里，为25万—50万居民提供舒服的居住空间，尽管他们几乎完全住在一层楼的房子里，并且每一座房子都附有开放的地面空间。[①] 城墙包

① 要了解这些数字的蕴涵，50万人口居住在12.5平方英里范围内，则密度大约为每平方英里40 000人。这可以达到平均700平方英尺一个居民。如果计算差不多29%的空间可能被街道、公共建筑物和富人更大的房子占据（或大约每700平方英尺200），则仍然每一个居民留有500平方英尺的土地空间，或者一个五口之家拥有2 500平方英尺。这可以允许有一个1 500平方英尺的一层楼的房子和一个1 000平方英尺的敞开的院子或工作间。按照总人口（除了非常富有的）平均计算，似乎在理性的范围内。最初的苏州布局及其界限和我们今天看到的差不多，但今天其人口可能已接近250 000人：城墙内的人口可能从没有达到40万至50万，因为在最近一千年的大部分时间里，城墙外的建成区域可能容纳了20万或更多的居民。17世纪的学者顾炎武提到，宋代苏州是宽阔城市布局的典型，并惋惜在此后的建设中失去了原有的规模和范围。

裹着这片空间,就像大多数其他城市物质成分一样,以其现在的形态和现在的功能,存在了一千年,甚至更久。

在苏州作为一个城市的显著的持续性中,城市个别部分的暂时性及其形态和物质存在的稳定性,和弥漫于生活中的关于过去的意识一样,是中国城市的典型特征,也是中国文化的典型特征。

当我们从城市垂直的空间绵延向其横向的空间延展,我们再次感受到中华文明一些与众不同的特性。与欧洲前工业化城市相比,中国的城市是一个很开放的机构,没有法律或社会地位将城市居民与农村居民区别开来;他们甚至不构成不同的行政单位。一个城市的居民并没有意识到,他们自己是一个紧密结合在一起的、会自我延续的城市群体。他们没有城市机构可以隶属,很多人在乡下有自己的家庭和家族基础,这是他们的主要组织关系。城市内外有很多的日常流动,并且尽管某些社会必要功能不得不处于人口稠密之处,也没有必需的模式去规定其应当处于城墙之内和城墙之外。唯一的例外是行政部门自身的管理水平。地方和区域政府总是坐落于城墙之内,并且到帝国晚期,它们一般总是坐落于县城中。实际上,这就是城墙的意义。除了罕见的紧急情况,城市一般不将城墙视为屏障,而是在其日常存在中将城墙视为官府的标志。没有明确的空间利用模式将中国社会中的城市和农村地区分隔开来。在城乡交汇之处,也就是,在城内和城市周围,空间利用形式是相互渗透延伸的。

此外,向上的社会流动并不局限于城市部分,而是以城市为中继站。也就是说,农村与城市社会元素之间的社会互动模式是深刻地互相牵扯在一起的。在帝国后期,也许存在一种精英向城市集中的趋势,但它至多是一种趋势;在中国社会史的传统时代中,精英们在空间上分布广泛,而且在其心理上,乡村取向和城市取向一样多。苏州之所以在中国这样著名,正是因为其成为实现中国式生活理想达到很高程度的一个地方。我们在苏州观察到的城市空间拓展和城内空间利用或许不是非常典型中国式的,但是这里体现的模式肯定与中国文明的性质有指示性的关联。

城市空间的扩展可能在社会经济生活中看得最清楚。城市是销售和分配网络中的组织节点,也是金融和银行系统中的组织节点。但是,在苏州这个案例中,商业和银行集中在城外,处在城墙西面的郊区,沿着大运河延伸出去。至于手工业,丝织业集中在城内的东北角,但是棉织业在城外,而且相当分散。著名的苏州染色和印花棉布手工业则分布得更广。熟练工招聘点,主要招短工或日工,既设于城内也设于城外。鱼、鲜果蔬菜和某些手工制品等产品的专业市场位于10—15英里远或更远的市镇;它们常常服务于苏州,从专业性和重要性来说,就像苏州以其他方式服务于它们一样。在城内,不论是官场还是商业和工业精英阶层,都没有明显的穿戴、居住、生活方式上的城市模式;在城外,在小市镇或真正的农村,这些也没有什么不同。① 不用去描述经济生活的各种细节,我们就可以得出这样的结论,即城市的活动和社会态度远远超出了城市范围,即使是在这样一个本质上是农业性的社会之中。

教育组织显示了中国社会的某些性质。在理论上,这是一个有强烈的成就导向、注重通过教育获得成就的、开放的社会。获取地位的途径是教育,它可以通过财富得到很大的帮助,但不能被买到。城市帮助去产生和聚集财富,财富的多数被用来支持教育,这并不仅仅是对财富的拥有者如此。在通过财富来支持并和教育相关的各种追求中,有一个明显的趋势在起作用。在明代和整个17世纪,这些活动似乎在很大程度上利用处于城外的农村地区的资源。那些最负盛名的教师聚集的私家书院,坚持乡村理念,并且通常设于乡村环境中。后来,在清代,从18世纪起,因为政府的参与,它们倾向集聚在城内和城市周围。但是,所有制作和出版书籍的过程仍然是典型的乡村活动,支撑书籍制作与出版的纸墨等手工业也同样如此。这段时期重要书

① 大量的证据显示,文化形式上的城乡连续性(urban-rural continuity)并不仅仅是官僚—学者类型精英的模糊理想。举例来说,郭汉编《苏州砖刻》(上海:上海人民美术出版社,1963年)一书调查了公共建筑、寺庙和上层居民用来装饰墙壁和门厅的典型艺术形式。其中所举例证和讨论范围从16世纪直到19世纪,其范围从整个城内、郊区到市镇和乡村,存在细微不同的时代风格,但却完全看不到城乡差别。

籍的写作似乎很少依赖于知识分子在城市的集中。

尽管如此,大的区域城市却可以在城市网络中建立和维持一些在中国社会中实现社会和官方成功的不寻常途径。在整个帝国晚期,没有城市在这方面比苏州更引人注目。具体地说,苏州为其直接所在的小地区——府——提供了科举考试的场所。因此,这个地区的士子在其追求科举成功的路上都必经苏州。在这一过程中,有大量闲散人口倾向于停留在苏州这样的城市中,因为即使没能像其他人一样获得当家庭教师的机会,这个地方的财富也可以提供其他就业机会。一种独特的教育传统,从本地性格中成长起来,并发展为一种特殊的地方自豪感,这帮助苏州为文化目的而招募资源。苏州吸引了思想家和作家,退休的高官和所有那些为满足其艺术、炫耀式消费、医疗和其他科学、娱乐和刺激需要的人才。即使其中的领袖人物定居在城外的乡村,他们也利用着城市。那些满足以上人物欲望和需要的社会中的服务业群体发现,在城市区域生活是容易的。当一个地区因为这些事物而变得有名时,它吸引了更广泛领域的人才,如此,甚至会变得更出名。在苏州,这种情况自宋代已经确立,并且成为以这种方式继续发展、在蒙元时期也没有被打断的少数几个区域之一,当时生活的众多方面在帝国的其他地区都被打断。

因此,在苏州内外,一群学者、知识分子和高等文化的制造者在流动;在地方层面上,所有的府县都是如此。此外,在区域层面上,也形成了同样的社会要素的流动。最终,到16世纪或更早,这种内外流动吸引了全国的人才,并因此回馈整个国家。从来没有一个城市主导中国,经济如此,商业如此,文化上也如此。但是苏州的财富接近于支配中国最富有地区的金融和贸易活动,它的知识和文化生活也接近于任何一个扮演整个国家支配角色的城市。①

---

① 参见宫崎市定非常具有启发性的文章《明代苏松地方的士大夫与民众》(Miyazaki Ichisada: "Mindai Sosho chiho no shidaibu to minshu", *Shirin*. 37. No.3, June, 1954),第219—251页。宫崎将明代苏州与法国巴黎及德川日本的东京、大阪进行比较。他的文章聚焦于苏州酝酿出的反抗儒家正统主义的精神。

鉴于苏州在国民生活中所扮演的角色范围日益扩大，它所扮演的角色可能比大多数城市在某种程度上普遍扮演的角色更重要。城市扮演的角色与密度(density)的功能相关，这种功能使某些活动成为可能，它为个人提供城市社会关系，而这在一个小的乡村环境是提供不了的。城市背景是一些个人主义形式出现的必要条件。每一个城市居民与陌生人有一系列日常接触，这在乡村是不可能发生的，他在心理上必须接受这种状况，甚至利用这种状况。一些关系变得去个人化(depersonalized)了。匿名状态在村庄中是无法想象的，但在一个大城市中却经常存在。小马利安·列维(Marion J. Levy, Jr)充分发展了这些观点在社会理论中的应用①；但其对传统中国的意义还没有充分展现。也就是说，我们对城市中的行为和日常生活模式并没有足够的了解。这些模式在实践中限制了许多人的有效接触局限于一个知名人士的小圈子吗？也许如此。但是，毫无疑问，在苏州这类明清时期传统城市中，更自由地表达个人的怪癖是可能的，离经叛道的行为可以避免如果在村庄中可能被强加的监督与限制。在苏州，由于其巨大的财富，娱乐更加多样，闲散者能够聚集，想象力彼此激荡。很多活动的结果是非生产性的，只是导致资源和能量的消耗与浪费。在17—18世纪，苏州作为一个放纵的城市是声名狼藉的。

然而，不是所有的放纵行为都是非生产性的。许多放浪于苏州花天酒地生活中的人却是在学术上、思想上、文学艺术上、科技上的流芳百世之人。这不是要强调，在任何社会标准下，道德沦丧是创造力的一个先决条件。但是我们会强调，在一个高度标准化和正规化的社会中，比如在传统中国，城市轻松的、多样的、匿名的环境以及城市提供的更大的个人自由，与那些鼓励特立独行、勇于尝试、保持异见甚至有时真正创造性的环境，是一样的。在空间上，这些因素并不完全局限于城市，如果我们指的是苏州城墙所限的区域的话。这些因素也不限

---

① 参见小马利安·列维《现代化和社会结构》(Marion J. Levy. Jr., *Modernization and the Structure of Societies*, Princetion: Princetion University Press, 1966)，第133—174页，特别是第二部分第一章"Aspects of Any Relationship"。

于临近的郊区，这些郊区和城内区域一样城市化了。当人们提起苏州时，它往往是指整个苏州府辖区；在中国的用法中，并不需要经常区分城与府之间的区别。这里提到的许多活动都在城市内外流动，甚至超过其密集的郊区，到达乡村的娱乐场所，到达构成其商业结构一部分的市镇，甚至直到那些提供乡村式休闲的临近的山脉和湖泊。当然，没有苏州作为中心，这里提到的一些文化活动将不可能出现，而且这些活动会缺少将其一体化的焦点。

城市独有的特色集中在城市，同时向以外的地方扩展，其影响也超越城市。与之对应的是另一种情况，乡村元素被迎进城市，在这里被理想化，在这里发挥规范性的影响，并影响了城市内空间的利用和设计。

在一个农业社会，尤其是在一个除了学问和官职外，特别推崇农业价值的社会，城市受到乡村的影响，这也许并不奇怪。在中国，一个人不会因维持自尊而贬低农民，但会贬低商人，即使其收入可能与商业有联系。在传统中国，宗族组织通常超越社会阶层；精英家庭经常有依靠种地过活的亲戚。这些穷亲戚可能粗鲁搞笑，但不会因此受到鄙视。在大多数明清小说和经典性作品中，乡下人是意志坚强、令人钦佩的类型。

整个社会按照农历过日子，农历规定了所有人所必须遵循的节日和假期。据我所知，在传统中国，没有纯粹的城市节日。在节日里，这个节日的命名常常与农村联系，城市居民会去乡下扫墓、登高、赛龙舟；或者，在重大的节日，农村人带着土特产进城，没有这些，宴会和庆典就不完全。他们混在市场中，卖掉带来的节日产品，兑换现金，再去买城市出产的小玩意儿。黄道二十四节气的划分(the twenty four two-week divisions of the solar year)，都以提醒人们气候及相关农活的方式命名。整个社会的生活节奏，被农业社会的需要和利益所决定。

在城市空间的使用中，来自乡村的观念占统治地位。中国的农业是劳动密集型的，一小块土地会使用大量劳动力，并且有很高的产出。中国饮食需要大量新鲜农产品，这些农产品，除了谷物以及其他条件要求较高的农产品之外，多数可以在小块田地中生产出来。这种需求，推动新鲜农产品丰富品种，提高质量；而为了口味，则要求家禽和鱼出售时要鲜活，蔬菜和水果出售时要以新鲜采摘的形式。[①] 中国城内及其边缘经常可以发现密集的菜圃，这些菜圃以城市的粪便为肥料。因此，城内土地经常为获利而用于农业。苏州城墙内的一些区域似乎总是用于商业性的菜圃，大多数平民住宅也在其狭小的院子里辟一块菜地。一些近郊区保留着空地，用于种植城市商业作物，同时，一些城市的建成区延伸到城墙以外很远，如果那些靠近城墙的土地可以更充分利用以满足城市发展，似乎就没有这个必要。

实用的考虑主宰了城市空间的利用，此外，没有太多的机会将城市的空地用于其他用途。公共空间一般不大，因为社区和政府几乎不需要公共空间。中国城市没有市政大厅，因此没有市镇广场；城市没有市民活动（civic activities），没有马戏团和游行，因此不需要大的公共空间。此外，城市贫民并不集中居住在多层的出租屋中；他们可以进入属于私人的开放空间的某些角落，所以也没有休闲大道或公园的社会必要性。寺庙拥有大院子，为民众提供举办集市和散步的场所；沿着河道的堤岸也有类似的功能。城市大众喜欢经常光顾城市近郊的乡村庙宇，就像以前欧洲城市居民为了娱乐到公共广场或公共森林一样。在中国城市中，没有设计宏大的或正式的开放的公共空间，甚至大寺庙周围都不提供开放的公共空间。从 1949 年开始，北京的皇宫主入口前的一片宽大区域被清理出来，以便举行大规模的市民游行活动。这在历史上，没有任何形式上或功能上的先例。

然而，一种乡村空间的理念，尤其是那种具有浪漫情怀的荒远的空间理念，对中国人具有强大的吸引力。在传统中国，巨大的财富不会像在欧洲那样，炫耀性地用于建造市政大楼和正规花园。相反，他

① 举例说明，我曾经住在一个苏州的中国朋友家。在我居住期间，主人每天早上起床步行到城墙外的一个池塘，在那里买上乘品质的新鲜莲藕来供应早餐。对他来说，这是一种休闲和有品位的表现；他坚持认为莲藕如果提前买，在被加工之前就可能变质。城市人口中有很大一部分被培养出这种农村导向的口味，这很可能会决定土地的使用。

们会用假山、小溪、奇石和古树，创造性地复制出一些看起来简单的乡村空间。城市园林通常很小；它通过隔断远景、设置障碍，使小路蜿蜒，来造成空间的错觉，并试图将宇宙万有浓缩在微小空间之中。即使园林可能会使用很大的空间，它也不展示这种规模。苏州是一个以园林著名的城市。政府建筑和寺庙都有这样的园林，富有的居民也有。园林的主导设计观念是纯净(purity)，而非壮丽(grandeur)。“乡村”空间，专用于大多数实用性和功利性的集约型商业园圃，更加理想化的农村空间则专用于娱乐性园林，——这两者共同构成城市的一部分。这些用途都证明了不论实际上还是理念上城市空间利用中对于乡村生活的依恋。①

在中国的城市中没有整齐划一的土地分区利用，也没有明显的同心环或其他土地价值的带状模式。只有无力支撑商业活动扩展的小城市，才有“中央大街”或“市中心”。传统中国城市也没有像西方那样，有时尚广场，有贫民区。所有的街巷看起来都一样，或多或少，将个别的家庭生活掩盖在整齐划一的围墙之后。结果就是，中国城市中充满巨大的惊喜和引人入胜的迷局，甚至神秘。一个人在走进大门、绕过照壁、观察庭院以前，不知道他是发现了一个宅邸还是大豆酱工厂，或者是一个宅邸被用作工厂。当一个人走过前面的庭院，走进住宅的第一个进之后，他不知道是会来到一个满是木头和木炭的工作间里，还是发现一个有水和开满繁花之树木的别致花园。土地利用的压力和理想空间的理念造成了中国城市特殊的模式，对于一个来访者来说，西方的城市经验，甚至西方城市社会学的知识，都不能给他提供充分的准备。

张笑川　陈亚杰　译

(原载《莱斯大学学报》1973年第4期)

---

① 参见中国美术展览馆的展览目录“中国艺术中的园林”(*Gardens in Chinese Art*, catalog of an exhibition at the China House Gallery)，纽约(1968年3月21日至5月26日举行)(prepared by Wango H.C. Weng, published by the China Institute in America, 125 East 65th Street, New York, 1968)。也可参见高真《花园之城苏州》，上海：上海文化出版社，1957年。

《中国城市史一千年：苏州城的形态、时间和空间观念》导读

张笑川　陈亚杰

一、牟复礼其人其学

作为20世纪北美汉学的卓越宗师、中国史研究的一流学者，牟复礼（Frederick W. Mote，1922—2005）的名字已为中文学界所熟知，但其生平和学术思想似还缺乏详细介绍。①

1922年6月2日，牟复礼出生于美国内布拉斯加州平原镇，后随父母迁居科罗拉多州丹佛市，1940年丹佛市高中毕业。1943年至1946年，牟复礼服役于美国陆军空战部队，因曾修读过汉语而被军方送入哈佛大学深造中文，在赵元任主持的美军汉语培训班受训。训练结束后，充当中国空军训练课程通译；后应招入战略事务局为军士，投入中缅印战区行动，随即调往中国，与中国军队合作演练，准备于1945年8月16日空降雷州半岛，牵制日军行动。1945年8月15日日本投降，行动取消。1946年4月，牟复礼在美国退役，是年底赴中国，考入南京金陵大学历史系，受学于明史专家王崇武。1948年夏获金陵大学历史学学位，同年秋天赴北京大学深造，注册和修读该学期北大（史学研究所）开设的所有科目，包括郑天挺的明清史研究班。1949年回南京，充美国大使馆政治部语言官，1950年归国。

---

① 中文学界关于牟复礼生平的介绍，据笔者所见主要有陆扬、朱鸿林两位先生的追思文章，本文关于牟复礼生平的叙述主要参考了以上二人的论述。参见陆扬《花前又见燕归迟——追忆牟复礼先生》（张春田、张耀宗编：《另一种学术史——二十世纪学术薪传》，南京：南京大学出版社，2012年，第333—344页）、朱鸿林《追思牟复礼先生》（氏著：《〈明儒学案〉研究及论学杂著》，北京：生活·读书·新知三联书店，2016年，第444—464页）。

返美后，牟复礼到西雅图华盛顿大学远东与俄国研究所继续深造，师从卫礼贤（Helmut Wilhelm）、施友忠（Vincent Shih）、萧公权等人研究汉学。1954年完成由李方桂指导的汉学学位论文《陶宗仪及其〈辍耕录〉》，获博士学位。在1953至1954年获博士学位之前，他曾获福特基金会奖学金，赴斯坦福大学胡佛研究所和日本京都大学访问研究。在斯坦福大学期间，编纂*Japanese-Sponsored Governments in China, 1937—1945: An Annotated Bibliography Compiled from Materials in the Chinese Collection of Hoover Library*，该书著录了中国与日本合作的各伪政府的文献，于1954年出版。在京都大学期间，与吉川幸次郎等名宿过从。1954至1955年，在台湾大学作博士后研究，师从郑骞、屈万里、王叔岷等学者。

1955至1956年，他以布赖特交流学者身份，在荷兰莱顿大学教中文。1956年，受聘为普林斯顿大学助理教授，1959年晋升副教授，1963年晋升教授。他最初任教于东方学系（Department of Oriental Studies），自1961年普林斯顿大学东亚学中心（Program in East Asian Studies）和1969年东亚学系（Department of East Asian Studies）成立后，便转入该中心和该系长期任教，讲授中国历史和中国文化课程。1987年荣退，由余英时继任。

牟复礼一生撰写、翻译、编纂了五十多种专著、论文和长篇书评，遍及中国古代思想以及中国近世政治、社会、文化、艺术各个领域。自1962年第一本专著《诗人高启》（*The Poet Kao Ch'i 1336—1374.* Princeton, NJ: Princeton University Press）出版开始，其主要著作包括《帝制中国：900—1800》（*Imperial China: 900—1800*）[①]、《中国思想之渊源》（*Intellectual Foundations of China*. New York: Alfred A. Knopf, 1971），与崔瑞德合作主编的《剑桥中国明代史》上下册，还翻译了萧公权的名作《中国政治思想史》等。除以上著述，牟复礼学术声誉还与其对美国汉学研究机构的贡献紧密相关。普林斯顿大学东亚系目前是全美国

① ［美］牟复礼：《Imperial China：900—1800》，马萨诸塞州剑桥：哈佛大学出版社，2000年。

乃至西方中国历史、文学及语言研究的重镇，这与牟复礼作为该系创始人和长期指导者的辛勤努力是分不开的。

牟复礼的学术研究主要集中于明代史，是明史权威，但同时又是一位学术兴趣广泛的通儒，这一点从其著述领域之宽广可见。曾从学于牟氏的中国学者陆扬概括牟氏治学的特点为“结合汉学的素养和史学的眼光”[①]，在笔者看来，应是指其既具有传统汉学家的文本考证功夫又具备现代社会科学的理论素养，既以历史为研究中心又具有中国文学艺术等多重素养，从而能在中国历史和文化研究中作出继往开来的贡献。如果说，“结合汉学的素养和史学的眼光”是牟氏区别于传统汉学之处，他对中国文化的“温情与敬意”则是其区别于众多西方中国研究学者之处。牟氏曾长期留学中国，汉语流利，不仅对中国老师敬爱感激，而且对中国文化充满了温情与敬意，牟氏在普林斯顿大学的另一位学生朱鸿林亦不止一次提到，“牟公是最尊重中国文化的美国学者”，[②]这样的思想和情感倾向在西方的中国研究者中是不多见的。

牟复礼在明史研究和中国思想史研究上的贡献已为学界所熟知，同时他也是最早关注中国城市史研究的西方学者之一。至少从 20 世纪 60 年代初开始，他即对中国的城市史研究感兴趣。在 1961 年的一次会议上，他提交了一篇题为《中国传统文明中的城市》的论文，该文后经修改于 1970 年发表。[③] 牟复礼最为中国读者所知的中国城市史论文，是《元末明初时期南京的变迁》(*The Transformation of Nanking, 1350—1400*)一文，该文收入施坚雅主编的《中华帝国晚期的城市》一书中。《中华帝国晚期的城市》一书，有论者称“也许是用英文写的关于 1912 年以前中国城市历史最有影响的一本书”。[④] 该书英文

---

① 陆扬：《花前又见燕归迟——追忆牟复礼先生》，载张春田、张耀宗编《另一种学术史——二十世纪学术薪传》，南京：南京大学出版社，2012 年，第 333—344 页。

② 朱鸿林：《追思牟复礼先生》，氏著：《〈明儒学案〉研究及论学杂著》，北京：生活·读书·新知三联书店，2016 年。

③ Mote, F.W.: *The City in Traditional Chinese Civilization*, In James T.C. Liu and Wei-ming Tu, eds. *Traditional China* (NY: Prentice-Hall, 1970), pp.42—49.

④ [英] 魏根深著：《中国历史研究指南》上册，侯旭东等译，北京：北京大学出版社，2016 年，第 377 页。

版于1977年出版,2000年中文版面世,牟复礼关于明初南京的论文由此为中国读者所知。[1] 1995年,他又发表《中华帝国晚期的城市历史》(*Urban History in Late Imperial China. Ming Studies*, 34: 61—76)一文,对相关研究进行全面评述。除了南京之外,牟复礼还对苏州城市史有精深的研究,其观点集中体现于1973年发表在荷兰《莱斯大学学报》的《中国城市史一千年:苏州城的形态、时间和空间观念》(*A Millenium of Chinese Urban History: Form, Time, and Space Concepts in Soochow*)一文中。[2] 该文经常被西方城市史研究者征引,影响深远,与牟氏研究南京的文章并观,可谓其中国城市史研究之"双璧"。但因该文长期没有中文译本,中文学界往往仅能从西方学者的评述中略窥一二,无缘得见全貌。现将该文译出并加以导读,相信不仅对国内苏州城市史研究者有所裨益,亦可使我们对牟氏关于中国城市的整体思想有系统的了解。

二、比较文化史视野下的中国城市史研究

《中国城市史一千年:苏州城的形态、时间和空间观念》(以下简称《苏州》)一文源于作者1972年在莱斯大学的讲演,次年发表于《莱斯大学学报》。全文共六节,最后是篇幅很长的结语。

第一节标题为"都市生活和中国城市史"。开篇作者即在中西比较的视野下对城市发展展开讨论。作者指出,至20世纪70年代,美国社会已经充分城市化。这一进程在其他西方社会虽然起步有早晚,但西方学者"倾向于认为,从主要是乡村与农耕社会向主要是城市与工业社会的转变过程是一种自然的过程,这一过程最终在任何一个地方都会出现",而作者却提示我们"事实也可能不是这样"。随着人类

---

① [美]牟复礼:《元末明初时期南京的变迁》,载施坚雅主编《中华帝国晚期的城市》,叶光庭等译,中华书局,2000年第1版,第112—175页。

② Frederick W. Mote: *A Millenium of Chinese Urban History: Form, Time, and Space Concepts in Soochow*, *Rice University Studies* 59, No.4 (Fall 1973): 35—65.

历史进入“城市阶段”，对城市加深理解成为一种广泛而迫切的需求，而对城市的理解不能忽视对中国城市历史的研究，因为不仅“对中国城市历史的研究是理解中国的关键要素之一，也在总体上对城市生活的研究具有重要意义”。其原因一方面在于“中国的案例蕴含着大量重要的事实，这些事实和我们通常所遇到的关于城市的概括并不相符”；另一方面在于，“从人类城市经验的广泛性与多样性来说，包括建筑城市、统治城市、定居于城市以及城市与社会其他方面的联系来说，到目前为止，中国人的经验占同类经验的最大比重”。

接下来，作者通过阐述中西城市历史的差异来展现中国城市史研究的重要性。作者指出，根据对前工业化时期欧洲城市的概括，西方学者大致形成了关于城市的三个普遍观点：其一是城市作为一个有序的实体，拥有独立的法律和政治地位；其二是城市居民是具有自觉的城市意识、能够自我延续的团体，城市居民因而具有作为都市人的特殊身份和特殊行为方式；其三是城市与乡村通常处于敌对的关系中，并扮演着推动社会发展的角色。而在这三个方面，中国城市都展现出显著的不同。首先，中国的城市不是一个法人实体，缺少欧洲城市那种组织化的特征，在法律和政治上往往不具有独立的地位；其次，在心理、社会以及物质方面，中国城市和乡村之间有着明显的连续性；再次，与城市和乡村之间的对立性相比，“城市地区的整合功能对理解中国历史进程会重要得多”。

最后，作者通过对最为中国城市显著标志的城墙的分析，进一步阐释自己的论点。中国的城市往往具有高大的城墙，但一方面城墙内通常包含乡村生活和农业活动，另一方面城市建成区和城市功能又往往延伸到城墙之外。这种吊诡的现象揭示，从组织特征、功能和作为一种心理因素来说，中国城市拥有独特的品质，而关于这些独特品质的探究，“一定能够拓宽我们关于人类是怎样的、我们是怎样的认识”。

第二节“城市史中的苏州”，牟氏将苏州放在中国历史发展的长河中加以考察，并通过与世界其他著名城市的比较，凸显苏州以及中国城市发展道路的独特性。首先，作者通过把宋“平江图碑”与 1945 年

航拍照片比对，展现1229—1945年间苏州城市形态的稳定性。同时作者指出，在苏州城市形态保持长期稳定的背后是中国和苏州人口的巨大增长，我们面对的并不是一个“垂死的中国”，而是一个“有活力的中国”。人口变化数据显示，苏州在12或13世纪以来保持了长期的平稳增长，并稳定地居于区域中心城市的行列；通过与罗马、君士坦丁堡、威尼斯、巴黎、伦敦、大马士革、巴格达等众多欧洲、中东、印度城市发展历程的比较，作者指出，像苏州这样长期保持一定规模与繁荣的城市在世界范围内实不多见。而在中国，苏州仅是“众多区域性主导城市中的一座，这些城市长期繁荣，人口基本维持在25万至50万规模之间”。这表明，在过去的一千年甚至更长时间内，中国已达到了很先进的城市化水平，中国的城市化是沿着一条有些不同于世界上大多数国家的轨迹在运行。虽然中国处于现代化的新来者行列，但是“对于一种与众不同的前工业化和相对高水准的城市化来说，中国并不是一位新来者”。

第三节“苏州在中国城市史中的地位”，牟氏对苏州城市发展的过程及其在中国城市史上的地位进行讨论。作者指出，苏州所在的江南地区本处于中国文化的边缘地带，公元前3世纪被吸纳进帝国秩序之中，在公元9、10世纪中国人口中心向长江流域转移的过程中，苏州才开始迎来重要的发展期。苏州的崛起，首先受惠于其优越的地理和区位条件，其次受惠于从宋代开始并一直延续到明清的中国农业革命。农业生产力的提高，促进了商业、手工业和金融业的发展，使苏州成为所在区域的经济中心。围绕着苏州，出现了一系列次级的卫星城以及再次级的繁荣市镇。苏州人把大量多余财富投资到土地和获取文化上，这使苏州不论是在财富上还是文化品位上都获得广泛的名声，“在多中心的中国城市生活中，苏州在所有竞争对手中是第一位的”。

第四节“苏州观察”，牟氏通过征引美国传教士杜布西和日本僧人石井对苏州的描述，展现了外国游客的苏州印象，彰显苏州的繁华。美国传教士杜布西曾于19世纪末20世纪初定居苏州，他于1911年左右写了一本小书《美丽苏州：苏州旅行指南》，记述了当时苏州的状况和自己的评论。牟氏征引了其中关于北寺塔和大运河的描述，表明当时苏州的繁华景象给这位美国人留下了深刻印象。而九百年前，日本僧人石井同样来到宋代的苏州并留下了旅行日记，“他对这块地方富饶和壮丽的论述可以和杜布西相比”。

第五节“苏州和中国人对过去的理解”，以苏州为例探讨了中国人对于过去的观念。作者首先引述美国传教士杜布西对苏州历史遗迹保存状况的观察，指出杜布西发现“许多过去数世纪中人们引以为豪的著名建筑已经消逝”，而其原因并非如杜布西所云，乃是中国通常采用砖木建筑而非如古希腊和古罗马采用石质建筑。其实，中国建筑很早就发现并使用“复杂的工程原理和完美的具有相当跨度的石拱结构”，中国人“具备建造经久性纪念建筑的能力”，却很少将其运用到标志性建筑之中。中国没有罗马万神殿、伊斯坦布尔圣索菲亚大教堂那样一直使用的古代建筑，其根源在于，中国人“对实现不朽成就的态度不同，对于建造和实现持久丰碑方式的态度不同”，或者换句话说，是对于过去的观念不同，对于历史与现在联结方式的理解不同。

作者首先用北寺塔的例子来阐释自己的观点。北寺塔是苏州年代最早的古迹之一，当然在苏州作为古迹之城的声誉中具有重要地位。作者却指出，北寺塔兴废无常，地点屡迁，如果在西方，“没有一座建筑可以依靠这样的血统号称一处真正的古迹”，但在苏州却并不影响其作为“古代的雕塑”的地位。这是因为，“中华文明并不将其历史存放在建筑之中”“过去是文字的过去，而不是石头的过去”“真实的苏州的过去是心中的过去，其不朽的元素是人类经验的各种瞬间。唯一真正持久体现人类永恒瞬间的是文学”。

接下来，作者再用“枫桥”的例子阐明感受过去的方式。枫桥因为唐代诗人张继的千古名句而成为苏州著名的古迹，因此在众多苏州地方志中都会有对枫桥的记述。但是从地方志对“枫桥”的“描述”之中，我们却并不能对该桥的物质形态有准确的了解，“我们没有被告知桥是用什么材料建造的，有多大，或者它看起来怎样”，显然“作为物体的桥并不重要”。那么，对于作为一处古迹的枫桥来说，什么才更为重要呢？通过对《苏州府志》“枫桥”条中占有重要比重的诗选的解读，作者指出，“该桥的真实性并不是构成跨度的石头造型，而是它与那些永恒瞬间的联系；永恒的瞬间体现在文字之中。物质存在是完全次要的”。对于中国人来说，“任何人试图在其同胞心中实现不朽，不会首先选择修建一些宏大的石头纪念碑，而是首先培养自己的人文才能，这样就能够通过文字永久地传达自己，或者至少在伟大诗人或散文家的不朽篇章中被提及”。同样，对于一座城市来说，其历史也并不主要依靠物质遗迹来传承，而更多通过文字进行展现，城市的历史主要存在于观念之中。

第六节“空间中的苏州与苏州的空间”篇幅最长。作者首先探讨“空间中的苏州”这一主题。所谓“空间中的苏州”，指的是苏州的城市形态。作者指出，将 1229 年苏州地图与 1945 年苏州航拍照片比对，可以发现“相同的城墙、城门、内外护城河”，这展现了苏州在城市形态上惊人的稳定性，虽然“实际的土地利用可能已经发生变化，但是保持了其持久的物理外形，以及具有持续性的空间利用形式”。

接下来，作者探讨“苏州的空间”，即苏州的空间利用形式。作者首先指出，由于没有法律或社会地位将城市居民与农村居民分隔开来，中国城市并非一个封闭的实体，城墙更多是官府的象征而非一种屏障，城乡之间有很多组织联系和日常流动，“没有明确的空间利用模式将中国社会中的城市和农村地区分隔开来”；向上的社会流动并不局限于城市，精英在空间上分布广泛而且在心理上既具有城市取向也具有乡村取向。为进一步阐述自己的论点，作者从社会经济生活和文化生活两个方面加以详细论述。一般来说，城市是销售和分配网络的组织节点，也是金融和银行系统的组织节点。但是，苏州的商业和银行分散于城内外，手工业也分散于城市内外，农副产品和某些手工制品的专业市场更远达周边市镇，城内城外精英阶层在穿戴、居住、生活方式上没有明显的差别，可以说城市的活动和社会态度远远超出城市范围。在文化生产上，也并不依赖于知识分子在城市的集中，教育机构、书籍的出版印刷“在很大程度上利用处于城外的农村地区的资源”。

当然这并不是说城市没有其独特的社会功能，“大的区域城市却可以在城市网络中建立和维持一些在中国社会中实现社会和官方成功的不寻常途径”。这些“不寻常途径”是什么呢？从苏州来说，它是苏州府科举考试的场所，这会吸引大量闲散人口，而苏州对文化生活的重视又会吸引大量相关人才，这使“苏州的财富接近于支配中国最富有地区的金融和贸易活动，它的知识和文化生活也接近于任何一个扮演整个国家支配角色的城市”。大量的人口密度，提供了一种区别于乡村的滋养“个人主义”形式的必要条件，并激发了文化上的创造力。

但作者同时指出，在城市的影响向外延伸的同时，乡村价值和元素也被迎进了城市，并影响了城市内部的空间利用与设计。首先，城市精英与农村存在广泛的组织和价值联系；其次，城市的社会节奏，包括节日和假期，都被“农业社会的需要和利益所决定”。在城市空间利用模式方面，来自乡村的观念支配着城市空间的利用形式。不仅城市外围，甚至城市内部的土地也“经常为获利而用于农业”，实用的考虑主宰了城市空间的利用，导致城市内部缺少西方意义上的公共空间。更为重要的是，“一种乡村空间的理念，尤其是那种具有浪漫情怀的荒远的空间理念”，深刻地影响了城市空间的营造，苏州园林就是典型的例子。不管是用于农业的实用性的“乡村”空间还是用于娱乐的理想化乡村空间，都表明“城市空间利用中对于乡村生活的依恋”，土地利用的压力和理想空间的理念“造成了中国城市特殊的模式”。

牟复礼此文很长，加上注释有 2 万余字。以上将全文要旨做了简要梳理，大致可以呈现该文的主要观点。全文 6 节中，前 4 节主要是铺垫，其核心观点体现于第 5、6 节中。如果要进一步加以概括，可以说作者在这篇文章中，以苏州为案例，提出了其关于中国城市特点的独特认识，其中最主要的有两点。第一点是关于“时间”。作者指出，中国城市的过去或历史体现在文字或文学作品中，而非体现在建筑中；城市的历史更多存在于观念中，而非存在于物质实体中。这样的

对于时间或历史的理解和感受方式，是中国文明的典型特征。第二点是关于“空间”。在空间中，城市虽然具有其独特的区别于乡村的社会功能，但城市与乡村不存在严格的界限，城市的影响延伸至乡村，乡村的元素亦被迎进城市。城市内部的空间利用，同样深受农村价值元素的影响。中国的城乡关系遵循一种特殊的模式。

在研究方法上，此文也有以下值得指出的特点。首先，作者并非孤立地看待苏州，而是从比较的视野展开研究。在文中，作者将苏州与罗马、希腊、巴黎、伦敦、威尼斯等世界著名城市进行纵横比较，以彰显苏州的城市特色和其在世界及中国城市史上的地位。其次，作者并非就城市研究城市，而是将城市作为研究中国文化特性的窗口。向多数老一辈西方汉学家一样，牟复礼关注的是对中国文化的整体把握，其城市史研究也是从这一角度切入。该文关于城乡关系的论述和关于城市历史存在方式的论述，都体现出一种文化史的视野。其中关于枫桥诗作的分析和关于建筑以及其他艺术形式的讨论，展现了其超越一般历史学家的汉学底蕴；而作者在文中同时积极与西方社会科学理论展开对话，则展现了其超越西方传统汉学家的社会科学素养。最后，作者此文既有宏大的理论，又有细致的材料，材料与理论紧密配合，无牵强附会之感；既有宏观的历史梳理、角色定位，又从微观角度描述日常生活中城市的形态以及人们对苏州过去的理解。作为西方学者最早的一篇苏州城市史研究论文，其精深程度和影响力至今也很难被超越。

三、“城乡连续统一体”

周锡瑞曾指出，“城市史这个概念是建立在如下观点之上的：城市有其独特之处。如果城市与社会的其他地方没有什么区别，那么再把‘城市史’当作一个单独的研究领域进行讨论就没有意义。无论城市的特性包括什么——无论它是地理的、经济的、社会的还是文化的，既然明确是城市，其特征就应该使其与乡村区分开来。因此，任何综合性的城市史都应该包括对城乡关系的考察”。[1] 牟复礼在中国城市史研究领域最为人所知的或许是其关于中国城乡关系所提出的“城乡连续统一体”(urban-rural continuum)理论。

西方社会理论家和历史学家通常基于西方城市的历史经验来概括历史上的城乡关系,而西方历史上的城乡关系通常以城乡对立为显著特征。马克斯·韦伯较早对西方城市作为一种区别于乡村的政治和法律“共同体”的理想类型进行了概括,而马克思、恩格斯则较早对城乡之间的敌对关系以及城市作为社会进步的发动机的功能进行了论述。[2] 马克思、恩格斯以及马克斯·韦伯等人的经典论述被人广泛接受,几乎成为西方社会科学中的公理。进入 20 世纪 60 年代后,随着西方中国城市史研究的兴起,西方学者开始对韦伯等人的观点提出怀疑和批评,指出他们将中国城市与乡村截然分开,忽略了城乡的密切联系,忽略了中国城市从行政上等级愈低、乡土气息愈浓厚的特点。卢汉超曾对美国的中国城市史研究历程进行梳理,他指出美国的中国城市史研究大致经历了 1965—1985、1985—1990、1990 至今三个阶段,其中 1965—1985 年的第一阶段“从农村到城市,以城乡关系为主。这个时期的研究提出的一个主要观点就是中国历史上的城乡一体化”。[3] 牟复礼就是这一波学术浪潮的健将之一,其提出的“城乡连续统一体”或“城乡一体化”命题,也成为这一波学术浪潮的典型标志之一。

牟复礼的“城乡连续统一体”理论的最明确表达是在其《元末明初时期南京的变迁》(以下简称《南京》)一文中。该文收入施坚雅主编、1977 年出版的《中华帝国晚期的城市》一书。《中国帝国晚期的城市》是一部论文集,主要基于 1966 年的一次会议而编定。[4] 对于这次

① [美] 周锡瑞著:《华北城市的近代化——对近年来国外研究的思考》,孟宪科译,《城市史研究》第 21 辑,2002 年 3 月。

② 马克斯·韦伯的城市理论最集中地体现在其《非正当性的支配——城市的类型学》(康乐、简惠美译,桂林:广西师范大学出版社,2005 年)一书中。马克思、恩格斯关于城乡关系的论述参见牟复礼《中国城市史一千年》注释。

③ 卢汉超:《美国的中国城市史研究》,《清华大学学报(哲学社会科学版)》2008 年第 1 期。

④ [英] 魏根深著:《中国历史研究指南》上册,侯旭东等译,北京:北京大学出版社,2016 年,第 377 页。

会议的详情,我们不得而知,牟复礼是否参加此次会议并在会上提交关于南京的论文,我们也不敢确定。但可以知道的是,《南京》一文应该有很长的酝酿过程。在该文的注释1中,作者说:“本篇第一部分中不少观点是我在一篇题为《中国历史上的城市》的论文中原就阐述过的。这篇论文曾在1961年的一次学术会议上用过,并在几位朋友与学者之间传阅,他们的意见使我受益匪浅。虽然我保留了1961年论文中的某些词句和片段,但本文的第一部分,参照了他们的批评(对这些批评我深表谢意),却已作了相当大的修改,同时也结合了我新近的想法(到1970年)”。[①] 所谓的“本篇第一部分”正是作者对中国城市进行整体论述,并明确提出“城乡连续统一体”的部分。从这条注释中,我们可以知道,牟复礼关于这一问题的基本观点至少在1961年就已经有了雏形,而《南京》一文的定稿则很可能是在1970年,这其中经历了友朋之间的学术激荡,在观点上也有不少修改和完善。在《苏州》一文中,也有一条注释提到自己的《南京》一文即将出版,并指出在该文中“曾概括性地比较历史上的中国城市和西方城市,并指出关于世界历史上城市的研究著作的概括性论述中存在忽视中国城市史的现象”,同时提到有一个节略版收入1970年出版的《传统中国》一书,但没有提到文章标题。该文笔者未见,但从徐亦农《时空中的中国城市:苏州城市形态的发展》一书参考书目中得知该文为《中国传统文明中的城市》(参见本文注释)。既然《中国传统文明中的城市》仅是《南京》一文相关部分的“节略版”,则以《南京》一文为依据探讨牟复礼的“城乡连续统一体理论”似也不存在史料不全之感。

《元末明初时期南京的变迁》的主题虽是关于元末明初南京的城市变迁,但其第一部分“旧中国城市的特点”则对中国城市的一般特征提出了整体性论点,即“城乡连续统一体”理论。在这一部分,作者广泛征引西方学者关于城市和城乡关系的论述,并逐条批驳,并从中国人对城市的独特态度、中国城市的职能、中国城市设计的基本原则、中

---

① [美]牟复礼:《元末明初时期南京的变迁》,载施坚雅主编《中华帝国晚期的城市》,叶光庭等译,北京:中华书局,2000年,第167页。

国城市的景观构成和组织构成四个方面阐述自己的见解。作者指出，中国城市与西方城市在众多方面存在着很多表面相似点，也存在着巨大差异，对于中国城市的考察要放在中国文明中城市所扮演的角色这一更大视野中加以把握；中国文明中存在着一种"城乡连续统一体"，正是这一"城乡连续统一体"的存在，决定了中国城市的众多特征。为了证明自己的论点，作者从城市外形、建筑与服装式样，士大夫（也许还有民众）心理上的城乡态度，文化活动的结构、性质，以及经济生活模式等众多方面进行了论述。那么什么是"城乡连续统一体"呢？或许作者自己的话最能形象地表达这一概念：中国文明"并没有像别的文明国家那样，赋予典型的城市活动以很大的重要性"，中国是一个"农村中国"，中国文明的"乡村成分或多或少是均一的，它伸展到中国文明所及的每一处地方。不是城市，而是乡村成分规定了中国的生活方式。它就像一张网，上面挂满了中国的城镇。这张网是用中国文明的料子织成的，中国文明支持着它，赋予它基本性质。把这个比喻加以引申，中国城市只是在同一张网里用同一料子织的节子，质地虽较致密，但并非附丽于网上的异物"。①

《南京》一文虽然明确提出了"城乡连续统一体"的概念，但并非该文的主旨。该文的主要目的是描述南京"演变成十四世纪最后二三十年间的大都城的过程"，尤其强调明太祖朱元璋将其建成"中华帝国的都城和中国人心目中文明世界的中心"的政治意图，全文关于南京的叙述并未紧扣"城乡连续统一体"的概念。因此，虽然牟复礼在《南京》一文中提出了"城乡连续统一体"的概念，但还缺乏在个案上的有利论证。而这一命题的个案论证，要等到《苏州》一文才得以完成。

《南京》一文虽然迟至 1977 年才公开出版，但通过上文推测，应该在 1970 年就已经定稿。而《苏州》一文发源于其 1972 年在莱斯大学的演讲，并于 1973 年公开发表。其时，《南京》一文虽未公开出版，但已经定稿，并在《苏州》一文的注释中被提到（参见该文的注释）。仔

① ［美］牟复礼：《元末明初时期南京的变迁》，载施坚雅主编《中华帝国晚期的城市》，叶光庭等译，北京：中华书局，2000 年，第 113、117 页。

细分析两文关系可以发现，两文在时间上紧密相连，而《苏州》一文正是为了完成《南京》一文所没有完成的任务，试图为其"城乡连续统一体"理论提供充分的个案上的论证。

从《南京》到《苏州》，牟氏终于可以将在《南京》一文中用概论方式提出的"城乡连续统一体"理论通过苏州城市史的个案充分展现出来。细心的读者，通过比对两文以及本文第二节中对《苏州》一文主旨的梳理，自可得出以上结论，不烦赘叙。这里仅简单地举一个例子。在《南京》中，牟复礼指出，在中国，有着与西方文化传统不同的观点，城市文明与乡村文明清楚的分野很早就消失了。这种分野的消失并不是说城乡之间在所有的日常生活方面都不存在城乡差别，相反城市确实起到区别于乡村的独特作用，但是在社会心理以及空间利用模式等其他诸多方面，城乡之间确实存在诸多重要的连续性。城乡之间存在着频繁的社会流动，"卷入这一流动的人们并不意识到要跨越一个明显的界限；那个看来似乎可以充作界限的城墙，事实上却并非什么在内为城、在外为乡的分界"。[①] 这一点，在《苏州》一文中有更细致的论证，"尽管中国城市经常因其高大的城墙而显得异常，但在中国城市内却通常包含乡村生活和农业活动。同时，城市的建成区和城市功能往往延伸到了城墙之外"。除了城乡缺乏明确界限之外，也"没有明确的空间利用模式将中国社会中的城市和农村地区分隔开来"，空间利用、社会经济生活、教育、日常生活中城乡之间的密切联系，都表明"农村与城市社会元素之间的社会互动模式是深刻地互相牵扯在一起的。"

简而言之，《苏州》一文是《南京》一文的续篇，将《南京》一文中提出的"城乡连续统一体"理论，通过苏州城市史个案充分地展示出来。此外，《苏州》一文还将《南京》一文中无暇论证的两个观点提了出来。首先，《苏州》一文明确提出中国城市化过程是一种独特的模式。《南京》一文批驳了西方学者关于城市的众多经典论述，指出了中西城市的不同。《苏州》一文则通过苏州城市史发展的过程，指出"中国的城

---

① ［美］牟复礼：《元末明初时期南京的变迁》，载施坚雅主编《中华帝国晚期的城市》，叶光庭等译，北京：中华书局，2000 年，第 115 页。

市化进程在过去的一千年甚至更长时间内，是沿着一条有些不同于世界上大多数国家的轨迹在运行。中国的城市化达到了一种很先进的水平，比任何其他国家都要快，并且是通过长期稳定的前工业化经济的发展达到了这一水平”。其次，《苏州》一文对中国城市的“时间连续统一体”进行了论述。在《南京》一文中，作者提到了“时间连续统一体”的概念，但无暇展开。[①] 而在《苏州》一文中，作者通过单独一节“苏州和中国人对过去的理解”阐释这一概念。也就是说，在牟复礼看来，中国的城市不仅是“城乡连续统一体”，也是“时间连续统一体”。

若想深入领会牟复礼“城乡连续统一体”的学术意义，还需将其放在美国中国城市史研究的历程中来考察。二战后，美国的中国研究开始超越以欧洲为中心的传统汉学并逐渐兴盛起来，一方面在于其深受西方社会科学思潮的影响，广泛地运用和构建各种理论模式来处理历史问题；另一方面在于其培养了一系列能熟练运用汉语文献、了解中国，并试图根据中国历史经验而非套用西方经验来构建解释模式的学者。[②] 美国的中国城市史研究也走过了同样的历程。如果说马克思、韦伯等社会理论家关于中国城市的论述，主要是根据西方经验来构建自己的城市理论并以之来评判中国的城市道路，新兴的美国中国城市史研究则力图突破西方经验的藩篱，根据中国城市的发展道路来反思和突破西方经典城市理论的局限。

美国的中国城市史研究大致兴起于20世纪60年代，而最初的标志性成果主要是伊懋可、施坚雅主编，1974年出版的《两个世界之间的中国城市》，[③]以及施坚雅主编、1977年出版的《中华帝国晚期的城市》，后者因为于2000年出版了中文版而影响尤其深远。作为两部标志性论文集的编者，施坚雅不仅以其“中国城市体系”理论给美国中国

---

① ［美］牟复礼：《元末明初时期南京的变迁》，载施坚雅主编《中华帝国晚期的城市》，叶光庭等译，北京：中华书局，2000年，第131页。

② 汪荣祖：《美国的中国研究：历史与现状》，《中国社会科学报》2010年9月2日。

③ *The Chinese City Between Two Worlds*, by Mark Elvin and William Skinner (Editor), Stanford University, 1974; *The City in Late Imperial China*, by William Skinner (Editor), Stanford University Press, 1977.

城市史研究留下了深远影响，同时也是20世纪60年代一直持续到80年代中期的美国中国城市史研究第一波浪潮的领导者。深入考察牟复礼提出的“城乡连续统一体”理论与施坚雅“城市体系”理论的关系以及施坚雅对于“城乡连续统一体”理论的态度，对于我们理解牟复礼的学术贡献显得非常必要。

可以这样说，牟复礼在《南京》一文中所提出的“城乡连续统一体”理论是《中华帝国晚期的城市》的一个核心命题。也许读者在阅读该书过程中，对施坚雅的诸长文所构建的“城市体系”理论印象更为深刻，但其实施坚雅的“城市体系”理论从另外的角度证实了“城乡连续统一体”的命题。换句话说，施坚雅借助“中心地”理论，提出了城乡辐射的理论模式，从经济角度深化了中国城乡连续统一体所内含的网络渠道，“尽管施坚雅的学说本身没有涉及中国社会的城乡经济观和文化观，但他所提出的融会贯通的市场网络概念暗示着中国城乡关系的紧密性和连续性，以及城乡价值观念的迅速传播主要依靠中心边际的宏观区域理论”。①

在该书的《中国社会的城乡》一文中，施坚雅直接指出，其提出“区域体系”概念的目的，正是“把城乡连续统一体的各种不同规模，置于结合为一体的结构之中”。② 接下来，他对牟复礼关于这一概念的阐释提出了自己的评论。首先，施坚雅指出，关于“士大夫文化”是倾向于乡村还是城市，该书的撰稿者意见并不一致。牟复礼强调“上层阶级的乡村观念”，瓦特、福伊希特旺等人强调乡间缙绅是“倾心于城市文化的农村居民成分”，而施坚雅则认为“这两个论点在传统的中国人思想中都是认为正确而且根深蒂固的。在文人的心目中，既存在着城市的禽兽世界和乡村的禽兽世界，同时也存在着乡村的田园牧歌

---

① 史明正：《美国学者对中国近、现代城市史的研究》，载《北京与中外古都对比研究国际学术研讨会论文集》，1990年。关于施坚雅理论与“城乡连续统一体”概念的关系，也可参见罗威廉著《汉口：一个中国城市的商业与社会(1796—1889)》，江蓉、鲁西奇译，北京：中国人民大学出版社，2005年，第12页。

② ［美］施坚雅：《中国社会中的城乡》，载施坚雅主编《中华帝国晚期的城市》，叶光庭等译，北京：中华书局，2000年，第307页。

和城市的理想国。就是这种二元论，帮助我们理解为什么尽管城市生活有诸般危险，士大夫仍有颇高的城市成分；又为什么尽管城市有诸般吸引力，他们却过着乡居生活。可以想得到，城市缙绅（以及在职官吏）强调的是一个论点，乡村缙绅（以及退隐官吏）则强调另一个论点”。[①] 而关于牟复礼士大夫文化的城市形式和乡村形式之间纵然存在差异，“也是无关宏旨的”这一论点，施坚雅提醒我们，牟氏或许忽视了商人的影响，城市中独特的建筑如“鼓楼钟楼、大贡院、城角城门上富丽的城楼”以及消费模式的城乡差别。最后，施坚雅总结说：“但牟氏的主要论点是适用的。在中国，基本的文化裂隙是阶级与职业（其间有千丝万缕的联系）的文化裂隙，也是地区（是个可以层层相套的精巧层级）的文化裂隙，而不是城市与腹地的文化裂隙。可是这个结论却绝非意味着中国城市的文化作用无足轻重。”[②]施坚雅的评论或许可以代表当时学者的普遍态度，也进一步证明“城乡连续统一体”是当时学者的普遍共识。

当然，施坚雅的评论局限于《南京》一文，如果我们联系《苏州》一文，则可以发现牟氏对《南京》一文中立论偏颇之处有一定的修正。《苏州》一文与《南京》一文在主旨上未变，但《南京》一文更强调城市文化与乡村文化的一致性，《苏州》一文则同时强调了城市文化与乡村文化的差异性。作者的完整论点是：“城市独有的特色集中在城市，同时向以外的地方扩展，其影响也超越城市。与之对应的是另一种情况，乡村元素被迎进城市，在这里被理想化，在这里发挥规范性的影响，并影响了城市内空间的利用和设计。”

自从“城乡连续统一体”概念被提出后，它就成为中国城市史研究的一个核心话题，引起后来者的广泛探讨。[③] 大致来说，人们有以下共

① ［美］施坚雅：《中国社会中的城乡》，载施坚雅主编《中华帝国晚期的城市》，叶光庭等译，北京：中华书局 2000 年，第 317—318 页。

② ［美］施坚雅：《中国社会中的城乡》，载施坚雅主编《中华帝国晚期的城市》，叶光庭等译，北京：中华书局 2000 年，第 319 页。

③ 系统梳理相关讨论的文章可参见任吉东《城市史视阈下的中国传统城乡关系观念述评——以西方学者为中心》，《福建论坛（人文社会科学版）》2012 年第 4 期。

识，即牟复礼等人理解中国城乡的角度更多的是从文化层面，所谓的城乡连续统一体更多的是文化统一体。虽然牟复礼强调城乡之间的“连续性”，但这并不是无视或抹杀城乡之间的差别。[①] 或许是为了弥补“城乡连续统一体”理论中对城市文化独特性的忽视，近年来有更多的学者强调，在明清时期独具特色的“城市社会”和“城市文化”已经出现[②]，但正如周锡瑞所指出的，“大多数学者仍然赞同城乡之间的根本差异是近代的产物”。[③]

1985年之后，美国的城市史研究进入另一个阶段，市民社会和公共领域问题逐渐成为讨论的热点；强调中国城市具备某种程度上类似于西方城市的推动历史变革的“发动机”或“催化剂”的作用，成为这一时期中国城市史研究的理论特点。它如何与牟复礼等人所提出的“城乡连续统一体”概念协调，仍是一个有待探讨的问题。

四、“稳定”与“变迁”：苏州的城市空间与形态

牟复礼的《苏州》一文作为西方最早的苏州城市史论文，不仅充分展现了苏州在世界和中国城市史中的地位，而且创造性地用“时间连续统一体”和“城乡连续统一体”两个概念来概括苏州城市在时间和空间上的特点，对后来的苏州城市史研究影响深远。

徐亦农《时空中的中国城市：苏州城市形态的发展》（Yinong Xu, *The Chinese City in Space and Time: The Development of Urban Form in Suzhou*, Honolulu: University of Hawai'i Press, 2000）是继牟复礼《苏州》一文之后出现的另一部西方学者撰写的苏州城市史研究专著。该

---

① 任吉东：《城市史视阈下的中国传统城乡关系观念述评——以西方学者为中心》，《福建论坛（人文社会科学版）》2012年第4期。

② 在笔者看来，王鸿泰的很多明清城市文化史研究就具有这样的意涵，参见氏著《浮游群落——明清间士人的城市交游和文艺社交圈》，载复旦大学文史研究院编《都市繁华：一千五百年来的东亚城市生活史》，北京：中华书局，2010年，第210页。

③［美］周锡瑞：《华北城市的近代化——对近年来国外研究的思考》，《城市史研究》第21辑，2002年3月。

书以苏州的城市形态为研究主题，与牟复礼论文所探讨的主题有很大的重合。在该书相关论述和全书结论中，作者不仅频繁征引牟复礼《苏州》和《南京》两文的相关论述，而且可以看出两文观点对作者的深刻影响。可以说，该书是一部继承、完善、阐发牟复礼“城乡连续统一体”理论的苏州城市史专著。

该书除导论和结论外，共7章。前两章介绍历史和文化背景以及苏州城的早期发展，第三章综论从秦汉至明清所谓“帝国时期”苏州城市形态研究的基本问题，接下来第四、五、六章分别从城墙与城门、城市的物理结构、庭院与城市公共空间等三个方面探讨“帝制时期”苏州的城市空间与形态，最后一章探讨“风水”在城市建设中的意义。作者所探讨的“帝制时期”正是牟复礼《苏州》一文所讨论的时期，牟复礼关于中国城乡关系所提出的“城乡连续统一体”概念也相应成为该书所探讨的重点议题。

作者在第三章指出，“牟复礼在其著作中所处理的主要议题对于本人关于帝国时期苏州城市史的研究非常关键并深具启发性，以下的三章将处理他所提出的主要论点并作为讨论的起点”。[①] 可见，作者关于“帝国时期”苏州城市形态的讨论是紧密地围绕牟复礼的相关论点展开的。

作者认同牟氏提出的“中国的城市并不是一个法人实体”的论点[②]，同时肯定了牟氏提出的“城市中没有整齐划一的土地分区利用”的正确性，但补充道，这主要限定于帝国的后半期，也就是9世纪以后。[③] 作者强调，牟氏所提出的帝制时期中国是一个“开放社会”(open society)的概念，作为一种实际上的、普遍的社会模式，可能最好限定于晚唐以后，因此牟氏提出的“城乡一体而不是城乡分立”是传统

---

① Yinong Xu, *The Chinese City in Space and Time: The Development of Urban Form in Suzhou*, Honolulu: University of Hawai'i Press, 2000, P82.

② Yinong Xu, *The Chinese City in Space and Time: The Development of Urban Form in Suzhou*, Honolulu: University of Hawai'i Press, 2000, P18.

③ Yinong Xu, *The Chinese City in Space and Time: The Development of Urban Form in Suzhou*, Honolulu: University of Hawai'i Press, 2000, P74.

中国城乡关系的标志,中国的城市很大程度上是一个“开放的公共机构”的论点,也应作如是观。① 在经过上述限定后,作者对牟氏提出的“城乡连续统一体”概念表示了公开的支持。

牟氏“城乡连续统一体”概念的论据之一是城市文化与乡村文化的一致性。这是一个容易引起误解的论点。从牟氏原意来看,他并非意图抹杀城市文化的独特功能,而是强调城乡文化与乡村文化的互相渗透和整体性的一致性。该书作者补充道,城市文化当然是一种在很多方面区别于乡村的文化,但并不是一种疏离(alien)于乡村的文化;城市文化无疑是一种“城市文化”,但在使用这一概念时不能将中国的城市现象与西方的混淆在一起。② 在这里,该书作者成为牟氏相关论点的很好解释者和辩护者。

牟氏“城乡连续统一体”概念的另一重要论据是城市建筑与乡村建筑的一致性,在这一点上,该书也为其作了有力的辩护。上文提到,施坚雅曾在《中国社会的城乡》一文中指出,牟氏在论证过程中忽视了城市中一些独特的建筑如“鼓楼钟楼、大贡院、城角城门上富丽的城楼”。针对施坚雅的这一疑问,该书作者反驳说:“如果我们从建筑风格和建筑材料方面来考察这一问题,施坚雅似乎错误地理解了牟复礼的论点。事实上,施坚雅所举的城市建筑的例子,尽管很高大并装饰得很豪华,但并不能证明与乡村建筑有很大不同,并且与一些市镇和大的村庄中更简陋和质朴的建筑很相似。特定的建筑应该坐落于城市还是乡村区域,通常由其名称而非风格所决定。更重要的是,施坚雅所举的例子都与城墙或类似于城墙的结构相联系,因此,这些建筑的独特性并非源于其本身,而是源于城市的象征——城墙。”③

除了“城乡连续统一体”概念之外,牟氏在其《苏州》一文中还提

① Yinong Xu, *The Chinese City in Space and Time: The Development of Urban Form in Suzhou*, Honolulu: University of Hawai'i Press, 2000, P80.

② Yinong Xu, *The Chinese City in Space and Time: The Development of Urban Form in Suzhou*, Honolulu: University of Hawai'i Press, 2000, P81.

③ Yinong Xu, *The Chinese City in Space and Time: The Development of Urban Form in Suzhou*, Honolulu: University of Hawai'i Press, 2000, PP.84—85.

出了苏州城市形态长期“延续”和“稳定”的观点。该书作者同样表示支持,并提供了进一步的解说。他指出,“似乎主要是城墙和城门的形态和位置决定了城市形态在时间中的显著延续性和稳定性”,中国城市发展的“这一特征不仅由不同的物质因素所导致,诸如城市的形态学条件(特别是城市的水道网络)、经济地位和政治决策,也受到中国人关于过去的权威的观念、历史沉淀的积累,更重要的是帝制时期城墙在制度上和象征上的双重特征的影响”。[①]

总之,徐亦农《时空中的中国城市:苏州城市形态的发展》一书继承和发展了牟复礼所提出的“城乡连续统一体”理论,实证并解释了牟复礼所提出的苏州城市形态长期“延续”和“稳定”的现象,以形成自身关于苏州城市形态的系统论述,该书也成为英语世界关于苏州城市史研究的必读之书。

由牟复礼提出并由徐亦农发展的关于中国城市的城墙更多是一种象征而非界限的论述,对中国学者的研究也有所启发。比如,近期鲁西奇指出,“在帝制时代的政治意向中,城墙更主要乃是国家、官府权威的象征,是一种权力符号”,“城墙作为威权的象征而发挥作用,乃是常态;而作为防御设施发挥作用,却是异态”。[②] 鲁西奇还进一步强调,在中国古代,城市、城墙、城市布局都不仅是一种地理存在,还是统治者获取和维护权力的手段和工具;城市形态和布局很大程度上是王朝国家权力的空间展布,主要基于制度的安排而形成;是权力“制造”了城市,“制度”安排了城市空间。[③]

中国陈泳的《城市空间:形态、类型与意义——苏州古城结构形态演化研究》是继牟复礼、徐亦农之后研究苏州城市史的又一部力著[④],该

---

① Yinong Xu, *The Chinese City in Space and Time: The Development of Urban Form in Suzhou*, Honolulu: University of Hawai'i Press, 2000, PP.89—90.

② 鲁西奇:《空间与权力:中国古代城市形态与空间结构的政治文化内涵》,载氏著《中国历史的空间结构》,桂林:广西师范大学出版社,2014 年,第 332—333 页。

③ 鲁西奇:《空间与权力:中国古代城市形态与空间结构的政治文化内涵》,载氏著《中国历史的空间结构》,桂林:广西师范大学出版社,2014 年,第 338—339 页。

④ 陈泳:《城市空间:形态、类型与意义——苏州古城结构形态演化研究》,南京:东南大学出版社,2006 年。

书探讨的主题与牟、徐二氏的研究紧密相关。但是,该书虽然在参考文献中列出徐氏的著作,在整本书中却未出现任何对于牟、徐二氏相关论点的讨论与回应,这不能不说是一种缺憾。

西方最新的一部苏州城市史研究著作是美国学者柯必德的《天堂与现代性之间:建设苏州(1895—1937)》,该书通过城市景观来探讨苏州城市现代性的生成,强调在整体城市景观没有重大变化的情况下,现代性已经通过新式城市景观的建造、旧式城市景观的改造和重新诠释,逐渐渗透到城市生活之中,并支配着城市的发展。① 为证明自己的论点,柯必德对牟复礼、徐亦农强调苏州城市形态连续性和稳定性的论点展开了批判。柯必德认为,徐亦农的研究"有意识地强调苏州的连续性",但"忽视了中国城市构想与城市规划之间存在的变化"。同时,他也强调牟复礼"强调的苏州城市空间的稳定性",是其"大肆鼓吹文化整体论"的结果,是"为其建构中国文明论"服务的。② 柯必德强调,"这些物质上的持续性并不能支持牟复礼认为苏州城市空间保持稳定不变的观点。在其对于苏州历史形态持久性的观察中,牟和其他许多评论家都忽视了'土地在实际利用中发生变化'这一事实,而将其视为附带现象"。他进而指出,"不管怎样,特定的土地利用发生变化时,如修建现代道路并没有从根本上改变苏州的基本形态,却彻底改变了城市空间的功能和意义。归根结底,如果对于城市特定景观的认识发生了变化,人们倾入其中的意义发生了根本改变,那么对其利用也会发生重大转变。即使是千百年来似乎沉默无语的古迹和其他建筑,它们也屡屡被赋予新的意义和功能,从而演绎着城市环

① Peter J. Carroll, *Between Heaven and Modernity: Reconstructing Suzhou, 1985—1937*, Stanford, California: Stanford University Press, 2006。该书中文版为柯必德著《天堂与现代性之间:建设苏州(1895—1937)》,何方昱译,上海:上海辞书出版社,2014 年。关于该书的评论可参考张笑川《从城市景观破解城市现代性——评柯必德〈天堂与现代性之间:重建苏州(1895—1937)〉》,《城市史研究》第 32 辑,2015 年 4 月。

② [美] 柯必德著:《天堂与现代性之间:建设苏州(1895—1937)》,何方昱译,上海:上海辞书出版社,2014 年,第 13—16 页。

境的动态本质。”①

柯必德对于“土地在实际利用中发生变化”和古老景观被赋予新的意义的强调，无疑具有很强的合理性和启发性，它开启了探讨苏州城市形态“稳定”与“延续”话题的新视点。或许牟复礼、徐亦农过于强调苏州城市形态的稳定性，但牟复礼似乎并不否认“土地实际利用中的变化”，他只是更强调城市物理外形的持久性和空间利用形式的持续性。柯必德研究的时段是晚清民国时期，这正是中国城市从传统向现代的转型时期，用这一特殊时期来反驳牟复礼等人的用来概括更长时期的论断，似乎并不完全。或许柯必德的研究具有这样的意涵，即近代苏州城市发展道路的特点是通过给旧景观赋予现代意义和功能来实现自身的现代性转型，那么，这恰可以从反面论证牟复礼关于苏州城市形态稳定性的论点。或许，“城市物理外形”的“持久性”并不排斥土地利用和景观功能的实际“变迁”；或许，正是土地利用和景观功能的实际“变迁”有助于城市形态的“稳定”。总之，无论如何，柯必德的讨论提醒我们关注苏州城市形态中“稳定”和“变迁”之间的辩证关系，也使牟复礼开启的相关议题再次回到苏州城市史研究的视野之中。

① [美] 柯必德著：《天堂与现代性之间：建设苏州(1895—1937)》，何方昱译，上海：上海辞书出版社，2014年，第13—16页。

农民进城和我国早期城市化

——历史的追索与思考

郭松义

在今天，城市化已成为各国现代化过程中无法绕开的一个重要讨论课题。所谓城市化，其中的重要表现，就是农村人口大量流向城市，特别是往中心城市集中。它既为城市发展提供了源源不竭的劳动力，也给农村富裕人口寻找了一条舒缓压力之路。此时，城市已不再是单纯地扮演政治、军事中心的角色。由于工商业者的不断参与，经济因素在其间所占的分量越来越重，而且有的城市就因工商业的发达而兴起；农村人口进城，也不单纯是寻找生活的出路，更重要的是体现了身份上的转换；农民的非农民化，城市的影响和辐射力，更多地表现为经济的，即市场的覆盖能力。从这个角度看，城市化意味着城市功能的变化。

城市化是现代社会的产物，但若把眼光再放远一些，那么类似这样的情况，在我国明清时期业经呈现。它起于明中叶，清代则更加明显，对此，我们权称之为早期城市化现象。

一、早期城市化出现的历史前提

早期城市化的出现，必须具备一定的前提条件：

(一) 商品经济有长足的发展，并形成相当规模的市场网络体系

在我国传统社会里，与地主制经济相伴，商业活动一直比较活跃。以宋代为例，地方有墟集、草市，也有像东京、临安那样商铺林列、买卖

兴隆的特大型城市交换场所，但那主要反映了“小生产者之间的品种调剂和余缺调剂”以及由农村流入城市单向的消费生产品，还不具备真正意义上的商品生产。[①] 这种情况到了明朝中期开始变化。首先在正统初年，南畿及浙江等南方6省有金花银之征，随后被推行到全国。到清代，折银范围进一步扩大，实物赋税所占比重已很少见。官府派征田赋，由米麦豆草等实物改折银钱，等于把原本与市场关系不大的农民，推向商业的漩涡。因为他们必须通过市场买卖，才能得到完课的银钱，从而增强了商品意识，为卖而种，市场决定生产的观念变得清晰具体起来。由是农民不但种粮食，更愿选择收益高的经济作物和林、牧等副业，而且把妇女也动员起来，譬如从事纺纱织布以换取银钱。产品增多了，需要市场的迫切性也加大了。明清以来，全国各地农村集市的蓬勃发展（包括各种定期市集场墟和大小庙会）如实地显示了这一点。由于商人和商业资本的积极介入，农村集市不只是简单的初级物物交易市场，而延扩成为由集市到市镇、再到地区中心城市这样三级或多级的市场营销体系。到清代中期，除少数交通闭塞、经济不够发达者外，商业的触角已深入到全国大部分地区了。

（二）商业的发展促进了城市的繁荣

在一些交通要冲地区，不少工商业型城市和市镇应运而起，其中最突出的莫如位于长江与汉江交汇点的汉口镇和广东西北两江干流通往省城广州要冲的佛山镇。他们都兴于明，及清代而大盛。再如福建厦门，明代还是个并不出名的小岛，清康熙二十三年（1684）开放海禁，于此设闽海关，省内和各地货船多从此出入，很快成为著名商业港口。北方的天津，原系驻军卫所，因地处“九河下游”又濒临渤海，海艘、河船频频光临，很快便崛起成为京师货运门户、北方最繁忙的商业城市。有的城市，虽然仍是行政中心，但功能上却大有变化，譬如苏州，在近代上海开埠勃兴以前，一直在工商业发展上独领风骚，成为全国最具商机的城

① 参见许涤新、吴承明主编《中国资本主义的萌芽》，北京：人民出版社，1985年，第12、13页。

市。这些城市大都分布在长江及其支流沿线、南北大运河、沿海港口、珠江沿线以及各陆路关口隘道，交通便捷且有一定商业基础。城市既是聚货散货之地，也是聚人之处。它们与周边市镇、村集互为依藉，把此地与彼地间用商业纽带联结在一起，打破了以往单纯以行政手段进行沟通的形式。追求经济目的，已成为这些市镇发展的重要动力。

(三) 国家对人户控制政策的松动和在司法上确认雇工与雇主之间的平等地位

在明初或明朝以前，国家的赋役政策是以田地和人户为准。田有田赋，按不同等则缴纳米麦豆草等实物；户或丁则负担杂派和劳役。为了确保赋役征派，官府需定期进行户丁编审。明代实行的是黄册登录制度。黄册每十年攒造一次，详细开载每户人丁成员、年岁和事产，并按 10 户为甲、110 户为里的形式进行编排。清代先定三年一编审，嗣后改为五年，编排或编审的目的就是要把人丁严格地固定在本乡本土，不得任意流动。当然这是很难做到的，这除了因不堪赋役负担逼使贫苦百姓逃亡外，因商品经济发展，引诱人们外出寻求新出路者也越来越多。明朝后期官府推行一条鞭法的赋役改革，既是为适应变化了的新情况，同时也在相当程度上缓释了国家对人户的控制。到了清代全面实施"摊丁入地"，将原来还保留着的按人丁派征的代役银，统统匀入田赋之中，从此官府只要认定田主，就可以保证赋税征收，对于人户的流动也不如以前那样引起恐慌了。雍正四年(1726)，直隶总督李绂以"直隶丁银业已照粮均摊，是编丁之增损与一定之丁银全无关涉，而徒兹小民繁费"，上疏请求停止户丁编审。[①] 李的奏请虽然没有得到允准，但因户丁编审实际意义已经不大，各地州县"不过沿袭虚文"以应付上司，所以到乾隆三十七年(1772)，朝廷终于下谕各省直督抚，将编审之例"永行停止"。[②] 停罢编审，意味着长期以来以人户作为役使对象的做法就此结束。不仅如此，清朝政府还于乾隆二十四年

---

① 《穆堂初稿》卷三九《请通融编审之法疏》。

② 《清高宗实录》卷九一一，第 6 页。

(1759)、三十二年(1767)、五十一年(1786)多次讨论和修改雇工条例,确认雇主雇佣耕种工作之人并店铺小郎之类,平日共坐同食,彼此平等相称,不为使唤服役者,无主仆名分,法律上以凡人科断,身份与雇主等同。[①] 由此人们可从统治者下获得更多的人身自由,冲破了用工和求雇者中的法律障碍,加强了农村和农村、农村和城镇间的联系,人们谋生的出路扩大了,从而又促进了城镇的发展,使商业和手工业获得更多的回旋空间。

(四) 在一些传统农业区,由于人口的增加,人地矛盾日趋突出,促使愈来愈多的农民向外流徙,以寻求新的出路

流民问题,历来都有,但那主要出现在大战乱和大水大旱的灾荒年代,人们为了逃避战争杀掠和饥荒,携老抱幼,成批出外流亡。这样的流民群,常常具有人众势猛的特点,并加剧时局的动荡。但他们一般延续时间不长,只要当权者绥抚得法,一旦战乱平息或灾荒过去,流民们又会重新返还故乡,或回到土地从事耕作。可新的情况不同了,正像有人所说:“天下田土止有此数,而生齿日繁,斯民虽逢乐岁,生计常苦不足,非民不能谋生也。”[②]它大致具有如下特点:其一,这些外迁者不只出现在灾荒战乱的年代,每年每月乃至每日都在发生,且多数是个人或家庭式外迁,不属集群性流动;其二,他们的流迁形式大体是从人口密集区流向人少地旷、尚待开发区,从经济落后地迁入经济相对发展区,或者向仍有劳动力需求、觅食门路较广的城市和交通沿线集中;其三,这些人群外出后,虽然和故乡有着千丝万缕的联系,也有重新返还故土的,但很多就在新地谋生立业。随着时日的增多,他们的思想和生活方式,与故乡渐行渐远了。这种含有新内容的离家外出者,在明代中期业经出现,及至清乾隆年间已相当普遍了。

有关清代的人口外迁,我们可以从刘翠溶教授所作的统计中得到清晰的印象:作者通过对南北 49 种家谱 147 941 个男性成员的观察,

---

① 光绪《大清会典事例》卷一八〇。

② 石韫玉:《独学庐五稿》卷二《潘公畿辅区田说序》。

发现离开原居地迁往外地的有18 696人,占总人数的12.64%,外出谋生已成为不可忽视的动向。至于迁徙范围:限于本州本县的11 765人,占其总数的62.93%;省内流动的3 429人,占18.34%;流向外省的2 262人,占12.1%;远走国外的126人,占0.67%;另有情况不明者1 114人,占5.96%。[①] 他们中,尽管多数只在本州本县内流动,但也应看到约三成人已跨越府州,乃至离省、离国作较远或很远距离的流动了。由于刘教授的统计没有包含具体的去向和所从事的行当,故笔者特从中国第一历史档案馆所藏“乾隆、嘉庆两朝刑科题本”中辑得1 831件人户资料以作补充。[②] 他们中,除占5%多的人去向情况缺载,其余开地耕作或为人佃种和充当农业雇工的占45%;另有11.5%的人游走于农村,从事货郎、小商贩和以打铁、木作等手艺生活;再有约7.5%的人进入矿山、窑场、纸厂等做工出力。在许多外出人口中,最值得注意的是剩下的31%人户,他们不但离开了农村,绝大多数已与农业无缘,进入城市寻找新的生活出路,即人们所称踏入“农民的非农民化”进程。这其中,约24%的人户活跃于一般府州县城和地方市镇,更有7%的人户涌向北京、苏州、汉口、佛山、扬州、重庆、厦门以及省级以上中心城市。基于样本数量有限,我们不能说从档案“题本”中得的统计可作绝对凭依,但至少说明,农民离乡进城已成为他们谋求生计的重要选项。

二、农村人口大量进入城市

在当前的城市史或市镇史研究中,对于明清以来城市或市镇的发展,很注意两个指标:即是城市或市镇的数量和规模,再就是它们的人口增加数。在谈到有关人口数量的增加方面,虽有学者指出除商人外,很多工人和服务性人员来自外乡和周围农村,但总的还是强调不够。其实,正是由于他们的源源进入补充了城市劳动力的不足,才是

① 《明清时期家族人口与社会经济变迁》,台北中研院经济研究所,1992年,第254页。

② 嘉庆朝的数字主要辑自杜家骥主编《清嘉庆朝刑科题本社会史料辑刊》,天津:天津古籍出版社,2008年。

这些城市得以不断发展扩大的一个重要原因，同时也构成了中国早期城市化的一个重要内容。

由于缺乏系统完整的资料，我们在了解外地农村人口进入城市以及进城后谋生状况时，会有很大的困难。不过只要我们注意资料的爬梳，还是可以了解到不少有益的信息。

(一) 苏州

苏州在清代是江苏藩司驻地，又有府署和长洲、元和、吴三县衙，官役人数众多，是个政治性城市，可实际上更是个重要的商业、手工业中心。乾隆《吴县志》称："城中东西分治，西较东为喧闹，居民大半工技。金阊一带，比户贸易，负郭牙侩辏集。"又说："百工技术，吴人为众，而常苦不足。"[①]就商贸而言，驻城的除晋、徽两大商帮外，还有来自山东、广东、江西、福建、浙江等地商人。像江西商人多从事麻货、纸张、柴炭、生漆、瓷器、烟叶等行业，福建商人则分成洋帮（贩卖洋货）、干果帮、青果帮、丝帮、花帮和紫竹帮等专业性商帮。他们往往根据各地所产和经营所长开行设铺，供应所需。根据当时从商习惯，外地老板设置商号，总要随带一批本乡店伙、学徒，这些人大抵来自农村或周围亲朋好友子弟。清代的苏州还有很多手工作坊，所用技工缺口得由外地引入，其中有的行业几乎多由外籍佣工所占据，兹见下表：

表 1　苏州府城有关行业中的外来匠作[②]

资料显示时间	从事行业	原籍府州县	人数或铺号数
雍正	染坊踹布工匠	江苏江宁、安徽太平、宁国	20 000 余人
乾隆	造纸工匠	江苏镇江、江宁等处	800 余人

① 乾隆《吴县志》卷一。

② 列表资料本自《雍正朝汉文朱批奏折汇编》第 1 册，南京：江苏古籍出版社，1991 年，第 216 页；《明清苏州工商业碑刻集》，南京：江苏人民出版社，1981 年，第 94、154、205、207、221、259、260、267、278、293、296 页；《明清以来苏州社会史碑刻集》，苏州：苏州大学出版社，1998 年，第 286、290、306、325、675 页。

（续表）

资料显示时间	从事行业	原籍府州县	人数或铺号数
乾隆	治坊工匠	江苏无锡、金匮	列作坊 14 家
嘉庆	硝皮业工匠	江苏江宁等县	
嘉庆	剃头业者	江苏无锡、句容、丹徒等地	
道光	制烛工匠	浙江绍兴	铺号百余家
道光	麻油业帮伙	江苏溧水、浙江绍兴	
道光	水灶工	江苏溧水等县	
道光	板匠作帮工、学徒	浙江杭州、绍兴	
道光	绸缎、锡箔业店伙、工匠	浙江杭州等地	
道光	肉店帮伙	籍隶异乡	
道光	瓜帽业帮工	多有来自异乡	
同治	烟铺伙匠	安徽泾县、太平	
同治	朱蜡硾笺纸业帮伙	类多异乡	
同治	酱坊伙众	徽州、苏州、宁波、绍兴	铺号 86 家
光绪	面饭馆店伙	江苏无锡、常州	铺号 90 余家，列名 253 人
宣统	煤炭业同伙	浙江宁波、绍兴	

以上只就笔者所见资料进行罗列，但已可看出在苏州的各行各业中，外乡匠伙之众多。若按籍贯论，占首位者是近边的苏南各州县，再是毗邻的安徽、浙江两省，而且在就业行当上，有着明显的地区划分特点。类似此等同乡相聚的情况，在下面即将涉及的城市中也同样存在。这可能与外迁移民初时不谙新环境，需要亲朋老乡帮衬照顾，以致相沿成俗是分不开的。对于苏州，有人从消费的角度形容该城："商贾云集，晏会无时，戏楼酒馆凡数十处，每日演剧养活小民不下数万。"又说："如寺院、戏馆、游船、青楼、蟋蟀、鹌鹑等局，皆穷人之大养济院。"[①]这

① 钱泳：《履园丛话》，北京：中华书局，1979 年，第 26 页。

其中的下等粗累活,很多也是雇佣外乡进城农民来做的。

(二) 北京

北京是京师,全国的政治中心,居民构成除了登录于大兴、宛平册籍的在城民众,还有皇室贵族、大小官员、吏书、八旗兵丁员役、在官匠作以及各等眷口。就京师的经济属性,应归于消费型一类。城市既要消费,便要有人为其服务,于是各色商贾和周边农民纷纷进入以补缺口。正像有人所说,京师“五城百万人家,此等不少,未必皆为土著,或以营生失业而流落,或以在远趁食而未归,闻风谓地大而容易久居,则人众而难给,求食为艰”。[①] 他们中绝大多数都是进城寻工的贫苦民众。按,据笔者由档案辑得的 1 768 个外来人口样本显示:来自直隶(今河北)的占 63.46%,涉及全区 93 个州县;其次山东,占 20.25%,涉及 63 个州县;再是山西,占 9.06%,有 31 个州县;余下分别来自河南、奉天(今辽宁)、江苏、安徽、浙江等 15 个省份。[②] 这些在京的外来客,多数是从事出卖苦力的活,像为人佣作、赶车、抬轿、挑煤、看井送水、背粪、掏沟填土,也有充当作坊工匠、学徒,以手艺为生的如泥瓦木作、搭棚、做酱、琢玉、理发、修脚、补旧、裁缝、制鞋、做帽等。从事商业活动的也不少,不过多数是店伙和学徒,再就是推车、挑担的小贩。地位最低的是卖身为奴者,还有通过自净进宫或派入王公府第的太监。在进京者中,大多是只身单个,可不乏携带妻儿家口的,也有被拐带的单身年轻女子,以及因丈夫去世,或家用不继需要外出揽活的妇女。她们为人佣作、梳头、做奶妈,或洗衣缝纫,也有被卖作婢妾和沦落为娼妓的。

与苏州一样,北京的外来人群在从事职业时也具有明显的地域特点,像看井送水多由山东胶东来者,北京竹枝词中有“山东人若无生

---

① 中国第一历史档案馆编:《雍正朝汉文朱批奏折汇编》第 1 册,第 733 页。

② 所辑样本分别得自中国第一历史档案馆藏“乾隆朝刑科题本 · 土地租佃类和婚姻奸情类”“宗人府来文 · 刑罚类”“内务府来文 · 刑罚类”“刑法部档案 · 刑罚类”。

意,除是京师井尽干”,便是指此。[①] 北京每年要接受由南方运来的大批漕粮,然后晾砻加工,其“碓房多山东登州人”。[②] 而“京城内外成衣匠者皆宁波人也”。[③] 山西人素以善于经商著称,北京的各商铺号也少不了他们的足迹,其中富者为掌柜老板,但更多的是下层员工。直隶进京人数最多,从事的行当也最复杂。“京师瓦木工人多京东之滦蓟州人。”[④]香河、武清、宝坻等县除做苦力外,也从事剃头等业。从定兴县进京的多聚集在南城天桥、金鱼池一带,摆摊设坊,叫做定兴摊。那是专卖旧货的,从小市上弄点儿被人弃置的物品,归置修理一下,摆摊再卖,对象是穷人。还有打剪子、打铧、做壶、做铜盆、做锯的,以当街作小手艺糊口。[⑤] 这些从史籍记载中摘得的情况,和我们由样本里了解的,差不多都能吻合。在当时,只要北京需要什么,便会出现这些人的身影,而且干的都是最脏最累,是官爷、八旗子弟和在城居民不愿做、不屑过问的活。夏仁虎在《旧京琐记》中谈到在京山东人得以立业的原因时说:“北京土著多所凭藉,又懒惰不肯执贱业。鲁人勤苦耐劳,取而代之,久遂树势力矣。”[⑥]其实夏说的事,不只是山东,在山西、直隶等外来者中也是如此。可以说,正是这些外来者打理了北京城的吃喝拉撒,推动着偌大城市日常生活的运转。

(三) 上海

上海的大发展是 19 世纪 40 年代开埠以后,在这之前,因其地系清朝江海关所在,江南沙船出海进海,常常于此停泊,从而吸引了不少外地流民到此觅食。早在嘉庆时,两江总督铁保就提道:上海黄浦一带,向有闽、广、浙省流民前来谋生,其中也包括了“失业无赖之徒”。[⑦]

---

① 《清代北京竹枝词》,北京:北京古籍出版社,1982 年,第 52 页。

② 李光庭:《乡言解颐》,北京:中华书局,1982 年,第 107 页。

③ 钱泳:《履园丛话》,第 324 页。

④ 夏仁虎:《旧京琐记》,沈阳:辽宁教育出版社,1989 年,第 127 页。

⑤ 定宜庄:《老北京人的口述历史》,北京:中国社会科学出版社,2000 年,第 688 页。

⑥ 《旧京琐记》,第 126 页。

⑦ 铁保:《梅庵文钞》卷二《筹办海防章程疏》。

为了避免本地和外来脚夫在码头杠运货物时发生争端，嘉庆八年（1803）上海县衙特立石规定，双方分别界址，凡有店销粮食、油、酒及航报等船只钱货等项，俱准外来流民即称‘箩夫’者参与运送；另如婚丧舆轿、渡船驳载货物，听商民随便雇佣。上海隶属于松江府，清代松江布名闻海内外，可浆染布疋的蓝靛业，早在乾嘉时已被浙江乍浦（属海盐县）人所掌握，以后兰溪、富阳等县人又染指于此；经营蜡烛的分成宁帮和绍帮，就是宁波人和绍兴人。做衣服的裁缝，除了从苏州来者，浙江宁波府人占有半壁江山；再如水木、雕锯、石作、清水、粽榻等工匠，也是江苏和浙江两省人平分天下。① 自太平天国占领南京，苏南各州县相继沦为战场，江宁及苏、常等府州很多百姓为躲避战火，纷纷进入上海，城市人口大增。待“天下既定，乡人赖生计于此而不得归者犹众”。② 同治间，上海人口号称百万，实约80万，是除京师以外的最大城市，其居民“五方杂居，客籍多于土著”。③ 上海的发展与外乡劳动力的支持有着密不可分的关系。

（四）佛山

佛山位于广东南海县，自明代兴起，与湖北汉口等地号称天下四大镇。冶铁是其主要产业，与之并列的还有陶瓷、纺织，以及铸造、造纸、成药、颜料、爆竹、衣帽等行业，是个商业和手工业同时发展的镇市。据有的学者确认，乾隆时该镇已有人口20万，道光时又增至24万至27万。④ 这么快速增长的人口，很多来自外乡，如说：“四方辐辏，附图占籍者几倍于土著”；又说：“四方之商贾萃于斯，四方之贫民亦萃于斯；挟赀以贾者什一，徒手而求食者什九。”⑤这些外乡人，除商人常来自外省，手工匠作则以本省周围县份为主。像四会县早在嘉庆时，

---

① 《上海碑刻资料选辑》，第77、131、212、285、309、371页。

② 《上海碑刻资料选辑》，第379页。

③ 李维清：《上海乡土志》，上海劝学所发行，光绪三十三年（1907），第15页。

④ 黄建新、罗一星：《论明清时期佛山城市经济的发展》，载《明清广东社会经济研究》，广州：广东人民出版社，1987年，第43页。

⑤ 乾隆《佛山忠义乡志》卷二、卷六。

就有“遣子弟学工艺,懋迁于佛山、省城者”,而且愈来愈众。[①] 又如从事打铜、铜箔的工艺行业,多系肇庆府人[②],等等。

(五) 重庆

这里指的是重庆府城。重庆连同整个四川,在明清之际遭受过严重破坏,百姓死伤流徙。但到了乾隆、嘉庆时期,该城因位于长江和嘉陵江交汇口,地理位置优越,已发展成为长江上游最繁忙的城市了。有人形容它“万家烟聚,坊厢廛市,傍壑凌岩,吴楚闽粤滇黔秦豫之贸迁来者,九门舟集之蚁,陆则受廛,水则结舫……至于附郭沿江之充募水手者,千百成群”。[③] 当时,重庆的商业大抵掌握在外地人手里,如人所称:“渝城各行户,大率俱系外省民人领帖开设者。”在外来商帮中,由江西人经营的有铜铅行、药材行、布行、山货行、油行、锅行和麻行;属两湖人的有棉花行、靛行、山货行、杂货行、麻行、布行、瓷器行、锅铁行、花板行、猪行、酒行;福建来者有山货行和烟行;江南(江苏、安徽)有纸行、糖行、瓷器行;陕西有毛货行、油行、山货行、布行;广东省有纱缎行和山货行;另有本省保宁府的丝行。[④] 至于店伙、工匠,差不多常与老板同籍贯。另见记载的像丝织机房的手艺工匠,有来自湖北的;制造花素衣扣的师傅,则分成川帮和广帮,广帮便是广东人;打造金银首饰工艺者,多籍隶江西;陕西客民常选择开设磨坊,提供麦面食粮。[⑤] 一些无一技之长者,多从事苦力的活,聚集在各水陆码头,等待抬箱扛包的,更是各地都有。他们“无论西南各省各州县属穷黎投渝,束手寻贸觅食,均可背运送下”[⑥]。根据笔者对《清代乾嘉道巴县档案选编》一书的检索,当时进入重庆的异地佣工,外省以两湖人士为最多,本省涉及的州县有璧山、合州、江津、南充、长寿、涪州、泸州、富顺、

① 光绪《四会县志》编一。

② 民国《佛山忠义乡志》卷六。

③ 乾隆《巴县志》卷二。

④《清代乾嘉道巴县档案选编》上,成都:四川大学出版社,1996年,第253—256页。

⑤《清代乾嘉道巴县档案选编》上,第241、243、337、386页。

⑥《清代乾嘉道巴县档案选编》下,第7页。

南川、大足、金堂、綦江、叙州、长宁、忠州、犍为、遂宁、保宁、渠县、合江、江北、丰都等20余个，从事的工种有雕工、染匠、修脚、扛包、背货、担水、裁缝、织毡、木匠、做饭、小贸营生，妇女则有逼迫作娼的。上述统计，尽管不能囊括全部，但可以看出外来人口在重庆城市发展中所占的重要位置。

除了以上单列考察的城市以外，还有很多城市的情况也是如此。

譬如汉口，“户口二十万，五方杂处，百艺俱全，人类不一”。[①] 所谓“五方杂处”，便指城中各地人皆有，诗称“此地从来无土著，九分商贾一分民”，又说“瓦屋竹楼千万户，本乡人少异乡多”。[②] 更可作为“五方杂处”的注脚。

江西景德镇，号称天下瓷都，入清后，民窑大盛。各地商人纷纷前往采买，同时也带动了相关行业的发展。为了填补工艺人手的不足，诸如坯行、车坏行、画行、彩行、茭草行、柴行诸人等，“动以万计，率多别籍异民”。[③] 像满窑工起先多来自平乐县，后来又补充了鄱阳人和都昌人。[④] 据称：该镇“列市受廛，延袤十三里许，烟火逾十万家，陶户与市肆当十之七八，土著民十之二三”。[⑤] 说明别境百姓占了很大的比重。

福建厦门，与造船业有关的“土木金银铜铁诸工，率自外来，船工大盛，安业者多移居焉”。[⑥]

北方港口城市天津，早在康熙时，就有“屈指版图，土著仅十之二犹歉”的说法。[⑦]

浙江杭州，康熙时有人形容：“四方之民朝东暮西，如鸟之飞、鱼之游，流寓多于土著。”[⑧]

---

① 晏斯盛：《请设社商疏》，《清朝经世文编》卷四。

② 叶调元：《汉口竹枝词》卷一；《汉口丛谈》卷二。

③ 凌燽：《禁窑厂滋事》，《西江视臬纪事》卷四。

④ 蓝浦：《景德镇陶录》卷四。

⑤《景德镇陶录》卷八。

⑥ 道光《厦门志》卷一五。

⑦ 康熙《天津卫志》卷四。

⑧ 康熙《钱塘县志》卷六。

南台是福建省城福州最繁华的工商聚集区，雍正末，有官员具折称，该地“居民不下数十万户，五方杂处”。① 居户数十万，固然言过其实，但五方杂处，应该不假。

湖南省会长沙，虽不是出名的工商业城市，但也是“佣工担夫率皆邻县远省仰食其间”。②

道光时，四川成都因流民太多，每日清晨城门开启后，“四门进城者不下二万人……为人扛抬负重扫地拾秽以资口食”。③

武昌，“其廛肆牙侩、鱼米市魁、土木技艺、卜巫阴阳，率多外籍”；又说：“攻石之工资于大冶，攻木之工资于蒲圻，攻金之工资于兴国。安徽太湖亦多有之，制皮革者资于黄州府蕲水。”④

上面列述的，主要是指省会以上或有名的中心城市，其实农村人口进城，更多的是选择就近府州县城和一般地方镇市，先前我们所作的统计也证明了这一点。之所以如此，首先是当时大城市的数量有限，容纳不了众多人进入；其次，大城市虽然就业门路较广，但往往远离家乡，一旦失去生计，生存的风险就相对较高，而这种情况确经常发生；第三，农民传统生产方式和风俗习惯影响所养成的对乡情故土的依恋，也使其只要近处城镇有容身之地，一般不会漂泊到更远的处所。其实即使能进入大城市的，也不都是遥遥千里之外而来，这从笔者引述苏州和北京外来者原籍状况便可得知其大概了。清代中期社会经济的繁荣，同时带动了各府州县城市的发展，尤其是一些专业性工贸城镇，发展更显突出。就在这些城镇里，无不充斥着来自外地或近旁农村的商贩和各种寻工求食者。这就是我们在农村外流人口去向抽样中约占两成多人的下落之所在。类似此等资料记载，可见者亦不在少数，但限于篇幅，不再一一罗列。

① 《雍正朝汉文朱批奏折》第24册，第268页。

② 乾隆《长沙府志》卷一四。

③ 张集馨：《道咸宦海见闻录》，北京：中华书局，1981年，第121页。

④ 同治《江夏县志》卷五；光绪《武昌县志》卷三。

三、农民进城给城市管理带来的挑战

农民进城,促进了中国早期城市化的进程,也给城市管理带来了许多新的挑战。当时农民进城,主要为了寻找生活机遇。他们除了靠先期进城的乡亲带领引荐外,也有相当部分是无亲无靠的闯荡求食者。由于后一类人进城,多少具有盲目碰运气的性质,当劳动力供大于求时,很可能成为流丐一类,干扰城市生活的正常运行。像四川重庆,"游民结队,百十其群"。他们"居住亦无一定之所,即欲穷其踪迹,究其由来,而萍飘梗泛,迁徙靡常。地方官即严密稽查,实有编排所不能到者,故川省难治之区,重庆为最"①;福建厦门,"有谓五方杂处之地,亡命无赖之徒,一旦无地容身,必致流为盗贼"。② 为什么会有这样的说法?这是因为传统的中国城市,居住者或官员、兵弁等都相对固定,所以城市的秩序也显得平静而有序。可新情况不同了,随着商品流量加大和外乡人不断进入,城市呈现出动和变的景象,于是便有官员感到焦虑无法适应了。

面对此情此景,统治者为了加强对城市的管理,除添置官员、增设衙门外,更强调编制保甲、清理坊厢人口。编制保甲并不是新东西,但针对城市外来人口,却包含了新的内容。像北京,早在康熙、雍正时候起,朝廷就多次下谕,要求负责治安的五城司坊及巡捕营,认真查察房屋承租者的来历、铺保,凡确有常业,无论候补、候选、读书、贸易人等,可准居住,至游手好闲并无恒业、行踪诡秘、往来莫定之人,一律递回原籍。③ 所以对于进京就业的外来者,为了免遭清理,首先得找好居所和一份能表明身份的工作。但也有不少人,因为一时无法寻得工作处所,又不甘心返还农村而过着东躲西藏的生活。类似北京的规定,也适用于其他城市。乾隆二十二年(1757)经户部请旨议准,凡客民在地

① 《清代乾嘉道巴县档案选编》下,第347页。

② 道光《厦门志》卷一五。

③ 光绪《大清会典事例》卷七五三。

方开张贸易置有产业者，与土著一例顺编保甲。[①] 当时，凡商店铺号和作坊，其雇佣伙计、工匠、学徒，均随主人户下名册进行登录。[②] 这种情况直到清末，仍被官府当成是控制外来人口的重要手段。像上海，在一些租界地区已出现西方新的户籍管理系统时，中国当局仍坚持旧规，认为“本邑（指上海）人数之多，实由五方杂居，客籍多于土著，而良莠不能齐，故编查户口，实为要政也”。[③]

对于外来人口比较集中的工场作坊一类行业，则实施按执业类别统一编管。像苏州，有来自江宁和安徽的数万名踹布工匠，“孑身赤汉，一无携带”，平日歇居通过保（包）头租赁房屋，于是官府便通过保头编甲，责其互相稽察，又选择老诚练达者充任坊长，“凡有踹匠投坊佣趁，必须坊长认识来历，方许容留”。坊长之上又有坊总，由官府颁给团牌，管押各甲；“踹匠五人连环互保，取结册报，一人犯事，日则做工，夜则关闭在坊”。又如制纸业，也是外籍匠人众多的行当，原来各坊在登记时缺少各匠籍贯簿册，乾隆时亦要“仿照宪定踹匠章程例”执行。[④] 苏州的做法，又被推广到江南其他地方，松江府嘉定县规定，凡店家雇佣踹匠，需以“包头内择老成者为坊长，管辖九家，如容留流棍，坊长十家，一体治罪”。[⑤] 当然也有像四川成都那样比较放任的办法。那里在没有“立定章程”、遍查保甲之前，曾实施一到日落关闭城门之前，将两万多名“籍贯既不可考，姓氏亦未必真，收管无人，听其自为生活”的外来求食者，概逐出城，待次日清晨打开城门，才又让进来。[⑥]

外地客民不断入城，同时也加剧了诸如就业、销售和保护行业垄

① 光绪《大清会典事例》卷一五八，第5页。

② 在《清代乾嘉道巴县档案选编》（下）《保甲・治安・户籍・人口》类目中就见到这样的例子。又据由许檀教授向我提供的山东“滋阳县户口册”展示，这些外籍人士在户籍登录时需以所开铺号领头，如御桥西大街三户，“泰丰店潮烟铺李允泰，湖北人，三十一岁，伙计石高升十五岁、刘安程五十岁、李道生七十岁、韩永义三十岁、王景成三十岁”；佛爷庙大街二户，“双兴店火镰铺白永法，怀庆人，六十一岁，伙计焦广兴二十四岁、秦景太二十八岁、赵清云二十四岁、焦德兴十四岁”等。

③ 李维清：《上海乡土志》，上海劝学所，光绪三十三年发行，第15页。

④《明清苏州工商业碑刻集》，第69、94、67页。

⑤《上海碑刻资料选辑》，第99页。

⑥《道咸宦海见闻录》，第121页。

断等方面的矛盾，这些矛盾既出现于主客之间，亦不断上演在客客方面。像北京，自康熙至嘉庆初，陆续开设茶馆、南果铺80余家，店主和柜案人等，有来自京师附近各州县和远至江南的地域之别，为了协调南北两案关系，并就店伙工时、工价、收徒入行订立规矩，糖饼行曾多次会商，达成共识，还行文立石以示昭信。再如道光二十九年（1849）京师各猪店共树“猪行公议条规碑”，以及清末旅沪浙江乍浦籍人所立“靛业公所碑记”，苏州的浙江宁波、绍兴籍铺户呈文当局请立“坤震（煤炭）公所续议章程碑”等[①]，都属于同一性质。这种由行会、公所乃至同乡间商定的协议，还得上呈官府备案，这既为显示郑重，也是为日后有人出现违规，告官时有例可索。

还有许多场合需要官府直接出手进行干预，这大体可分为两种情况：

一是围绕争夺市场码头，对不同行业、不同地域集团间出现矛盾进行裁决。类似例子有嘉庆八年（1803），上海县为调解外来流民参与大小东门等地客货运送，干扰原帮承值秩序，发生争执，于是由县衙出面，重申乾隆间旧例，强调新至流民，除行铺佣工、搬送客商零星物件，悉听其便外，“不得伙入杠帮，以杜失误推诿”。又，同治九年（1870），上海县针对水木、雕锯、清水、石方、棕榻手工营生者中，本地匠作和来自江浙各帮的外地匠作，为划一工价、拜师收徒弟统一条规作出遵行公示，也是由官府出面确认的。[②] 类似情况，不止在江南城市经济发展较快的地区有，即连长江上游的四川重庆也可见到。道光二十九年（1849），重庆码头，因省内本帮力夫和湖南茶陵杠帮，为抢夺来船货物运送争执不休，为此，巴县衙门发出告示称，嗣后凡“川帮力夫只许负运浙江馆晒厂、仁寿宫晒厂、建丰站、恒盛德四处客货，其余别处客货，仍归茶帮力夫运送，两勿竞争”。[③]

---

① 《明清以来北京工商会馆碑刻选编》，第130—151页、151—152页；《上海碑刻资料选辑》，第371页；《明清苏州工商业碑刻集》，第278页。

② 《上海碑刻资料选辑》，第76、311页。

③ 《清代乾嘉道巴县档案选编》下，第14页。

再一种是参与解决劳资间因经济纠葛出现抗争而作出决断。前述苏州踹布业,其工匠都是些外乡普通民众,不免受到轻视。他们工作的劳动强度大,待遇本来不高,又常被克扣工价伙食,招致生活困难,于是便有"齐行"之举。"齐行",用现在的话来说,就是罢工,是用此手段向雇主争取经济权益。虽然它不直接针对官府,但面对如此群体性的抗争活动,不能不引起当局的重视,并采取禁止踹匠齐行增价,用编立坊甲约束工匠行踪,以及阻挠成立踹匠会馆等手段横加遏止。当然为了表示公正,官府亦同时向布商提出:"嗣后踹布工价,仍照前宪立碑定例给发,不得短少。"①再比如江西景德镇窑厂各行工人,多系别籍异民,也因劳资纠纷等原因,常有罢工罢市行动。对此,官府一方面宣布,若有纠结同行罢工抄殴,"定即严拿,按律重处",同时又告诫窑户,"应给一切工价饭食,各宜循照常规,公平交易,以恤穷工,亦不得刻剥滋事"。② 就笔者所见资料来看,清代城镇中伙匠们的"齐行"行动,已不属个别,亦不止发生于外来人员中,但鉴于外来者在城市大多处于低层,易受欺凌,生活的实践,使其感到只有抱团行动,才能稍解困局,致多数"齐行"都有他们的身影。

官府的上述做法,基本上遵循以管控为主的传统统治方式,且出手多显被动,缺少主动疏导,说明面对当时城镇经济的迅速发展和农民进城后出现的新问题,统治者在管理思路上还无法迅速跟进,以做到应对自如、引领于前。

四、进城农民所遭遇的生存压力

农民进入城市,离开原先熟悉的生活环境,进入到一个新的世界,这也是大考验。尽管那时的城市不如现代城市差别那么大,但毕竟与农村有别。在农村,农民作为小生产者,需按四时节气早出晚归地劳动,然而有农忙农闲之分,即使到了田头,忙和歇以及在把握劳动强度

---

① 《明清苏州工商业碑刻集》,第 69、94、67 页。

② 凌燽:《西江视臬纪事》卷四《禁窑厂滋事》。

上，均可自行掌握。总体而言，他们的生活和工作都相对自由，缺少约束，这与进城入铺进作坊乃至当苦力，必须守时受监管，事事要按行业规矩来做是不同的。再就是在城市。人们天南地北，来自各方，职业不同，等次有别，在人际关系上远比农村复杂得多。最后是生活成本。农民从进城那天起，包括吃住用等，都得计算成本。类似像北京这样的大城市，甚至连喝水、如厕都得花钱，正如有人所说，“种种皆取办于钱”。[①] 而且即使能熟悉应对了，只要本身的社会地位不改变，也很难得到在城主流民意的认同。曾有这么一种说法，称由乡下“住省城三年后不知有农桑，十年后不知有宗族，骄奢游惰，习俗移人，鲜有能自拔者”。[②] 此是指生活习惯而言，其实真的要割断与农村的联系，融入城市，可能得更长时间。

归根结底地说，进城农民经受的压力，还与他们奋斗所得到的成就密切相连。先前，笔者试以个案分析的方法，对进入北京的 381 宗山东移民拼搏状况作出估测，大概有三成人开了店，有了作坊、厂子，或任掌柜、夫头而小有成就；另有四成至五成人则以佣工度日，也有摆摊搞贩运的，虽比上不足，也算站稳了脚跟，能够活了下来；真正处于挣扎彷徨乃至甘居下流的，占二成左右。[③] 虽然各个城市的情况并不一致，但大体可作参考。照此看来，进城后多数农民的生活境遇处于中等以下乃至下等的水平，还时刻存在包括失业在内的各种压力。大概地说，进城农民经多年努力，一方面他们已习惯于城市生活，很难再返回农村；可另一方面，又不满于城市的势利，诅咒好运轮不到自己头上，陷于奔命不息的征战之途。

为了能适当减少压力，当时在外来客民居住比较集中的城市，都出现以帮扶同籍或同行为宗旨的救助组织。较早的像在京浙江商贾借洒酒酬神、敦穆乡梓之名，于康熙初在前门外建立正乙祠一所，又于永定门外立土地祠置办义冢。后又不断有所扩充，原因就是“天地间，

① 唐甄：《富民》，《清经世文编》卷七。

② 乾隆《吴郡州里志》卷五。

③ 参见拙文《清代北京的山东移民》，《中国史研究》2010 年第 2 期。

事之有成有败,有兴有衰”,一旦遭遇患难疾病时,可相互维持,殁而无所归依者,可有殡葬之地[①];又像乾隆十一年(1746)由山西潞安府在京经营铜、铁、锡、炭诸货商人建立的炉神庵,除用作祭祀会议外,亦是为乡人“养病停柩”之所[②];再如来往于重庆与沿岸城市间的川北各县船夫,“因前人虑船夫每至年迈病故时无济”,于道光二十三年(1843)设立新兴会,规定每人至渝一次,取厘金100文,“积贮济遇病身故之需”。[③] 广东佛山镇设有江西义庄义冢,系赣省客粤谋生者捐款所建,其意也是为了一旦遭遇不幸,可使飘零异乡又无力扶梓回归者有棺可停,有地可葬。[④] 在更多的场合,此类周济贫病、养生送死之事,常由建于各地的会馆、公所兼担。正如有的学者所说:这些会所,“每年都拿出经费的一部分(有的占大部分),作为无依无靠的贫苦同行生病时熬汤煎药或死亡后丧葬补助费用。每个行会,都设有一处或多处义园,作为同行死后停灵埋葬之用。这种同行福利事业,在某些行会组织内部,有时竟达到了喧宾夺主的地位”。[⑤] 此类同行、同乡间的救助行为,虽然能为那些孤苦飘零者提供一丝慰藉,但面对不断进城的庞大外来人群,仍显得杯水车薪,不能把更多人包括进来。前些年,笔者曾通过清代北376宗自杀样本,按照旗人、在京居民和非北京籍的外来人口三个群体进行比较,发现自杀比例最高的是非京籍的外来者,之所以如此,亦是因为这个群体所受生活压力最大、职业无保证,且缺少救助。[⑥]

由于农民进城,除少数带有眷口,很多都把妻儿留在家中,更有年轻的光棍汉,这就又牵出他们的婚姻家庭以及与老家的关系问题。但因限于篇幅,有关此类内容,留待以后再另文讨论。

---

① 《明清苏州工商业碑刻集》,第296、297页;《明清以来北京工商会馆碑刻选编》,第12、14页。

② 《明清以来北京工商会馆碑刻选编》,第40、41页。

③ 《清代乾嘉道巴县档案选编》上册,第415页。

④ 《明清佛山碑刻文献经济资料》,广州:广东人民出版社,1987年版,第154页。

⑤ 《明清以来北京工商会馆碑刻选编》,李华《前言》。有关这种情况不只限于北京,其他像笔者从资料中所见的苏州、上海、汉口、重庆、佛山等地都有许多例子。

⑥ 参见拙文:《自杀与社会:以清代北京为例》,《中国社会历史评论》第8卷,天津:天津古籍出版社,2007年。

考察中国早期城市化，既是一种理论探索，也得关注史实的发掘和梳理。以上笔者只从城市发展和对劳动力需求的角度，谈了一些看法，当然很粗浅，也不全面，希望贤者批评指正。

（原载《浙江学刊》2011 年第 3 期）

《农民进城和我国早期城市化——历史的追索与思考》导读

常建华

《农民进城和我国早期城市化——历史的追索与思考》一文,是著名清代社会史、经济史以及政治史研究专家郭松义先生的论文,初刊于《浙江学刊》2011 年第 3 期,收入陈锋、张建民主编《中国财政经济史论稿——彭雨新教授百年诞辰纪念文集》(湖北人民出版社,2012 年),结集于郭松义《清代社会环境和人口行为》(天津古籍出版社,2012 年),是一篇近期发表的城市史研究新作。郭先生认为明清时期出现的农村人口大量流向城市,特别是往中心城市集中,可以视为早期城市化。该文从城市发展和劳动力需求的角度,为明清城市史的研究做了新的尝试,对于认识当今的城市化提供了历史性的考察。

一、郭松义先生的治学特色与清代北京城市研究

郭松义,1935 年 12 月出生,浙江上虞人,北京大学历史系毕业,中国社会科学院历史研究所研究员,荣誉学部委员。先后被中国社会史学会、中国经济史学会、中国商业史学会选(聘)为顾问、副会长和常务理事等职。主要研究清史,尤对农业、赋役商贸以及人口行为、婚姻家庭等领域研究深入。著有《伦理与生活——清代的婚姻关系》(商务印书馆,2000 年)、《民命所系:清代的农业和农民》(中国农业出版社,2010 年)、《中国妇女通史·清代卷》(杭州出版社,2010 年)、《清代赋役、商贸及其他》(天津古籍出版社,2011 年)、《清代政治与社会》

（中国社会科学出版社，2015 年）等专书，与定宜庄等合著《辽东移民中的旗人社会》（上海社会科学院出版社，2004 年）、《清代民间婚书研究》（人民出版社，2005 年）等著作。就社会史研究而言，《伦理与生活——清代的婚姻关系》一书堪称佳作。①

《农民进城和我国早期城市化——历史的追索与思考》收入郭先生自选集《清代社会环境和人口行为》一书，如书名所示，该文属于从人口看社会的城市研究，这一学术特色正如该书《后记》所说，“本论文集共收论文 17 篇，分成 4 个单元。第一单元文章 7 篇，主要讨论清代人口迁徙方面的问题，这有的是就全国范围而言的，也有只谈一个省或一个城市，还有因为人口流动而涉及对我国早期城市化所作的探索”。郭先生将这篇文章定位于因人口流动探索我国早期城市化。事实上，这 7 篇论文中有 3 篇讨论到人口流动与城市的关系问题，《农民进城和我国早期城市化——历史的追索与思考》之外的 2 篇是《清代北京的山东移民》《清代社会变动和京师居住格局的演变》，显示出郭先生对于北京城市人口与社会的研究。其实，本书谈人口行为的第二个单元，也有 2 篇论文探讨北京城市的人口与社会，即《清宣统年间北京城内人口死亡情况分析》《自杀与社会：以清代北京为例》，都是谈城市人口死亡问题的。郭先生研究北京城市人口与社会的论文还不止这 4 篇，在他的《清代赋役、商贸及其他》一书中，收录《清代北京的山西商人——根据 136 宗个人样本所作的分析》一文，虽然该文立意于商贸，但对于了解北京城市亦不无裨益。由上可见，郭先生的城市研究特色，体现在基于人口流动、人口行为的城市社会研究，尤其体现在清代北京城市的研究方面。

下面介绍一下郭先生研究北京城市社会的 5 篇文章。《清代社会变动和京师居住格局的演变》（《清史研究》2012 年第 1 期），讨论清初统治者强迫原居京师内城的汉官、商民迁出事，将六七十万人限时迁出迁入的严厉实施，形成了旗人居内城，汉官、商民居外城和城郊的基

① 常建华：《郭松义：〈伦理与生活——清代的婚姻关系〉》，载刘东主编《中国学术》2001 年第 3 期（总第七辑），北京：商务印书馆，2001 年。

本居住格局。然而当统治者完成迁居之时,现实又使其向相反方面行进,汉官、商民重新被吸引进入内城。

《清代北京的山东移民》(《中国史研究》2010 年第 2 期)从中国第一历史档案馆辑取的 381 宗个案样本,反映了清代山东普通农民移民北京的生活情形。他们背井离乡进入北京,企图改变身份、融入城市,为求得较好生活而努力拼搏。这其中颇有人站住了脚跟或获取了成功,但也有人得到的是痛苦和失败,乃至付出生命的代价。

《清代北京的山西商人——根据 136 宗个人样本所作的分析》(《中国经济史研究》2008 年第 1 期)以 136 宗个人样本为依据,就从商者的原属州县、经营范围、经营行为、成功和失败者的例子,以及官府对经营者的干预,分析了清代晋商在北京的经营活动。所谓"从商者",既有老板、掌柜、管账,也有店伙、帮工和学徒,涉及的商号,多数是资本不大、用人不多的中小铺户。

《清宣统年间北京城内人口死亡情况分析》(《中国人口科学》2002 年第 3 期)根据中国第一历史档案馆收藏的宣统元年、二年北京灵柩出城登记呈报书记录的资料,并结合其他史料,测定了这一时期北京年人口死亡数、死亡率、不同年龄段男女死亡比例等。登录的人口死亡原因中,痨症等传染性疾病占有主导位置;在中青年妇女中,月经病和因做产导致死亡的占有相当的比重;而婴幼儿的死亡,除瘟症、痧症外,惊风、喉症、天花等,都是主要的杀手。从中可以看出,当时北京的医疗和卫生保健,尚处于被动、缺少预防的状态。

《自杀与社会:以清代北京为例》(《中国社会历史评论》第 8 卷,天津古籍出版社,2007 年)以 394 宗样本为基础,对清代北京的自杀状况作了较系统的分析,内容包括自杀者的年龄、性别、所属群体,以及自杀手段和自杀原因。在探究自杀原因中,有一定身份的家庭和普通百姓是有所差别的。前者常不据实报告,且多含隐情;后者则以穷困为最众。样本还显示,由心理疾病而导致自杀的占有相当的比重,说明即使像清代这样的传统社会,同样存在着抑郁和精神分裂一类的心理性疾病,而且为数不少。文章认为,北京的自杀样本更多地反映了常态条件下的一种社会状况，有的在当时具有一定的普遍性，但也有的只是在城市或北京这样的城市才显得突出。

上述5篇论文中，后4篇属于探讨清代北京的山东移民、山西商人，北京城内人口死亡、自杀与社会的论文，有一个特点，就是依据的资料都是以中国第一历史档案馆收藏的档案为主，其中除了宣统年间北京灵柩出城登记呈报书之外，主要是刑科题本等刑案资料，显示出刑科题本反映社会普通人生活史的特性，极具社会史资料价值。[①] 不仅使用有特色的档案资料，郭先生的研究还以“大数据”统计分析见长，定量分析与定性分析结合，加上列举好的个案，增强了论文的说服力。再有就是借鉴社会科学的研究理念，使得历史探讨具有新意，如人口学中人口流动、人口行为，医疗社会史的疾病分析，社会学的自杀问题分析等。最后就是将这些人口社会问题置于京师都城空间，成为城市社会研究的一部分。

郭松义先生以他颇具特色的清代城市特别是北京城市社会研究，为中国城市史研究，增添了新的篇章。

二、早期城市化出现的历史前提

《农民进城和我国早期城市化——历史的追索与思考》一文分为4个部分。“早期城市化出现的历史前提”是该文的第一部分，郭松义先生从四方面论述这一问题：（一）商品经济有长足的发展，并形成相当规模的市场网络体系；（二）商业的发展促进了城市的繁荣；（三）国家对人户控制政策的松动和在司法上确认雇工与雇主之间的平等地位；（四）在一些传统农业区，由于人口的增加，人地矛盾日趋突出，促使愈来愈多的农民向外流徙，以寻求新的出路。这些问题的提出，郭先生得益于以往的学术成果与自己的研究。

为了更好把握郭先生提出的第一个前提，可以参考许檀的《明清

① 常建华：《清朝刑科题本与新史学》，《清华大学学报》2018年第5期。

时期城乡市场网络体系的形成及其历史意义》(《中国社会科学》2000年第3期)。许檀系统地考察了明清时期城、乡市场网络体系的形成和发展过程,将全国市场网络划分为流通枢纽城市、中等商业城镇、农村集市三大层级,强调城乡市场网络体系的形成标志着传统经济向市场经济的转化;认为明清时期生产力和生产关系并无重大突破,经济发展却显示出蓬勃的生机与活力,主要就是市场机制在起作用。

关于第二个前提,许檀《明清时期华北的商业城镇与市场层级》(《中国社会科学》2016年第11期)亦值得参考。她利用税关档案与商人会馆碑刻两类资料,把握对明清时期的市场实态提供的数据信息,较系统地为冀鲁豫三省商业城镇空间分布和市场层级分别定位,估算商业规模;指出从明代中后期到清代中叶,随着商品流通的发展,华北已有不少行政级别较低的城镇在市场层级中处于较高的位置,这些商业城镇的崛起反映的正是发展中的市场体系对原有行政体系的突破。至于江南,黄敬斌《郡邑之盛:明清江南治所城市研究》(中华书局,2017年)对明清时代江南的三十余座普通行政城市作了深入探究,突破了学界以往对于行政城市的一些传统看法,证明明清江南城市的发展背后多有社会经济力量的推动,无论其起源、地理空间的形成及经济职能的强度,都具有自然成长的特点,而非政府规划的结果。明清社会经济史专家樊树志教授为该书所写序言指出,该书"为我们描绘了明清两代江南的都市化情景,我把它称为江南的早期城市化,是与江南的早期工业化相对应的"。如此,则又为明清早期城市化增加了早期工业化的前提。

第三个前提中的司法上确认雇工与雇主之间的平等地位,可以参考魏金玉《明清时代农业中等级性雇佣劳动向非等级性雇佣劳动的过渡》①一文,作者利用清代档案资料特别讨论了长工由等级向非等级的过渡、短工由等级向非等级的过渡,展现出租佃关系与雇佣关系的平等性质。

---

① 收入李文治、魏金玉、经君健著《明清时代的农业资本主义萌芽问题》,北京:中国社会科学出版社,2007年。

第四个前提中的农民向外流徙寻求新出路，利用中国第一历史档案馆所藏刑科题本的相关研究可以进一步证明。王跃生利用清乾隆朝刑科题本婚姻家庭类乾隆四十六年至五十六年（1781—1791）档案资料，探讨了18世纪中后期的人口迁移流动行为，认为18世纪中后期是中国人口迁移流动的活跃时期，表现在迁移流动数量和规模较大，迁移流动者的身份类型比较庞杂；既有近距离的流动，又有远距离的迁移；既有临时流往他乡的糊口之举，又有开辟新的生存空间的永久迁移。人口的迅速增长是人口迁移流动行为活跃的主要动力。然而18世纪中后期的中国人口迁移流动虽有量的增加，却无质的变化。它既表现出中国传统社会发展的迟滞，又说明在18世纪中后期，中国经济水平的提升虽有很大的困难，却还有一定的扩张能力。①

冯尔康先生利用嘉庆朝刑科题本论述了18世纪末19世纪初中国的流动人口，发现人口的主要流向是：山东人、河北人流向东北，河北、山西、山东人流向内蒙古南部，陕西人流向大西北，湖广人流向四川，此外还有省、府范围内的人口流动。流动人口的职业，占据第一位的是佣工，第二位的是自家耕作的农民，第三位的是小商贩，第四位的是手艺人，此外还有挑夫、教书先生、奴婢、流丐、僧侣以及配遣犯，多系下层社会人士。②

我也利用刑科题本考察了河南、山西、江西、江苏四省人口流动情况③，具体来说，外省来河南的以山西人最多，4例中有3例都是经商做生意，1例是打工。北方还有直隶、甘肃人来河南做工，南方的则有安徽人、湖北黄冈人来豫的。也有河南人到外省的事例，前往湖北种

---

① 王跃生：《从档案资料看18世纪中国人口的迁移流动》，《中国经济史研究》2006年第3期。

② 冯尔康：《18世纪末19世纪初中国的流动人口——以嘉庆朝刑科题本档案资料为范围》，《天津师范大学学报》2005年第2期。

③ 常建华：《档案呈现的清中叶河南乡村社会——以59件嘉庆朝刑科题本为例》，载苗长虹主编《黄河文明与可持续发展》第5辑，开封：河南大学出版社，2013年；《清中叶山西的日常生活——以118件嘉庆朝刑科题本为基本资料》，《史学集刊》2016年第4期；《生命·生计·生态：清中叶江西的日常生活——以108件嘉庆朝刑科题本为基本资料》，《上海师范大学学报》2016年第5期；《清中叶江苏的社会经济与生活——以61件嘉庆朝刑科题本为基本资料》，《复旦史学集刊》第六辑，上海：复旦大学出版社，2018年。

地,到江苏开烟店。

山西省界临蒙古、陕西、甘肃、河南、直隶与京师,山西人主要到邻近的这些地方经商、佣工。到京师的有4例,到直隶的有6例,到陕西的有6例,到甘肃的有3例,到河南的有4例。除了上述省份,山西人也到较远的地方谋生,闯关东的多达6例,还有到山东、江西的。总而言之,普通山西商贩与佣工者主要活动在直隶北部、辽沈地区、陕甘地区的华北、东北、西北的三北地区,这些地方相对地广人稀,还在开发。

有20例江西人到外省谋生。迁出地只知为江西省籍的有3例。其余17例则分布在吉安府4例(其中泰和县3例),抚州府4例,南康府2例,赣州府2例,南昌府2例,袁州府、广信府、宁都直隶州各1例。计分布在7府1州,占全省府州的一半;分布于全省的东西南北,较为广泛。迁入地分布在福建6例(其中建宁府4例),四川4例,安徽2例,广东2例,贵州2例,浙江、湖北、广西、云南各1例。其中福建最多,这与邻省以及山区开发有关;次多的是四川,相对来说该地地广人稀。外出者有8例知道其年龄,以三四十岁为主体,多是未成家的青壮年。关于谋生手段,有4例是种田度日,分布在福建、浙江、广西,应是棚民生活;或在山中挖煤烧炭;或经营店铺例,如染坊、估衣铺、钱铺、杂货铺、饭店、豆腐酒店;或在寺庙谋生。此外,还有摘茶、木工、卖货等,也有无以为生而盗窃的。

江苏。有外省人如安徽、山东、浙江的来江苏开店、经商,如烟店、木匠店。江苏人在浙江等省也开店。

总之,人口移动表明社会的流动性较大,人们为谋生寻找机会,而社会也提供了这样的就业机会。

三、农村人口大量进入城市

这是郭先生论文的第二部分。郭先生强调,农村人口源源不断进入城市,补充了城市劳动力的不足,使得城市不断发展扩大,构成了中国早期城市化的重要内容。他特别以苏州、北京、上海、佛山、重庆为例,兼及汉口、景德镇、厦门、天津、杭州、南台、长沙、成都、武昌,考察外地农村人口进入城市以及进城后的谋生状况。

我们还可以增加扬州的事例。清人李斗《扬州画舫录》呈现了盛清扬州繁华的城市生活,使人看到了商品经济下城市、市民特别是富商、绅士奢华生活的画卷。[①] 王跃生利用乾嘉时期的刑科题本研究了扬州的迁移、流动人口。他指出:扬州作为清代中期重要的商业城市,不仅本地常住人口具有一定规模,而且汇集了不少流动人口。首先是经商流动人口。外地客商携带货物来到扬州,需进入当地商行发卖,不能随意摆摊设点。它说明两个问题:一是扬州当地城镇的货物销售是分区、分行业管理的,不同的货物,特别是相对大宗的货物集中在一起;二是外地客商进入扬州市场要通过当地的商行售卖,具有借地销售特征而不允许擅自交易。外地客商入行销售期间,对自己的货物有完全支配权。即使已投入某一行,他们仍可将货物再运至其他行去销售。这说明当地商人所开办的"行"并未垄断销售权,表现出有管理但又不失灵活的一面。外地人在扬州经营小生意者也不少。其次是各种流动性佣工。如扬州的船运业所需雇工多数为外来人员,扬州本地船运业、服务业和各种工商行业对雇佣劳动力的需求相对旺盛,因而吸引了大量周边地区成年劳动力前来谋生。再次是农村无业和生存困难者的流入。一般来说,在农业与非农业、农村与城镇并存的时代,城镇常常会成为农村贫穷无业者寻求新的谋生方式的去处。扬州在清代中期对周围农村人口具有这样的吸引力。找寻工作、挣钱糊口是多数农村无业者来扬州的主要目的,也有来此地投亲或逃荒之人。又次是流动人口向常住人口的转化。一般来说,城市的维持和稳定发展需要一定数量的常住人口作为支撑,常住人口又多从流动人口转化而来。清代中期扬州保持了百年的繁盛期,它必然使一部分流动人口沉淀为常住人口。清代中期的扬州既是农村无业贫困人口寻求新生活的场所,也是对外地客商具有吸引力的经商和生活之地。

① 常建华:《盛清扬州的城市生活——以〈扬州画舫录〉为中心》,载冯明珠主编《盛清社会与扬州研究》,台北:远流出版事业股份有限公司,2011年。

总之，扬州是一个商品经济发达、商业服务体系相对完善的城市和地区，表现为物流环节比较健全，商业活动形成规模，管理比较规范，商业经营的专业化程度较高。扬州作为非农业人口聚居之地，居民职业有两大主要类别：一是与运河有关的“船运”之业，一是以住宿、饮食、各类商品销售为主的商业服务业。它显示出扬州作为运河沿岸商业消费城市民众的职业特征。扬州还是东南地区流动人口的重要集散地，它既为农村无业贫困人口提供了一定的就业机会，也是对外地客商销售货物具有吸引力的城市。[①]

四、农民进城给城市管理带来的挑战

这是郭先生论文的第三部分。郭先生探讨了清代编查保甲、清理坊厢人口的常规管理模式，官府对工场作坊的行业编管，会馆公所订立规矩公约，重要场合下官府的直接干预。这种官府的直接干预体现在两种情况下：一是围绕争夺市场码头，对不同行业、不同地域集团间出现矛盾进行裁决；二是参与解决劳资间因经济纠葛出现抗争而作出决断。郭先生认为，官府“基本上遵循以管控为主的传统统治方式，且出手多显被动，缺少主动疏导，说明面对当时城镇经济的迅速发展和农民进城后出现的新问题，统治者在管理思路上还无法迅速跟进，以做到应对自如、引领于前”。

不过，我们还可以补充商业管理的事例，比如扬州，商业活动形成了规模，管理比较规范。根据王跃生的研究，在扬州，民众开店，特别是开办规模较大的经营行业，需向当地政府申请。它表明官方把基本商业活动纳入管理体系中，这有助于建立和保持地方商业秩序。如甘泉县人王德瀣，领帖开张鲜果行生理。“领帖”就是从官方机构获得开业执照，是正规的“坐商”。它意味着当地商业店面较多，形成了商业规模。山东人曹大嘉庆十八年三月从原籍贩梨七十七包来到扬州鲜

① 王跃生：《清代中期扬州市镇经济水平和民众生活初探——以刑科题本档案资料为基础》，《清史研究》2011 年第 2 期。

果行内售卖。同乡霍泳贵、霍泳泰劝他运二三十包赴别行分售,以免货多阻滞。可见,扬州当地鲜果行较多。外地客商将水果运来,可以利用鲜果行所提供的场地自行销售。果行根据销售数量收取管理费用,它与现代城市中所建立的蔬菜、水果交易市场很相像。领帖经营并非是对个别商行的要求。甘泉县人许应陇与杨德淮都领帖开菜行生理,嘉庆二十一年,他没钱使用,把菜行地段立契绝卖与杨德淮,得价十五千文。菜行地段可能是大的菜市场中的一个永久摊位,归个人所有。"领帖"从事经营活动是城市商业管理规范化的一种体现。当然,也有地点不固定的零售商贩,他们很可能不必申领执照。如甘泉县人陈三,乾隆五十七年六月二十三日,拿了一篮西瓜歇在陈有饭店外棚下零卖。甘泉县人孔文与李士一都住在陈国泰酱坊相近,李士一向在陈国泰酱坊门首摆摊子卖炒熟蚕豆等杂货,孔文是挑担卖荸荠等水果的。可见,扬州的商业具有规范管理和灵活经营相结合的特征。[①]

在城市管理方面,有的城市具有特色。郭先生指出成都遍查保甲之前,曾实施一到日落关闭城门之前,将两万多名外来求食者概逐出城,待次日清晨打开城门,才又让进来。值得注意的是,成都设置"街约"。嘉庆十七年"据街约陈月桂、张官荣同供:嘉庆十七年七月十四日夜二更时候,小的听得这桥下有人喊叫,走去查看,见乞丐李生灿已经受伤在地。查问李生灿说,乞丐熊贵向他讨钱,两下争闹,被熊贵戳伤的。十五日,小的们报蒙案下验明伤痕,拨医调治不好,到十六日因伤死了,小的们又来报验的"。[②] 省城成都是大城市,"街约"虽然也是邻约,可能因同处一街,故称"街约"。[③]

关于官府对于市场码头争夺的治理,我们还可以重庆事例补充说明。重庆朝天码头杠抬夫帮把持,官府设立乡约、厢长、坊长进行治理。嘉庆二十四年九月十二日索帮杠帮合同约,针对帮派之间抢活产

① 王跃生:《清代中期扬州市镇经济水平和民众生活初探——以刑科题本档案资料为基础》。

② 杜家骥主编:《清嘉庆朝刑科题本社会史料辑刊》,天津,天津古籍出版社,2008 年,第 2 册,第 950 页。

③ 常建华:《清乾嘉时期四川地方行政职役考述——以刑科题本、巴县档案为基本资料》,《清史论丛》2016 年第 1 辑。

生的纠纷,"乡约康正元、厢长刘致中目睹不忍坐视,恐酿巨祸,具帖相请六门夫头等清、慎、勤三班叶刚栋、陈怀、郭荣,坊长何有朋齐集马王庙,将原议旧规,逐一彻底泾渭辨明。从中剖论,仍照向年议准章程,以杜两造争论肆闹之非"。[1] 于是十一月二十八日,南邦、西帮、杠帮订立三帮合同约,康、刘、何为凭证人。此外,嘉庆十五年巴县告示中还有"厢长谭成舜"。[2]

五、进城农民所遭遇的生存压力

这是郭先生论文的最后部分。郭先生开宗明义,指出:"农民进入城市,离开原先熟悉的生活环境,进入到一个新的世界,这也是大考验……进城后多数农民的生活境遇处于中等以下乃至下等的水平,还时刻存在包括失业在内的各种压力……为了能适当减少压力,当时在外来客民居住比较集中的城市,都出现以帮扶同籍或同行为宗旨的救助组织。"

郭先生还指出:"由于农民进城,除少数带有眷口,很多都把妻儿留在家中,更有年轻的光棍汉,这就又牵出他们的婚姻家庭以及与老家的关系问题。"限于篇幅,此类内容未加论述。我们可以补充冯尔康先生对流动者孤苦的独身生活的论述:流动人口中,尤其是刚刚流动的人,极少数是携家带口的,多系只身行动,到新居地,依然是"茕茕孑立,形影相吊",孤苦伶仃。在新住地,流动者有的同雇主居住在一起,有的人租房子,有的有了自己的住房。有一些短工,只好栖身于饭店。伙住、借住、住店,不仅居住环境差,更是无家的明证,家都没有,还有什么好的生活情趣!还有一些春去冬返的流动者,原来在家种田,有时春天出门打工,冬天返回家园。季节性流动的人既要离开家乡,又

---

① 四川大学历史系、四川省档案馆主编:《清代乾嘉道巴县档案选编》下,成都:四川大学出版社,1996年,第6页。

② 四川大学历史系、四川省档案馆主编:《清代乾嘉道巴县档案选编》上,成都:四川大学出版社,1989年,第406页。

不稳定,有反复移动之苦。流动、无家、无固定住所,孤苦和不稳定的生活让人难熬,上哪里去找乐趣呢?串门闲谈,是一种不花钱的好方法,流动者之间时或进行这种交流,可是有时也生出事来。赌博,也容易在流动者中流行。在传统社会,没有正常家庭生活的人群,一方面是自身生活缺少欢乐而痛苦,另一方面也容易生事,生出更严重的不幸,同时也是社会的不稳定因素。①

冯先生还指出,流动人口过着艰难和灾难性频发的生活:既然流动人口多系被迫只身外出谋生,缺乏经济实力,来到一个陌生的地方,自然是举步维艰,生存上糊口不易,繁多的零星借欠、赊欠纠纷所反映的生活艰难;在地域观念强烈的传统社会,作为外来人会受到当地恶势力的欺凌,传统社会地域观念特别强烈,所以寄住、寄籍、原籍、籍贯的概念才那样分明,土著与客民容易发生纠纷,而地方恶势力、无赖更以鱼肉客民为能事,常常是事端的制造者;若是佣工的处境,又会自觉与不自觉地为雇主卖命,甚而成为法律上的罪人。流动人口造成的命案较多,事情的出现,源于他们的悲惨生活,往往发生斗殴之类的恶性事件。流动者之间、客民与土著之间频繁发生人命案件,不是这些人好斗凶残,而是因为生计维艰。有人为一顿饭就杀死一个人,火气那么大,皆因难于存活,饥寒所迫,愤懑难抒,对人世没有留恋。这不是流动者的本性问题,而是生存环境造成的"暴戾"之气性。②

① 冯尔康:《18世纪末19世纪初中国的流动人口——以嘉庆朝刑科题本档案资料为范围》。

② 冯尔康:《18世纪末19世纪初中国的流动人口——以嘉庆朝刑科题本档案资料为范围》。

大鼓书与鬼市：工人阶层的生活方式

［美］贺　萧

天津工人中的大多数是大量城市移民中的老资格者，他们大都很难找到稳定的工作。不过，虽然他们为了谋生从乡村迁徙到城市，工作换了一个又一个，但是无论如何都不能说他们是过着漂泊不定的生活。在城市里被边缘化，经济上没有保障，这让他们绝对有必要与亲戚和同乡保持着联系。这种乡村网络的连续性，由于工人们的工作经历而得以强化，同时也影响到他们度过业余时间的方式。工人们的休闲活动、节日风俗及其他种种习俗，不仅延续着乡村的传统，而且也为工人们重建由他们带入城市的各种关系提供了契机。

当然，工人们也并非一直保持不受他们所生活的城市的影响。为了寻求保护，他们以在家乡不可能采用的也没有必要的方式，扩大他们的关系网。他们出入“三不管”的娱乐场所，聆听并非来自自己的家乡，而是来自外县的说唱表演。而且，他们为了生存而战，难免受到伤害；家族的恩怨，激情与报复引发的犯罪，常常导致冲突发生。不过，这些紧张表象不应该与文化的断裂相混淆。工人阶层的生活充满了无序，但不是规范的缺失；社区纽带和行为标准不是被削弱，反而是被强化了。

市场和娱乐

虽然工人们手头的钱不多，但是去遍布城里的热闹市场闲逛是工人们生活的重要组成部分。购买食物是每天都必须做的事，常常也需要去一趟当地的钱庄和市场办一些日常杂事。许多在其他地方无法找到稳定工作的工人就来到市场做一名卖二手货的流动小贩。那些连一张很便宜的杂耍门票都买不起的工人,则可以在市场里“看热闹”以度过他们的闲暇时间,或者流连于当地骗子在街边摆设的赌博游戏摊。

除了老城和租界,天津主要的蔬菜市场位于老城的北面和东面,以及东南部小刘庄的棉纺厂一带。另一个蔬菜市场则位于老城西南,与布市混在一起,每天早上6点小贩就开始叫卖绸缎布头。旁边是一个鱼市,多数鱼贩使用的秤都少一到二两,迫使顾客自己带着秤,并经常与小贩发生争吵。1936年,一个到这个市场的访客目睹了可笑的一幕:“最喜欢占便宜争分量,同时将篮子和钱袋里的东西忘却了,而一般偷偷摸摸的小窃,便乘机做些偷盗的行为。”[①]

多数的菜市都有卖天津特色街边食品的小摊:糖包或肉包、面饼(有不同的叫法:烧饼、火烧、干酪)、炸糕、饺子(天津话叫扁食)、嘎巴菜、牛羊肉或猪肉火烧,以及油煎包。工厂附近和河边一带市场上的小摊,除了卖这些食品,还卖鸡蛋、烧酒、咸花生和辣白菜,生意非常红火。[②]

天津最热闹的旧货市场位于西广开附近,每天天亮前开市,为其他许多市场供货,当地人称之为“鬼市”。这里是那些“喝破烂儿的”流动小贩的聚集地,也是被盗物品的销赃地。1936年一个典型的早晨,“鬼市”所卖的货品包括一条藏着很多虱子的棉裤、废铜烂铁、旧书、洋钟表、沾满旧主人污物的鞋子。古董商人和旧货贩子之间的买卖交易最为火爆,然后他们便收拾起来前往其他市场。每天到了早上9点,“鬼市”上的人们就四散而去。

来自“鬼市”的一些物品被走街串巷“喝破烂儿的”卖到城市各个地方,他们同时还要为转天的“鬼市”收购旧货和破烂。另一些来自“鬼市”的物品当天晚些时候就出现在老城西南角附近的旧货市场上。在那里,老式留声机和清代的钱币被随意地扔在货架上,旁边摆放着

① 张次溪:《天津游览志》,北平:中华印书局,1936年,第30—32页。

② 张次溪:《天津游览志》,第32、218页;1981年1月19日采访李世瑜。

废铜烂铁、唱片、报纸、旧书(论斤卖)和木家具。当地的一本指南曾这样嘲讽地说,这个市场与其他市场的不同之处是,人们能看到商品原来的主人,“这里可以看见短衣小帽或衣冠不整的人,鬼鬼祟祟和摊主谈生意。他们谈买卖时,或由袖口里暗暗讲价,或说着春典,以避免外人听见”。这位作者认为,之所以如此鬼鬼祟祟,原因之一就是,“每有被窃或失盗的人到这里来认寻故物,若是钱袋,便不免变了旧观,原物虽尚在,里面的钱财会不翼而飞”。[①]

多数市场天黑前都关了,不过在前奥租界,天黑后在河边还开有夜市。每天用五毛钱就可以租一个摊位和一盏灯笼。小贩们卖袜子、手绢、化妆品、梅汤、油炸花生米、绸缎、皮货和藤椅等。

由于在不同的工人群体中造成不同麻烦的双重货币体系,这些市场的交易支付方式变得复杂化。工厂和大公司用银圆或者部分用银圆向工人支付工资,而人力车夫和临时工的报酬是用铜板支付。卖日用品的商店要求用铜板支付,所以接受银圆作为工资的工人必须到遍布城市的小钱铺将银圆换成铜板。相邻只有百十来米的钱铺的兑换率都有所不同,国内和国际的经济波动也会影响到银钱的兑换率。

这种兑换率也会随着季节而发生变化。春节前后,铜板的市价最高,这个时候各种生意红火,需要用铜板购买日用品。二月至七月,生意萧条,铜板的需求减少,其价格也随之降低。铜板价格的另一次小幅度升高出现在中秋节前后,那时农产品进入市场,人们需要用铜板购买。从十月至十一月,铜板价格下降,通常情况下,随着新年临近,铜板价格会再次上涨。这样一来,那些接受银圆工资的工人发现,在

① 张次溪:《天津游览志》,第33—35页。“袖里吞金”的习惯做法起源于乡下的牲畜市场,目的是保守价格的秘密。不过,地方迷信认为,如果市场上的牲畜知道了它们被卖的价格,就可能会发怒并怨恨而死去。出价的人按照预先定好的方式,抓住对方藏在长袍袖子里的手。如果抓住一个手指头,意味着这个数是“一”,如此一直到“五”。如果要表示“六”,就将议价方手的拇指和小指分开成“六”的形状。如果表示“七”,就将拇指和前面的两个手指按在一起。将拇指和食指分开表示“八”。如表示“十”,会将五个手指按在一起并转一下,即“两个五”。抓住一个手指旋转几次,可能表示110或1110,这要取决于具体情况。采访李世瑜,1981年1月19日、3月24日。

他们花销最大的时候，他们的工资恰好最不值钱。①

为此，工人们会经常光顾当铺，虽然那里的利息高达 15%，当期只有 3 个月。每当春节前夕，当铺的生意就变得异常火爆，因为人们需要现钱来支付年底的债务。当铺的许多主顾是工厂工人、搬运工人和人力车夫。他们中最穷的人早上将东西当出，晚上再用当天挣得的收入赎回来。1947 年，天津有 44 家当铺，1 000 多家被称为“小押店”的小型当铺，以及 100 多家旧货商店。天津的这种典当行数量如此之多，间接说明穷人需要短期信贷，不管其价格怎样。②

手头拮据并不妨碍工人们在市场小摊上赌博。有一种非常流行的赌博叫“摇会”，将两个骰子投进一个有木槽的圆球中，摇动圆球，骰子上的数字就会通过木槽显示出来；参赌者通过猜测显示的数字下注赌输赢。另一种赌博是滚球游戏的变种，每次一个铜板，有技巧的玩家能够赢得 200 块糖。还有一种赌博特别受织毯工人欢迎，也就是赌骰子：“几个人一起凑几毛钱，蹲在摊子旁，如果骰子数是 18，他们将赢取一对非常漂亮的茶杯，而输了的摊主一脸晦气。这让每个人消遣一阵子。”③

天津工人们娱乐消遣最喜欢去的地方是“三不管”，也就是南市华安大街尽头的一大片地区。工人们一般去不起戏院、电影院或跳舞场，所以他们在节假日或少有的空闲时间就会去“三不管”。1935 年，一位记者写道，在过年的时候，这一地区街上的人群大多“穿肥大而不应时的衣服，戴着簇新的帽子，拖着半摩登的鞋——这都是工厂的工人、学徒、卖苦力的”。他写道，他们喜欢的娱乐方式与上

① 有关货币的混乱及其对工人阶层影响的具体讨论，参见冯华年先生纪念册，《民国十六年至十七年天津手艺工人家庭生活调查之分析》，天津：李锐、华文煜、吴大业印赠，1932 年，第 489 页；《经济周刊》第 203 辑，1937 年 2 月 4 日，出版信息不详；［美］贺萧（Gail Hershatter）：《天津工人阶层的形成，1900—1949》（The Making of the Working Class in Tianjin，1900—1949），博士论文，斯坦福大学（Stanford University），1982 年，第 380—387 页。

② 王子寿：《天津典当业四十年的回忆》，《文史资料选辑》第 53 辑，1965 年 11 月，第 46 页；《天津市周刊》第 4 卷第 2 期，第 11 页；《益世报》1947 年 3 月 24 日，第 4 版。

③ 张次溪：《天津游览志》，第 34 页；李世瑜，1981 年 1 月 19 日；《天津地毯厂和东风地毯厂联合厂厂史》，1959 年 5 月，厂档案，天津地毯三厂，第 101 页。

层的人们寻求的娱乐完全不同。[①]“三不管”到处都摆满了小摊。南边的小摊儿主要是卖旧衣服给苦力和三轮车夫,北边的小摊儿主要是卖灯罩、袜子和旧眼镜。旁边是支着棚子并带着小炉子的流动剃头匠,在忙着给人理发。再往前几个摊,是替不识字的人写信的先生。

天津街边大夫是城市里最能忽悠人的骗子。他们常常穿着马褂和长袍,假扮成上层绅士的模样。他们有些人卖药,声称能帮病人戒除鸦片和吗啡。有些人宣称能治疗花柳病。他们常常是三个人把车排成一排,一个人大声指责另外两人是江湖庸医。1936 年,一个名叫杨宝亭(Yang Baoting,音译)的卖药者,穿着一套旧西服,特别善于吸引主顾。他手臂上戴着一个纸袖标,上面写着“警病医院院长”,一边敲着一面铜鼓一边嚷:“吃了我的药,不许再有病!百病皆除!药到病除!全国国民都吃一点立刻可以强国!”和杨竞争的是各种打把式卖艺的,他们通过表演武术找机会卖药。他们要观众在他表演之前先往地上扔钱,表演过程中会不断停下来要观众再多扔钱。

另外一些行医者更专业:修脚师为那些劳累的工人修脚。一本指南书这样记录,“专门替人‘拔牙的几乎是’三步一摊”。[②] 1936 年,一位街角牙医使用了一套用电池驱动的整副牙齿的模型,它能够根据指令开合。他告诉他的工人主顾们,是他用心灵感应术让这副牙齿在动。他还说,吃了他的药,可以让人“生新牙,拔坏牙,长好牙”。旁边的摊据称能治聋哑和精神病。苦力们常买的药叫“牛胎丸”,这种药非常受欢迎,据说能够增强体力。这种药丸里含有牛胎盘,有时又说药丸中含有地上的蚂蚁,据猜测是含有一种“蚁酸”。[③]

“三不管”的北头也有一个露天茶馆,人们在那里下棋,也表演一

---

① 《春节中劳苦大众的娱乐场:三不管漫游记》,《益世报》1935 年 2 月 12 日,第 14 版。以下叙述,除另行指出外,都是根据该文和张次溪的《天津游览志》(第 36—56 页)、《天津市之风俗调查》(《河北月刊》第 1 卷第 3 号,1933 年 3 月,第 1—22 页)以及 1981 年 1 月 19 日采访李世瑜。

② 张次溪:《天津游览志》,第 213—214 页。

③ 张次溪:《天津游览志》,第 46—47 页;李世瑜,1981 年 1 月 19 日。

种由一个人操作的两个假人演的摔跤。有的摊则用木头箱子放映“拉洋片”。花一个铜板，观客就可以看到八张外国风景图片或流行的中国故事的插图，摊主则在旁边伴唱或讲解情节。有的“拉洋片”的白天放卓别林电影剪切的片段，晚上则放“肉感的片子”。

20世纪二三十年代，天津和北京一样，都是全国性的曲艺演出中心。新的艺人从天津南市的燕乐和升平茶园出道，成名后再回到那里表演。其他的艺人则在“三不管”、谦德庄及其他工人聚集区撂地演出。[①]

“三不管”的主要娱乐场所是占地面积很大的苇棚子，那里既是戏院，也是表演杂耍的地方。由于棚顶覆盖的是茅草，一下雨就漏得厉害，所以就得了“雨来散”的绰号——与中文“雨伞”一词谐音。棚子里摆着长长的一排排木凳；几张厚的木凳搭在高架上就是舞台。花上几个铜板，当地工人们就可以享受各种艺术表演。

在“三不管”，最受欢迎的娱乐表演是“蹦蹦戏”。“蹦蹦”是“半边”的讹音。之所以这么称呼，是因为“蹦蹦戏”只是演出某部戏曲中某几个角色，而不是整部戏。[②] 在“三不管”的每个“蹦蹦”棚子的外面，都贴着红底金字的预告，列着当天要演出的剧目。观看的票价，男人一大枚（铜板）听一段，女人五大枚听半天。门票不是在入口收，而是每一段演出之后都会敲一通鼓，表示该给钱了，然后派人向现场的每个观众收钱。每隔10分钟就要收一次钱，因为“去的人全是短时间的听众，所以来去是无常的”。

有的棚子为了迎合上夜班的工人专门组织上午场演出。下午的演出吸引更多的过往的路人，工人们晚上又来到棚子里。生意好的“蹦蹦儿”棚子一天能收入多达2 000个铜板。棚子的主人会留下全

---

① 张鹤琴：《津门曲坛沧桑录》，《天津文史资料选辑》第14辑，1981年3月，第117、119页。

② 根据李世瑜的说法，蹦蹦戏的原型是一种从东北流传到河北，被称作“落子”的戏，可以由一小组演员表演，不穿戏装。后来逐渐发展成“半边戏”，穿戏装，但不用整部戏的演员。这种戏曲形式在河北乡村盛行一时，20世纪30年代发展成熟并扎根天津，因为天津有大量来自乡村的移民。“蹦蹦戏”与京戏不同，京戏源于湖北，至今演唱仍带湖北口音。京戏也被称作“大戏”，“蹦蹦戏”被认为是一个小剧种。李世瑜，1981年1月19日。

部收入的大约五分之一，其余的都归演出的艺人。不过，艺人的收入很少能够维持生计，常常还要做临时工来贴补收入。①

另一种娱乐演出形式是大鼓。大鼓是一个高至男人胸部的鼓，放在一个架子上，由一根鼓槌击打演奏，旁边另一位演员弹奏一种弦乐器。演唱者多数是女性，用带有诗韵的语言说唱故事，并用这些乐器伴奏。大鼓有许多地域性变种。有的像山东的"梨花片"，用手指弹击铜片。京韵大鼓反复讲述来自满族古老民谣中的传统故事。"三不管"的女艺人往往是被黑道人物从当地妓院里带出来的年轻女子，"培养"成艺人。一旦成为专业的鼓书演员，她们就再也不当妓女了。②

与大鼓有关，却很少有复杂音乐伴奏的一种表演是评书。评书大都在遍布天津的那些席棚和茶馆里演出。说书人通常是一位老人，以一种快速的、充满韵律的话语，讲述一段充满奇异英雄壮举的古典故事，在他讲述中间不时穿插鼓声和锣声。"观众的眼神也随他的动作而转动，"一位看过这些表演的记者这样写道，"说得痛快淋漓时，唾沫星子便不时飞到观众脸上，但是他们不会感觉到这些的。"③

另外一种类型的娱乐表演——有些是天津特有的——是在被称作"落子馆"的席棚和茶馆里进行的，妓女兼任舞台艺人。这些妓女通常五六个人一组演唱，有两三个男演员为她们伴奏。这种演唱节目被称为"时调"，是一种下流曲调，也叫"窑调"。"落子馆"既是娱乐场所，也是为妓院招揽主顾的地方。④

---

① 张次溪：《天津游览志》，第49、44、42页；新凤霞：《新凤霞回忆录》，第31、35—38页。

② 大鼓的起源比"蹦蹦戏"的起源还要难追溯。许多大鼓的创始人显然是民国时期破落的满族旗人的后代。李世瑜，1981年1月19日。凯瑟琳·史蒂文斯(Catherine Stevens)发现，一种京韵大鼓起源于1880年左右，当时大鼓艺人从河间县的乡下来到天津。在20世纪上半期，表演者从露天舞台进入茶园。史蒂文斯写道："大鼓的观众包括中层和下层民众，主要依靠受过教育的有闲精英阶层的支持，他们常年在自己喜爱的戏院有包厢。"[美]史蒂文斯(Stevens)：《京韵大鼓》(Peking Drumsinging)，博士论文，哈佛大学，1973年，第9、74、77和81页。有关天津大鼓的各曲种的详细讨论，参见张鹤琴前引文，第121—138页。

③《春节中劳苦大众的娱乐场：三不管漫游记》。

④ 姚惜云：《天津时调的演变》，《天津文史资料选辑》第14辑，1981年3月，第163页；史蒂文斯的论文对女大鼓表演者在北京落子馆的表演也作了描述，参见该博士论文第61—62页。

还有一种在席棚中看到的戏剧性的娱乐表演是相声，由三到五人表演。通常主要是其中的两个人对话，一个人为另一个人捧哏，其他表演者不时地插入笑话或唱歌。这些相声充满了性暗示，如一本指南书所说："一般色情狂的下级顾客，趋之若鹜，百听不厌。"每段相声表演之后会收一次钱。①

杂耍场的特点是各种各样的表演在一起演出，杂技、魔术和杂耍等。一位表演者熟练地用一根绳子抖起"闷葫芦"。② 另一位表演者额头上稳稳地顶着一口缸，与此同时第三位表演者在踢着用一串铜钱扎成的鸡毛毽，一直不让它落到地上。还有表演者耍弄着碟子或一人高的叉子。一位音乐艺人则在表演"什不闲儿"，一边演唱一边用手和脚演奏各种乐器。旁边的一位魔术师从丝毯里变出金鱼缸来。这场多种节目的混合演出，最后以一群人表演各种武术而结束。③

在大多数工人聚集区附近，也有和"三不管"相类似的娱乐区。在中心车站附近，铁路工人和华新纱厂的工人下班后聚集的地方，就有一个规模小一点的"三不管"，称为"小营市场"。火车站冒出的浓烟将所有的建筑都笼罩在一片乌黑的烟霾之中。在市场内，"婉转的弱女歌声、锣鼓喧阗声"诱惑着刚下班的工人。市场分为戏曲和杂技区，西边不远处有人在卖"血红的驴肉、漆黑的羊肚和血白的煎粉"。④ 在谦德庄和河东区一带，也都有类似的聚集之区。

一些地方戏剧和杂耍非常受工人欢迎，因为这些与他们家乡的娱乐方式很相似。来自河南、思念家乡的农民，可以听到河南坠子，山东人则可以听到梨花片。梨花片起源于农闲季节在乡村演唱的简单的曲子，演唱时用两片铁犁铧碎片敲击节拍作为伴奏。乐亭大鼓来自河北东部的乐亭县，起初也是民间业余艺人在农闲时为赚取外快而表演的娱乐节

① 张次溪：《天津游览志》，第 42 页。

② 天津人称空竹为"闷葫芦"。——译者注

③ 史蒂文斯在其博士论文中对各种娱乐表演有详细描述，参见第 63—64 页。

④ 张次溪：《天津游览志》，第 49—51 页。有关天津艺人生活的更多资料，可以参见郭荣起《我的学艺经过》，《天津文史资料选辑》第 14 辑，1981 年 3 月，第 206—223 页；张寿臣：《回顾我的艺人生涯》，《天津文史资料选辑》第 14 辑，1981 年 3 月，第 196—205 页。

目。北平来的工人特别喜欢听单弦，通常由男演员表演，并由他自己用手鼓伴奏。① 绝大多数工人以前是河北乡村的农民，都喜欢“蹦蹦戏”。

在民国末年，一位记者评论说，这些各式各样的民间表演艺术被它们传入的城市所改变，或许预示着新城市文化类型的发展。② 在天津，京韵大鼓和许多其他艺术形式“从撂地演出时期伴奏简单的冗长故事，变成了伴奏更复杂、故事内容缩短的单独节目，最终进入茶园演出，成为专门为那些喝茶的茶客提供的这些表演节目”。新形式的大鼓，如“二黄”，就是由20世纪20年代由天津民间艺人创立发展起来的。不过，大鼓艺人表演的曲目尤其注重农村移民所熟悉的主题。有些节目颂扬名著小说《三国演义》《水浒传》和《红楼梦》中著名人物的英雄事迹，还有一些则讲述乡下的故事，宣扬孝道。在天津度过大部分从艺生涯的“鼓王”刘宝全创作的新段子，“褒扬以人与人之间相互感恩为最高原则导引下的生活方式”。③

其他的本地娱乐表演，如“时调”，是在城市环境下由天津工人用天津特有的方言和腔调创造的。和大鼓不同的是，时调内容简短，一段的长度不超过60句。时调中的“靠山调”是制鞋作坊的工匠，背靠着作坊的山墙，一边制鞋一边哼唱而形成的。“靠山调”在其他手工工匠和搬运工人中也非常流行。另一种叫“鸳鸯调”，主要内容是关于爱情和两性关系的。在19世纪，这些时调主要是混混们用来自娱自乐；到了20世纪，主要是在低等妓院中表演。“胶皮调”则是人力车夫坐着等客人的时候吟唱的。

一些时调经过当地艺人的挑选、提炼和表演，另外一些则流行于南市的妓院中。时调的主题包括一年四季发生的事件，如男人因丧妻而悲痛，光棍儿渴望讨老婆，后娘虐待孩子，妓女感叹身世悲惨。也有几个富于喜剧性的段子。天津旧式行业中的工人，如搬运工人，特别

---

① 张鹤琴：《津门曲坛沧桑录》，《天津文史资料选辑》第14辑，1981年3月，第126—128页。按李世瑜的观点，“单弦”最初是由满族旗人发展起来的。李世瑜，1981年1月19日。

②《益世报》1948年8月17日，第5版。尽管这可能是工人阶层文化构成的一个重大发展，但是如若对其深入探讨，则需要开展一项有关当地文化史的全面研究计划。

③ 史蒂文斯博士论文，第81、63—64、82、85—100页；张鹤琴：《津门曲坛沧桑录》，第127、133页。

喜欢这些时调。在“三不管”的苇棚中，各种戏剧曲艺爱好者聚集在一起，听着来自其他省县的民间艺术的表演。各种不同的演出让南市不仅在当地的工人们中间，而且在一些富人中也很出名。①

即使在休闲娱乐的时候，工人们也无法摆脱他们辛苦劳作背后那个严酷的世界。士兵、官员和当地的地痞流氓经常从小贩们那里敲诈钱财，以暴力对待那些拒绝就范的人。即使是那些已经成名的艺人，通常也要在允许他们演出之前先寻求青帮头子的保护，而街上的无赖让所有去南市游玩的人很少有安全感。②

尽管“三不管”的戏园为女性提供优惠票价，但是这些娱乐场所的顾客基本上都是男性。大量未婚男性或将妻子留在乡下的男子在这里寻求娱乐。虽然本地女子有时也出外工作，但是经常出入杂耍园或说书馆，对女性来说仍然被看作是很不适宜的，特别是未婚女子。那些到“三不管”来的女人，通常不是工人文化的消费者，而是在茶馆里演出，或者是与许多男人而不是女人，在一个城市里非常繁荣的行业中工作，这就是妓院。③

性、暴力和脆弱性

天津娼妓的等级结构

在天津出现产业工人之前很长时期，妓女主要的服务对象是商人和驻扎在城市里的士兵。1884 年，主要红灯区在天津城的北门外，恰好就在最大的市场一旁。妓院分为高级的“大地方”和便宜的“小地方”。接客的程序有一套传统的规矩：

> 每当客到，男仆相迎，让客归坐，即高挑帘栊，大呼“见客”。

① 张鹤琴：《津门曲坛沧桑录》，第 140—141 页；姚惜云：《天津时调的演变》，第 160—166 页。

② 张次溪：《天津游览志》，第 52 页；《春节中劳苦大众的娱乐场：三不管漫游记》；骆玉笙：《舞台生活六十年》，《天津文史资料选辑》第 14 辑，1981 年 3 月，第 181—182 页。

③ 姚惜云：《天津时调的演变》，第 165 页。

随见花枝招展、燕瘦环肥珊珊而来者，几目不暇给矣。或选中某妓，开灯盘，打茶围，名曰坐过。收夜度资之一半也。客有故称不中意而走者，谓之“打糠灯”。①

妓院的生活很不平静。嫖客因为照顾不周而不满，或者找不到符合他们预期美貌标准的妓女，以及那些纯粹就是来敲诈的嫖客，经常会制造事端。当地的混混儿让情况变得更加复杂，他们找嫖客要钱，如果不给就立刻挑起一场殴斗，而所有这些名义上却是为了保护某个妓女。一位 19 世纪的作家叹息说：“温柔乡时为用武之地。”②

即使在较早时期，天津也已经有了其他几个服务于特定人群的红灯区。在紫竹林租界，有广东来的妓女，接待来自南方的富商和外国商人。到了 20 世纪，又有来自俄罗斯、朝鲜和日本的妓女，服务于外国人。而城西门外的妓女聚集区，后来成为吸引天津男性工人的地方：“亦有土娼数处，所居多矮屋泥垣，迎风待月。”和城北那些举止文雅、头发经过精心梳理的妓女相比，这些人都是些“半老徐娘，地狱变相，颇难令人寓目也”，一位作者这样写道。③

20 世纪 20 年代末，天津的阶级结构变得更加复杂，性服务市场同样如此。民国时期，卖淫合法但受到管控，为此，1929 年天津社会局着手对天津辖区内的所有妓女进行登记和分类。妓女被分成五个等级和许多亚类，其中人数最多的一组是第三等。第三等的妓女每天挣 1 毛到 4 毛，而五等妓女挣 7 分到 3 毛（作为比较，一名工厂女工每天大概可以挣 4 毛钱）。④

① 张焘：《津门杂记》卷中《妓馆》，第 47 页。

② 张焘：《津门杂记》卷中《妓馆》，第 47—48 页。混混儿经常参与开设妓院。城北著名的妓院“天宝班”就是由一个姓陶的混混儿兼作县衙差役班头的，与一个此前当过仆人、只知道叫“小李妈”的人一起开的。1900 年后，他们将妓院迁到南市。姓陶的死后，小李妈一个人经营妓院，她的常客包括著名的军阀曹锟和张作霖。小李妈在天津的政治影响力，让她足以帮助警察局长丢官之后失而复得。1921 年，她已经 80 岁了，仍被人称作“小李妈”。李然犀：《旧天津的混混儿》，第 205—206 页。

③ 张焘：《津门杂记》卷中《妓馆》，第 48 页。

④ 吴瓯：《天津市纺纱业调查报告》，天津：天津市社会局，1931 年，第 44—48 页。（英文原文作者误为“WuAo”，应为吴瓯。——译者注）

在所调查的571家妓院的2 910名妓女中，几乎有三分之一是天津本地的。另外三分之一来自河北各地农村，其余的来自北平、山东和其他地区。根据这份调查，有将近60%的妓女是被迫卖淫的，30%是自愿的。其余的是被卖、被租或被骗入妓院的。这次调查的正在从事卖淫的妓女，有40%以上是已婚者。①

还不清楚这些女子是通过什么途径进入这一行业的，因为调查记录中没有留下她们的讲述。她们的工人邻居按照传统的想法，认为她们是被从家乡骗来或是被诱拐，然后被卖到窑子里的。② 由于妇女的就业选择有限，经济需求的因素无疑要比人们后来所认为的其他原因起的作用大许多。按照市政当局和学术界的调查者们的观点，工厂女工和妓女所从事的职业需要用不同的框架进行分析。然而，从这些女性的角度来看，无论是在工厂上班还是卖淫，都给那些在不稳定的都市环境中难以找到工作的女性提供了工作机会。一个女人能找到哪种工作，跟运气和社会关系有很大的关联，与个人的选择没有多大关系。还有，当时的观察者所记录下来的，既没有这些女性的动机，也没有关于卖淫行业组织的更多的细节，他们只对逛妓院的危险性提出了严重警告。

这些观察者记录下来的最让人愤怒的是第三等及以下等级的妓院，这些妓院分布在谦德庄、“三不管”、西南角和其他工人娱乐区。1936年的一份对天津棉纺工人的调查提到，一些地区的“老妈堂”，其主顾都是棉纺厂的工人。这份调查报告称，这些妓院的妓女对男性工人特别客气、体贴、逢迎，引诱他们将自己以血汗换来的钱都用来逛妓院，并常常染上性病而没有钱治疗。③ 一份当地的非官方地方志书在1931年这样警告说：

（三等妓女）其毒较一二等者尤甚。更有一种土妓，居卑污

---

① 吴瓯：《天津市社会局统计汇刊》，天津：天津市社会局，1931年。

② 采访陈桂兰、陈义和。有关天津妓女的生活，参见新凤霞《新凤霞回忆录》，第16—17、40—48页，以及她的《艺术生涯》，第39—48、93—99页。

③ 王达：《天津之工业》，载《实业部月刊》第1卷第1期，1936年4月，第118页。

> 地，其中妓女非姿容丑陋即年齿已长，劳动界趋集之。二角许即可留髡，甚有一日间留髡数次者，故其身之恶疾最烈，一经接触即染梅毒，伤身戕命绝种者，千百人中而无例外。……更有一种暗娼，尤为危险，此辈皆无一定之住址，由他处而来，以娼为名而施其欺骗手段。堕其术中，小则金钱损失，大则性命堪虞。初来天津者，幸勿试此陷阱也。①

将妓女描绘成妖妇、诱惑者、掠夺者甚至敲诈者，是那个时代的社会文学中约定俗成的手法。对一些天津工人居民来说，妓女的大众形象有所不同，虽然同样有羞耻、厌恶、好奇和幽默的成分，但都被一种道德规范所遮掩，即认为谈论这个话题是不得体的。陈桂兰还是住在“三不管”的一个小女孩时，第一次看到妓女，无意中触犯了这个禁忌：

> 9岁时，我跟着一位我们院子里的大人去一家餐馆买剩饭菜。在西南角看到一家妓院。回家后，我对奶奶说：“奶奶，那里的人真有钱。他家门口有好多人在结婚。她们都穿着新衣服，还化了妆。”……她们当时正把男人往房里拉。我奶奶说：“别说那个了！”我母亲也说：“别说了！”在那个时候，如果她们要你别说，你就不能说。
>
> 后来，我听奶奶说：“她一定是经过了赵家妓院。”后来我才明白了。

此后，在陈家唯一一次提到妓院，是因为她弟弟的一次好笑的误解：“谦德庄因为那里的妓院而被称作‘鲇鱼窝’。刚从乡下来的人以为那里真的卖鱼。我弟弟……曾问我叔叔，‘我们能到那买点鲇鱼吗？’我叔叔听了觉得非常好笑。”尽管陈桂兰知道不要讨论这个话题，但沉默并没有扼杀她的好奇心：“我知道那是个坏地方。那里的人很

---

① 宋蕴璞：《天津志略》，天津：天津协成印刷局，1931年，第356页。

脏。她们得了脏病。不过，即使我知道了这些，小的时候我还是喜欢看。我喜欢看那些穿着漂亮衣服的‘小媳妇’(妓女)。在当时，有哪个穷人家能够穿得起如此五颜六色的衣服?”①

天津的卖淫业在规模和性服务市场组织的精细程度上，都与乡村不同。它不是一个村里有一两个“破鞋”的问题，而是一个按不同等级组织起来的复杂的行业，以面对高度分化的市场。男性工人成为低等级妓院的主顾。他们通常遇不到那些服务于社会上层的妓女，她们在另一个世界活动。例如，1947 年，当政府试图让那些活动于中心城区大饭店的妓女们迁往南市的妓院时，遭到她们的强烈反对。她们不愿意向妓院缴费或服从其规矩；她们反对南市墙很薄的房屋和低劣的生活环境。她们自己组织起来，推选出一个人向市政府和媒体提出她们的诉求。不过，多数天津妓女仍然受制于城市的职业结构，她们的生存选择权非常有限。②

工人犯罪的逻辑

1933 年，一位研究地方风俗的人评论说，天津人喜好讼争，令人烦恼。20 世纪前 30 年，随着人口密度增大，天津人的纠纷也日渐增多。大部分民事案件与债务、析产、离婚和家庭争吵有关，不过对簿公堂的刑事案件和民事案件数量不相上下。③

在 1929 年记录的 16 469 起犯罪中，将近 10 000 件属于“造成危害”，这显然是一个既适用于人身伤害，也适用于财产损坏的一般用词。另有 3 083 起案件属于盗窃或扒窃，1 210 起属于婚姻和家庭伤害。当年该市发生了 20 起谋杀案。④

在这些犯罪统计中，工人犯罪的人数不成比例。在 1930 年地方法院审理的 5 820 名罪犯中，40%是工人，这一比例远远高于他们在整

---

① 采访陈桂兰。

② 《天津市周刊》第 2 卷第 4 期，1947 年 3 月 29 日，第 4 页；第 6 期，1947 年 4 月 12 日，第 10—11 页。

③ 《天津市之风俗调查》，《河北月刊》第 1 卷第 3 号，1933 年 3 月，第 1—22 页。

④ 《社会月刊》增刊，1930 年 3 月 20 日，第 1—3 页。

个城市人口中所占的比例(大约6.8%)。在那一年,工人犯罪占所有盗窃罪的52%,与赌博有关的犯罪的53%,与毒品有关的犯罪的24%,侵犯人身和财产犯罪的48%。与此形成对照,商业部门雇员犯罪人数只占全部犯罪人数的五分之一多一点;而那些原本以为由于经济困窘迫使其更容易犯罪的失业者,却只占犯罪人数的四分之一多一点。①

虽然由于报纸往往乐于报道那些最耸人听闻和能引起轰动的犯罪,使得从报道中并不能完全看出工人的犯罪动机,但是通过这些报道确能对天津工人通常所犯罪行的类型有一个大致的划分。20世纪30年代中期到40年代末,《益世报》和其他几种报刊报道的天津工人犯罪主要分成三类:经济拮据导致的犯罪、激情犯罪、挫折与报复犯罪。每种犯罪都是对特定城市环境的一种反应,比其他的工人行为更能明显地显示出城市生活的压力。

任何像天津工人一样濒临经济灾难的群体,都可能因为经济上陷入绝境而犯罪。每当有大工厂裁减工人,通常就有工业权威人士警告将会引发新一轮犯罪潮。1935年,两家纺织厂倒闭,4 000名纺织工人失业赋闲,一位来访的国际劳工组织(ILO)的记者写道:"工厂关门才几天,就发生了两起这两家工厂此前雇用的工人失业后抢劫的案件。"国际劳工组织1937年出版的中文读物同样警告说,如果不采取措施为他们解决生计问题,失业的印染工人和地毯织造工就会很容易沦为小偷。而实际上,20世纪30年代初,天津的河北第三监狱关押的大部分囚犯都是犯了偷窃罪行的贫民和工人。②

然而奇怪的是,每天的报纸很少提到这些经济犯罪,或许是因为

---

① 吴瓯等:《天津市社会局统计汇刊》,天津:天津市社会局,1931年。各阶层犯罪人数的93.7%是男性。1929年天津的人口,不含外国租界是1 391 121人,工人人数是47 519人。如果加上搬运工人,人数增加一倍,那么劳工人数占天津总人口的6.8%。人口数来源于《中国经济杂志与公报》(*Chinese Economic Journal and Bulletin*)第20卷第3期,1937年3月;工人人数来源于《南开统计周报》(*Nankai Weekly Statistical Service*)第3卷第17期,1930年4月28日,第81、85—86页。

② 程海峰:《北平、天津与济南之行,1935年5月21日—6月14日》(Visit to Peiping, Tientsin and Tsinan, 21 May - 14 June 1935),日内瓦国际劳工组织档案馆,C1802/3,第11页;《国际劳工通讯》第4卷第4号(1937年4月),第102—103页;天津南开学校社会视察委员会:《天津南开学校社会视察报告》,天津,1930年,第12、45、263页。

这些犯罪没有多大区别，或许是因为这些偷窃案件都是由警备司令部而不是地方法院处置，因而公众知道得很少。唯一让记者专门报道那些经济走投无路的工人的事件，是生活困境迫使他们企图自杀。1936年报道的一起案件，是一位和母亲一同在北洋纱厂工作的寡妇。当时，这名寡妇患病后无法工作，却又没钱治病，企图用剪刀自杀，被她的母亲救了过来。①

情感犯罪是更好的新闻题材，人们之所以感兴趣，是因为这些案件可以让人深入了解工人阶层的道德观念。这些犯罪不仅反映了妇女在家庭之外的经济活动越来越多，也说明她们往往更容易受到伤害。

1947 年的一个案件中，有个名叫曹德志的妇女被控和三轮车夫吴树忠合谋毒死曹的丈夫王（也是一名三轮车夫）。报道称，曹与王已经结婚五年，可是她经常偷偷跑到吴家并很晚回家。她的丈夫并没有掌握她出轨的任何证据。不过，在他很怪异地预感到自己将要死去之前，他告诉自己的兄弟："我身死后，你们不要哭，可看看我死后情形，身上有什么有无。"不久，他吃过妻子做的白面馒头和羊肉丸子后，几乎当即身亡。曹告诉邻居们说，他是死于肺病。过了不到三天，她就和她的兄弟安排她和吴的婚事。邻居们在接受记者采访时，都主动发表看法，认为吴是个"无赖"，在曹的丈夫猝然死亡前就与曹有"暧昧关系"。②

通奸经常会导致暴力。杜恺是西广开一名 25 岁的人力车夫，娶了一名姓周的女子。杜的朋友孟和周有染，杜开始愤怒不已，不过当他的妻子向他保证说，只要她和孟保持关系就会让孟承担家里的所有日常开销时，他就变了主意。这种关系维持了一段时间。不过，有一次由于吃醋，杜要孟离开他的家时，遭到孟的痛骂。后来，杜乘孟熟睡时用菜刀连砍了他 13 刀。案件提交法院后，杜被判处五年监禁，菜刀

---

① 天津南开学校社会视察委员会：《天津南开学校社会视察报告》，天津，1930 年，第 59 页；《益世报》1936 年 9 月 22 日，第 5 版。

② 《益世报》1947 年 7 月 16 日，第 4 版。

被没收。[①]

女工人性的软弱并不仅限于工作场所。1935 年,英美烟草公司一名叫陈国兴(Chen Guoxing,音译)的工人,诱拐了一名还不到 16 岁的同厂女工刘玉珍(Liu Yuzhen,音译)。陈虽然是有妇之夫,却将刘关在日本租界一家旅店的房间里达三天之久。当女孩的父母指控他时,陈告诉警察说,他和刘已经有四个月的性关系,带她到日本租界也有 20 多次,实际上是她在追求他,尽管他一再向她表示自己已经结婚。在法庭上,陈和他的律师一直以刘是"自愿的"为由来为自己辩护。陈在法庭上问刘:"如果你觉得不快乐……为什么发生了 20 多次?"刘没有回答他,这个案件的最终结果也没有报道。[②]

在 1947 年发生的一起大胆的诱拐案件中,一个名叫张志久的棉纺厂工人对厂里一名 14 岁女工于淑媛"早存歹意"。一天晚上,他约她到一个市场吃饭,然后带她去看电影。看完电影后,他说她回家太晚了,将她带到一家旅馆,强奸了她两次。第二天她不敢回家。由于两天都没有回家,她的母亲找到厂里并将她带回家中;母亲发现了是怎么回事,便禁止她再出家门。十天后她出门办事时,张终于找到了她,并劝说她去了他的姑姑位于郊区的家中。于的父亲是铁厂工人,他去那里寻找女儿,张的亲戚将女孩藏在里屋。不过她的父亲找到了那处房子,砸开门上的锁,父女"抱头痛哭"。张和他的姑姑、姑父随后一起被逮捕。[③]

在另一起案件中,一名更成熟一些的棉纺厂女工成功地保护了自己的贞洁。两名来自山东的女工薛淑萍和李世英,一起住在城东南角的棉纺厂附近(这里的住宿安排有点儿不同寻常,单身工人通常和家人一起住或住在工厂的宿舍里)。一天下午,薛的男朋友来看她,薛出去买花生时,她的男朋友抱住李想强奸她。李向当地警察局告发,警

---

① 《益世报》1935 年 12 月 31 日,第 5 版。

② 《益世报》1935 年 3 月 4 日,第 5 版。(引文标注可能有误,《益世报》中的案例与文中此处不是一个案例。——译者注)

③ 《益世报》1947 年 11 月 9 日,第 4 版。

察以涉嫌企图强奸将薛和她的男友逮捕(他们推断,薛为什么突然出去,这不是为了给她男友创造机会接近她的室友吗?),并将两人送往警局接受进一步的审问。[1] 上述这些案件,警察对所有作案者都成功地采取了行动,不过,许多案件无疑都没有被报道。失去贞洁给女人带来的污点会毁坏她们的婚姻前景,因此,为了她们的利益(也为了她们家庭的利益),只有对这些犯罪保持沉默。

第三种普通类型的犯罪——挫折和报复犯罪,许多都是由于在压抑的工作环境中郁积的怨恨最终以暴力的形式爆发。这种暴力行为有时是雇主针对工人的,有时是工人针对雇主的。例如,1936 年,西广开一家织布厂的经理被逮捕,原因是他指责一名外包女工偷东西,女工否认后遭到他的殴打,导致这名女工流产。当地的调查机关要求他为这名女工支付医疗费时,他和他的妻子又刺伤了那名女工的头部,造成重大伤害,从而加重了他的罪行。1941 年记录的一个案件更为典型,一家电器厂的经理在乘人力车上班途中被一名心怀不满的前工厂雇工刺伤,试图制止这起袭击的人力车夫被杀死,这名工人被逮捕。[2]

而且,在工人之间由小的口角演化为全面对抗时也会发生暴力行为。1935 年的《益世报》就刊登过两起这样的案件。在第一起案件中,一家体育用品制造厂两名分别姓黄和姓李的工人,长期互相敌视。黄被工厂辞退,李非常高兴并散布有关黄的谣言。黄断定自己被辞退跟李有关,便用一把随处可以找到的菜刀猛砍了李许多刀。在这起案件中,他用的菜刀来自工厂的厨房。黄被逮捕。在第二起案件中,一家火柴公司的两名工人由经常性的互相对骂最终演变成拳脚相向,其中一人用特意买来并藏在自己床下的一把一尺长的刀刺向另一人。其中一人最终进了医院,差点丢了性命,另一个人则进了当地的监狱。[3]

---

① 《益世报》1948 年 11 月 5 日,第 5 版。

② 《益世报》1936 年 6 月 19 日,第 5 版;天津特别市特别行政区公署编:《天津特别市特别行政区公署中华民国三十年年报》,天津,1941 年。(此注释后一项可能有误。——译者注)

③ 《益世报》1935 年 9 月 15 日,10 月 9 日,第 5 版。

个人恩怨也经常演变为成帮结伙的工人大规模的打群架,这种解决分歧的方式显然不仅限于运输业或棉纺厂。在这类冲突中,工人们调动他们所建立的各种关系网来保护他们自己。1936年的一个案子涉及一家面粉厂一名姓马的工人,他因为面粉如何装船的事与名叫杨哑巴的搬运工发生殴斗。工头和马的同事制止了这场殴斗,于是马迁怒于他们。第二天,他带着他的父母、瞎子叔叔和30个朋友再次来到厂里,所有的人都带着家伙。他们打碎了工人休息处的玻璃,打伤了好几个工人,警察赶到后逮捕了4名闹事者和几名受伤者。[①]

街头斗殴可能会演变成不仅针对个人,而且也针对某个机构及其财产的暴乱。在1947年的一个案件中,一个军粮厂的工人因为一张公共汽车票与军警发生殴斗。这名工人被警察拘留,他的几十名同事乘着这辆公交车到公交公司报告说他没有回来。其中的一些人也被拘留,公交公司由此与这些工人之间结下了很深的仇。第二天,这个厂的一名工人在马路中间被一辆公交车轧到了脚。随即,人数超过百名的一群工人闯进了公交公司的院子,殴打司机和售票员,砸毁四辆公交车,并劫走了3名公交车工人。军警平息了这次骚乱。尽管一周后又发生了类似事件,公交公司和军粮厂的厂方还是很快达成了和解协议。[②]

突发暴力事件也会殃及闲暇娱乐活动。1948年2月的一天下午,一名穿着厂服的男工带着4名女子到一家戏院看电影。和第五章[③]描述的有关一个搬运工人的案子有点相似,由于他少买了一张票当时就被赶了出来。第二天他带着大约70名同厂工人又去了戏院,将那里肆意打砸一通,由于戏院经理不在,他们打了经理的父母一顿才罢手。然后,他和他的朋友们押着经理的父母经过当地一个派出所时,经理的父亲大喊"救命!"许多警察跑了出来。一名工人冲上前

① 《益世报》1936年8月10日,第5版。

② 《益世报》1947年7月7日、13日、15日,第4版。

③ 贺萧著:《天津工人,1900—1949》第五章《赢得地盘:运输工人》,许哲娜、任吉东译,天津:天津人民出版社2016年。——译者注

抢夺警察的枪,枪走火了,击中了这名工人的胸部。这名工人当晚死亡。[1]

工人阶层的暴力行为,不管发生在上工时还是发生在大街上,通常都是针对同一阶层的成员。天津的工人在某种程度上是与城市的其他阶层相隔离的。在大街上就如同是在工厂里,那些最容易遭受个人暴力袭击的人,正是那些不能依靠家族、朋友和保护人构成的联盟提供保护的工人。而那些能够依靠这种保护网的工人,不仅用来保护他们自己,而且也利用它制造暴力伤害那些比他们更脆弱的工人。于是,个人报复行为采用了对于那些经历过工厂暴力的工人们来说非常熟悉的群体暴力方式。

节日和庆典

和其他地方一样,在天津,贫困从来就不妨碍举行各种仪式和节日庆典。尽管天津工人已经被迫进入许多方面都崭新的工作环境,但是他们依然保持着他们生活在中国北方农村时所熟悉的民俗习惯。阴历不再支配他们的工作周期,但是阴历的节日仍然为他们标示出每年度过的一段段岁月。而且,不管他们采用什么样的手段去挣钱,他们都得像来天津之前那样生育孩子,安排孩子的婚姻和安葬死者。工人们利用这些时机再次确认与家族和乡亲们业已存在的关系,同时增强与工头和结拜兄弟之间建立的新关系。

节日的季节律

许多工人在新年时回到自己的家乡,直接加强他们与乡村的联系。另一些人则待在天津,但是他们会在城市里再现乡下的习俗并再次确认在城里的乡村关系网络。

阴历新年或称春节一般在每年的一月或二月到来,但紧张忙碌的准备在一个月之前就已经开始了。阴历十二月初八那天,天津人

---

①《益世报》1948 年 2 月 17 日,第 4 版。

要用谷物和干果熬粥，叫做“腊八粥”，亲朋好友一起喝。这一天人们也做“腊八醋”，一坛子放了大蒜瓣的醋，浸泡3周之后，到阴历新年那一天用饺子蘸这种醋吃。由于这段时间非常忙，因此被称为“要命的腊八”。①

还由于另外一个原因，阴历十二月也是工人阶层家庭压力增大的一段时间。按照传统，债务必须在春节之前偿还，在一年的最后几个星期，债主要到欠他们钱的人家登门讨债。欠债人家的户主有时会离家躲债，债主就逼迫他的妻子还钱，咒骂他的孩子，直到满意了才离开。②

大约在同一月份，天津老城的每个城门附近和天津的其他地区都出现了年货市场。这些市场大都售卖传统年货，诸如书写在竖长条红纸上、贴在各家门两边的对联，用红纸剪成猪或财神图案贴在窗户上的吊钱儿，将戏剧或历史传说中的场景用鲜艳的颜色画在薄纸上、贴在人们房间里的年画，以及陀螺、灯笼、鞭炮、烟花、香、蜡烛和灶王神像等，这些都和乡下过春节时看到的年俗用品一模一样。工人们认为，如果他们不准备一些蜡烛、香和灶神像来迎接新年，来年就会变得更穷，于是他们省吃俭用也要买这些东西。

阴历十二月二十三日，是家家户户一年一度祭奠灶神的日子。要在灶神像前供奉糖瓜，给他返回天上的坐骑提供草和水。随后要烧掉灶神像，意味着送他上路，希望蜜甜的糖瓜能引诱灶神到达天庭后给这家人美言一番。

新年前的最后几天，过年的各种准备达到高潮。按照当地的习

---

① 除非另行注释，下面有关节日风俗的描述根据以下资料：张次溪：《天津游览志》，第68—75页；《天津市之风俗调查》，《河北月刊》第1卷第3号，1933年3月，第1—22页；采访李世瑜，1981年3月24日；陈佩编：《河北省武清县事情》（出版地不详：新民会中央总会，1940年），第26—28页；新凤霞：《新凤霞回忆录》；采访陈桂兰，1980年11月2日；采访纪凯林，1980年12月29日。我本人自1979年至1981年两年在天津居住期间，证实了我所观察到的习俗在中华人民共和国成立前就已存在。武清的材料被用来分析城市与乡村习俗的相似性。有关北京年俗的文字优美、内容更详尽的描述参见罗信耀《小吴历险记：一个北京人的生活周期》（The Adventures of Wu: The Life Cycle of a Peking Man），北京：1940、1941年，普林斯顿大学出版社1983年重印，第1卷，第141—148、221—232页；第2卷，第22—41、63—74、140—161页。

② 有关这个场面的描述，参见新凤霞《艺术生涯》，第1—3页。

俗,年后的几天不得生火做饭,所需的所有馒头和其他主要食品都必须提前做好或买好。除夕夜的习惯是,每家都必须守夜不眠,度过午夜时分。在陈桂兰家,一家人在下午就包好了饺子,然后一直打牌到午夜:

到半夜时我们会祭拜。在天津和乡下都是这样……我们家有个香炉。我们在桌子上铺上红纸,然后点上香。一支香快点完了,我们再点上一支……然后我们开始吃饺子。我们用饺子给佛上供,然后再把它们都吃了。

我们并不信教。佛嘛,只不过是一张纸上面画着一个老人,代表着神灵。

我们吃饺子之前,媳妇和儿子必须给老人磕头……之后,孩子们就该给祖父母和父母磕头。①

整个除夕夜,人们都在大街上放鞭炮。第二天人们起得很早,又一次吃饺子,穿上最好的衣服,然后在年初的几天去给亲戚朋友拜年。这个乡下的风俗在城里被完整地保留下来,以助于重建乡村的关系纽带:

乡下人对新年和春节都看得很重。拜年的风俗非常普遍。向长一辈的人磕头,碰到人就拱手作揖……

我们来这里后这种习俗保留了下来……我们会去给街坊邻居和亲戚拜年……一些人也会送礼。……起初我们是磕头,但后来我们只是做个动作好像要磕头,而人们就会对我们说:“快别麻烦了。不用了!”……最重要的是要到人家里去并让人家领会感情。如果你不去,这就不好了。②

在新年正月的头五天,禁止接触生米和生面。这个禁忌有两方面的含义:分散的生米粒象征着混乱,而先前做好的食物已经变得整齐

① 采访陈桂兰。

② 采访纪凯林。

有序，象征着来年顺利；各家吃上一年做的食物，会显得很富裕。正月第二天之后可以用生面做饭，但还不能用生米。由于有这个风俗，女人们可以从常年做饭的家务琐事中解脱出来。全家人在家中度过这段休闲时光，闲聊或者赌钱。

过节期间的食物也有规矩。正月第一天各阶层的人们都吃饺子，象征着万象更新。由于大年初一这一天标志着一段五个月时期的开始，在这段时间里债主不能催债，所以饺子也常被称作“救命饺子”；第二天，传统的食物是面条；第三天吃一种大饺子，叫合子；第四天是一般食物；第五天又吃饺子。也是在第五天，家里装饰的红纸花要取下来扔到街上。谁去捡它都会被认为是晦气，用脚踩或者往上面吐唾沫则被看作是吉利的。

尽管有些人新年正月第二天或者第三天就要回去工作，但是春节一直要延续到正月十五日。这一天叫元宵节，也叫“小年”。这一天还要磕一次头，各家各户都要悬挂灯笼和吃用糯米制作并用水煮熟的元宵。

春节结束十天后，就是正月二十五，又要举行“填仓”仪式。在这个仪式前几天，人们用白粉笔或灰炭在自家房子的地上画个圆圈，在屋外也画一个同样的。他们用过年期间贴在窗户上的红纸剪成的吊钱包上铜钱和谷粒，放在圆圈内，再用砖压上。二十五日这天天亮时，仪式参加者先燃放鞭炮，再拿开砖头看铜钱上的字朝上面还是朝下面。如果朝上面，象征好运；朝下面，意味着平淡的一年。然后，再看砖头上粘了多少谷粒，为的是预测收成。尽管后面这个程序在城里的意义远没有对乡下劳作的农民那样大，但是它仍被看成是评价这家人在新的一年里命运如何的一种普遍的暗示。按照传统习惯，二十五这一天吃捞面，而且除了做饭，女人们这一天禁止干针线活，原因是担心她们的缝衣针会扎伤仓神的眼睛。

过年的一些禁忌，如不许剃头，从新年正月开始执行。二月的第二天，刚一起床，人们就要用扫帚敲打他们睡觉的炕沿，嘴里还要念念有词：“二月二敲炕沿儿，蝎子蜈蚣不见面儿。”接着，他们要从房间里到最近的水坑或水沟边撒一溜灰,这象征着冬天和过年期间的懒龙已经出去,勤快和富裕的龙进来,带来金钱和(在乡下)给秧苗带来雨水。这个仪式过后,人们开始剃头。

这一天的传统食品包括烙饼、"焖子"(一种豆子做成的胶状食品,切成菱形块并用油煎过,代表着凶恶和懒惰的龙的鳞),还有豆面条和豆芽做的拌面,代表着龙须。女人们这一天只是做饭和赌钱,同样不能做针线活,担心伤到新龙的眼睛。

三月初三是清明节[①],天津和中国其他地方一样过这个节日,给先人扫墓和祭祀他们。接下来四月初八是佛祖的生日,大部分寺庙都有庆祝活动,城里人纷纷到寺庙祭拜。城隍神的神像被抬出庙在街上巡游。四月二十八是药王的生日,药王是道教神,原本是战国时期的一个医生。在这个节日,河东、郊外的杨柳青以及城西一带会举行巡游庆祝。

五月初五是端午节。大多数居民在家门上插上艾草和柳枝,相信它们能够驱避五种毒虫:蝎子、毒蛇、蜈蚣、壁虎和蟾蜍。小孩子身上戴着丝绸绣花香包,里面装着胡椒和其他香料,头上、耳朵和屁股上都抹上雄黄,以驱赶毒虫。在墙上贴上画有这些毒虫的剪纸。人人都吃粽子,一种做成带尖的圆筒状米团,里面放上枣和肉,裹在粽叶里蒸熟。按照习俗,要送粽子给家里的女儿们,即使她们已经结婚搬出家了。

"龙舟"使这个节日得以成名。这是一种装饰着龙头的船,这一天在水上赛龙舟是节日庆典的一部分,许多城里人都出来观看。

六月相对平静无事,只有初六这一天例外,是户外晾衣服的日子。七月初七,年轻女子拜"织女"(一个带有浪漫传说的星座)以求婚配。

七月十五是鬼节,家人在新亡的亲人坟前举行缅怀仪式。还要在河边放"河灯"。这些河灯是天津有钱人家用木头和纸做成的小船模型,穷人家则用半只空心西瓜代替。河灯里面放着蜡烛,还有给饿死

① 原文如此。清明节源于中国传统节气,时间为公历4月4日或5日。——译者注

鬼吃的点心。①

八月十五是中秋节。已婚的女人要回到父母家过节。一家人聚到院子里赏月,吃月饼,并用月饼和水果祭月。剪纸描绘了月亮中的兔子和美丽的嫦娥飞向月亮的传说。许多家庭还要求年轻人磕头祭拜。从中秋节到新年,只有两个小的节日,一是重阳节(九月初九),有些人到附近乡下登高,吃粘糕;再有就是十月初一,人们给亡故的先人烧用纸做成的寒衣。

阴历的多数节日来源于农村生活的季节变化,即便在城市里,人们也保留了许多源于乡村的节庆习俗。和在农村一样,节日也是债主们登门索债,以及花费大而导致家庭财政紧张的时候。在城市里,这种紧张状况在过节时还会因解雇、奖金纠纷和停工歇业而加剧。

结婚庆典

桂兰到了结婚年龄时,她已经和家人在天津生活了 7 年多,并干过许多工作了。不过,和许多乡下来的人一样,她的父母还是依靠乡下的关系给自己的儿女找对象。就像男人们回到他们的村里去找媳妇,许多家有时也会把他们的年轻女孩送回村里结婚,或至少设法通过家族和同乡网络给她们找对象。

陈桂兰和邢敏志(Xing Minzhi,音译)的婚事就是桂兰的叔叔在陈家回老家期间一次回访时商定的。她叔叔的妻子和陈家日后的新郎是一个村的。桂兰家对这门亲事很满意,因为邢家经济上比他们家富裕。邢家也非常满意,因为陈桂兰是个大美人。当然,两个年轻人在结婚前没见过面。媒人这样说亲:

> 媒人会对男方家说:“这是个好闺女。她干活好,干什么都

① 李世瑜讲了下面这个故事:在日本军队占领之前,日本轮船经常在天津停泊。这些轮船多数的名字包含有日文“maru(丸)”,这个字在中文中念“wan(完)”。在 1936 年的鬼节,一群工人放出了一艘西瓜船,船的一侧刻着一个政治双关语“日本完”,这是日语“日本丸”的同音异义词,汉语的意思却是“日本完蛋”。1981 年 3 月 24 日采访李世瑜。

行，她长得漂亮，而且大门不出二门不迈。”媒人来到女方家时，她会说：“他是个好小伙儿，非常厚道。”随后她会介绍这家的情况——家里有多少口人，等等。①

桂兰结婚时 19 岁，她已经在城里工作了 7 年。不过，媒人还是援用农村判定一个好媳妇的价值标准——吃苦耐劳和深居简出的教养。尽管她未来的婆家肯定知道她在城里工作，但是他们接受这些早前时期的事实，因为他们确信她已经完全长大成人，会给他们家增加一个很好的人手。

在结婚前一天，桂兰坐着车从父母家来到她未来的婆婆家（称呼一个女人结婚的常用词是“找个婆家”，这种表达恰当地强调了这种关系在年轻新娘的生活中的核心性质）。她的头发被梳成一个圆发髻，穿上红色新衣裳，头上戴着“龙凤花”。到达新家后，她记得：

我坐在炕上。第二天早上四点我们起床，拜天地。八位长辈坐在那，旁边有几个小男孩打着点亮的灯笼。随后我们从一个房间进到另一个房间。

仪式之后我们吃饺子。我吃不下，太紧张了。那个时候每个结婚的人都要哭一通。你不知道那家是什么样，你要嫁的男人什么样。你不知道他们家人怎么样。我害怕像我的同辈姐妹一样受到虐待。

结婚后，她继续在炕上坐了三天，第四天她回到父母家待了很短一段时间。然后，她就开始了当媳妇的生活。她的第一项任务是给她丈夫的母亲做了一条裤子，她对她要百依百顺。后来——

过了 20 天，我家派了一辆大车来接我回家。离开前，我必须

① 采访陈桂兰。

> 给我婆婆和家里其他长辈磕头。只有我一个人，我丈夫则不必磕头。我问我婆婆："妈，我应该待多少天？"她就会告诉你。如果她说待10天，你就不能在第11天回来，否则她就会不高兴。[①]

幸运的是，桂兰的婆婆是个非常开通的女人，桂兰与她的关系比较好。

尽管已经不生活在农村，但是天津的工人阶层家庭还是尽量保留乡下结婚的形式，只是根据他们的情况作了调整。新娘和新郎的岁数通常比那些富裕一些人家的要大几岁，因为这些家庭需要更长的时间攒钱来支付婚礼开销。有些家庭还遵守着一些习俗，包括交换婚帖，上面写着双方的出生年月；请算命先生判定这门婚事是否合适；新郎家向新娘家送聘礼；用花轿或类似的方式迎亲。迎娶新娘还有许多迷信的做法，如在进屋之前她要跨过一个马鞍，因为"鞍"与平安的"安"是同音字；她还必须在腰间带着一面铜镜以避邪。新娘到达后，要和新郎一起吃"子孙饺子"和"长寿面"。[②]

即使是那些经济条件极其困窘的家庭，一顶花轿也是举办一场婚礼绝对不可省却的。有店铺专门租赁轿子和其他结婚用品，如灯笼、旗、锣、伞等。[③] 由于租轿子实在太贵了，一些工人家庭想出了一个巧妙的办法："一领轿花10元，赶轿花5元。我们就来赶轿。这就是说，另一家人用完之后，我们再去用。这就是为什么叫'赶轿'……第一个用轿子的人付的钱也多。"[④]

婚礼常常会给新郎家带来相当大的经济困难。棉纺厂的男工人张家贵在20世纪40年代初结婚，也"赶了轿子"。不过，他回忆说："那时办一次婚礼很困难，我母亲四处借钱。"一些有儿子的家庭提前

---

① 采访陈桂兰。

② 有关这些仪式在天津和武清县的详细描述，参见《天津市之风俗调查》，以及陈佩编《河北省武清县事情》，第24—25页。北京订婚和结婚风俗参见罗信耀《小吴历险记：一个北京人的生活周期》，第2卷，第190—228页。

③ 采访陈桂兰；《天津市红白货业商情习惯调查》，载《社会月刊》增刊，卷1，第8号，1930年3月20日，第10页。

④ 采访程长立。

多年定亲,将未来的媳妇接到新家来直至长大后完婚。这样,婚礼就不会办得那么铺张了。[①]

生育习俗

从新郎家的角度来看,结婚的主要目的就是生育后代。如果媳妇在结婚头两三年内还没有生小孩,她的婆家就会常常表示出对她的疑虑,婆婆和媳妇就会开始祈求神灵赐子。[②]

求子的一个方法是吃“碰头蛋”。新生儿出生第三天洗澡时,洗澡水中放上鸡蛋。在接生婆完成了这种仪式性的洗澡之后,捞出两个相互碰撞的鸡蛋,送给那些想要怀孕生子的女人吃。这个女人要背对着门,坐在屋子的门槛上将鸡蛋吃下。

另一种方法是到天后宫(见第一章)[③]去向天后娘娘求子。在天后宫天后塑像的旁边,摆放着许多小泥娃娃。求子的女人烧完香和祷告后,就会把一个泥娃娃带回家,并将它藏在炕席的下面。三天后将它取出,给它穿上衣服,一日三餐要把食物摆在它面前。如果日后这个女人真的生了孩子,这个泥娃娃将被当作大哥对待,真正的孩子成了老二。

求子的第三种方法是由婆婆实施。在除夕夜的子时,在不让任何人知道的情况下,婆婆在黑暗中捡回一块砖头或其他任何她看到的东西,把它带回屋里藏起来,尽力设法不让媳妇看见它。将来,如果孩子出生了,就用捡回的这个东西为他(或她)起小名。

---

① 采访张家贵、纪凯林。有关台湾的这个习俗,参见[美] 武雅士(Arthur P. Wolf)《海山妇女:人口统计学式的描述》(The Women of Hai-shan: A Demographic Portrait),载[美] 卢蕙馨(Margery Wolf)、罗克珊·维特克(RoxaneWitke)编《中国社会中的妇女》(*Women in Chinese Society*),加州斯坦福:斯坦福大学出版社(Stanford, Calif.: Stanford University Press),1975 年,第 89—110 页。

② 以下的描述,除非另行注出,都来源于《天津产儿风俗》(载《社会月刊》增刊,1930 年 3 月 20 日,第 1—6 页),以及《天津市之风俗调查》。虽然这些资料都没有明确说明哪个阶层采用哪种育儿习俗,但是采访资料告诉我们,和婚礼与葬礼一样,工人们只能遵守他们能够负担得起的习俗仪礼。北京育儿习俗参见罗信耀《小吴历险记:一个北京人的生活周期》,第 1 卷,第 1—67 页。

③ [美] 贺萧著:《天津工人,1900—1949》第一章《近代天津城市的塑形》,许哲娜、任吉东译。——译者注

求子的最后一种方法也是由婆婆来完成。在除夕夜做饺子的时候，婆婆偷偷地将一粒枣和一粒栗子放在饺子馅中。她不许在这个有特殊馅的饺子上做任何显著标记，当晚家里人吃饺子时也不许挑拣。如果媳妇恰好吃到那个包有枣和栗子的饺子，那就意味着她来年一定能怀上孩子，因为"枣"和"栗子"的谐音是"早立子"（早有一个孩子）。

怀孕的女人必须特别小心，不能触犯一些禁忌。她不能偷听别人的谈话或将盐或姜递给其他人。犯了这些规矩，据说会导致难产。怀孕的女人如若改变房间内任何东西的位置，干活太用力，搬重物，或吃太辛辣的食物，都将可能导致流产。女人怀孕时进入建筑工地，或看见躺进棺材的死人，都会面临生出"三片嘴"孩子的风险。如果两个怀孕的女人在美容时用同一根线去拔除脸上的汗毛，她们的孩子就被认为会发疯或死去。最后，怀孕的女人禁止坐在正处在哺乳期的母亲的床上，以免她会偷走这位母亲的奶。

随着分娩日期的临近，有许多方法被用来预测生男还是生女。如果孕妇走路时先迈出右脚，喜欢吃辣的，或肚子形状较平，应该是生女；如果走路先迈左脚，很想吃酸的，或者肚子呈尖形，则会生男孩。在怀孕的每个阶段，都会提醒女人最好要生个男孩。如果生了个男孩，产房被称为"喜房"；如果生了女孩，则只是被称作"产房"。人们视其为不洁之地而会刻意躲开。

在工人阶层家庭，婴儿总是由接生婆或女性亲戚接生。有些妇女像陈桂兰，是回到他们的老家村里生产。[①] 孩子出生之日，家人和亲友交换礼物以示庆祝。孩子出生后有几次庆祝活动，第一次是在出生后的第三天，由接生婆当着亲戚们的面为婴儿洗澡。接生婆要用金属秤砣轻压婴儿的身体，名曰压千斤，希望这会有助于孩子在以后的生活中承受重担。她还模拟用一把锁封住孩子的嘴，为的是让他将来说话和行动都要谨慎。随后，洗澡结束，接生婆劝诱在场的人向洗澡水中扔钱币，说扔的钱越多，孩子将来的能耐和财富就越大。这些钱币都

① 采访陈桂兰。

归接生婆所有。

洗澡这一天过后，孩子 12 天不能见生人，原因是担心生病。家庭庆祝仪式在孩子满月后举行，在那之后，孩子的母亲才可以恢复正常的生活。另一次类似的庆祝活动在孩子出生百日后举行。在这些庆祝活动中，墙上挂着大幅的红纸，上面写着诸如“多子多孙”之类的词句。①

葬礼

只要逝者的亲属非常富有，有能力大办丧事，天津的葬礼游行就成了复杂的公共事务。天津全市有超过 180 家店铺专门售卖葬礼用品（有的也售卖婚礼用品）。一个规模完整的葬礼队伍需要有扇、牌、旗、轻便的“亭”、悼念的拱门、幡、锣、伞、桌子、凳子、红白棍（红的给童男，白的给其他人）和真人大小的童子像。

尽管多数穷人不会希望能办得起如此规模的丧事，而不得不满足于由一顶轿子和一副便宜的棺材组成的送葬队伍，但是有钱人的葬礼还是天津工人阶层生活很重要的一部分。许多穷人通过在丧事中受雇充当哭丧者而赚取收入。陈桂兰家院子里的小男孩就靠做这些事挣几个铜板的外快。大人也会参加扛抬棺材。抬棺材由丐帮组织，他们垄断了整个城市的抬棺材生意。②

不管亡者的收入如何，他们的亲属都会给他们穿戴上一身整洁的寿衣和帽子。然后，亲属们穿上孝衣，向亲朋报丧，如果有可能的话，还会雇和尚或道士念经超度。亡者死后的第三天，据说亡者的灵魂要回来取前往另一个世界的路费。这一天晚上，全家人都聚到棺材旁痛哭一场。然后，要为入殓选定一个吉日，那一天全家人要祭灵并跪拜，再将尸体放入棺材。在工人家庭中，由于住房狭窄，棺材通常摆放在院子里。在亡者去世后的某一天（一般是第七天、第九天、第十一天或第十三天），就要出殡送葬去坟地。在下葬后，家人要在坟前烧纸钱和

① 新凤霞：《艺术生涯》，第 93 页。

② 《天津市红白货业商情习惯调查》，第 1—13 页；伊斯雷尔·爱泼斯坦。

用纸扎制的其他物品。回家时进入家门前，每个家庭成员必须将一块糖放在嘴里，并跳过一堆火以便清除自己与死者接触沾上的晦气。人死之后，还要定期举行祭祀。[①]

葬礼和婚礼一样，可能是一笔巨大的开销。家人举债为亡故的父母买寿衣、租墓地。如果不这样做的话，就是违反孝道，会遭到厄运并会招致邻里的严厉斥责。有时候，死者家人收到的钱物礼品，可以部分抵偿葬礼的花费。[②]

工人阶层生活中的节日和庆典，大多都反映了在天津工作的这些人来源于农民。纪凯林评论说："农民都有一种乡土观念，特别是在年纪大一些的人当中非常强烈。他们不想死在陌生的土地上。乡音和说话的方式，都不容易发生改变。农民的思维方式也很难改变。"[③]天津工作场所以外的生活方式证实了工作组织本身已经说明的：工人们通过业余时间的生活方式，使大量的农民文化得以保留，农民的社会关系有些也得以重建。不过，城市不仅仅是一个超常发展的都市乡村。城市街区将来自不同农村地区的人们聚集到一起。市场和娱乐场所为男性工人提供了一系列新的聚集场所。工人们变得依赖于市场，容易受货币波动的影响，并以与乡村完全不同的方式利用当铺。天津的工人阶级文化汲取了乡村文化资源，并开始在城市环境下使这些乡村文化转变为城市文化。

这种熟悉的乡村文化形式的转变在天津的市场和文化场所表现得最为明显，一种新型的下层都市文化正在开始形成。市场本身也变成了娱乐场所，其规模和多样性是乡村居民所从来不知道的。这些娱

---

① 《天津市之风俗调查》；陈佩编：《河北省武清县事情》，第25—26页；陈桂兰。

② 新凤霞：《艺术生涯》，第2页。在冯华年1927—1928年调查的132户中，有3户举办过葬礼。一户为年迈的母亲送葬，家里一共花了23元（相当于一年收入的九分之一）；一户埋葬夭折的年幼的孩子，花了不到5元；第三户是安葬去世的户主，不过由于他死在另外一个省，大部分丧葬费用不是由家里支付的。在这次调查中，有一户人家在父亲去世时，收到了超过60元的礼物。《冯华年先生纪念册：民国十六年至十七年天津手艺工人家庭生活调查之分析》，天津：李锐、华文煜、吴大业印赠，1932年，第503—504、528页。

③ 采访纪凯林。

乐之所以广受欢迎，正是因为它们汲取了乡村娱乐的形式。而且，这些娱乐发展得越来越成熟，越来越适合城市的观众。城市观众成群结队前去观看娱乐节目，不像在乡村仅仅是过节时偶尔为之，而是经常的、间隔时间很短地从管理严格的工作场所逃避出来观看娱乐节目。许多娱乐表演者和他们的观众来自同样的社会阶层，他们也是天津的工人和临时的劳工。娱乐表演者的生活也和他们的工人观众一样，经济上朝不保夕，还要受到那些比他们更有势力的人们的欺负。娱乐表演者也是工人，显然是在都市环境中为其他工人表演。

工人在工作之余的活动常常会折射出工作场所的两个主题：脆弱性和暴力。例如，当男性工人去天津的妓院时，他们是在购买那些像他们自己姐妹和女儿一样的人的服务，她们来自农村，来自工人阶层或临时工的家庭。所不同的是，妓女们由于她们性别上和出身背景上的劣势，无法通过婚姻使她们找到更加受到尊重或能赚到更多钱的工作。天津的职业结构使女子很少能有机会找到稳定的工作。1929年社会局的统计表明，天津的妓女人数几乎是女工人数的两倍。[①] 妓女是天津劳动者中最脆弱的一部分。她们常常是被那些生存状况使他们无法再养活一个女性成员的家庭卖到妓院。她们丝毫不能指望得到什么保护。她们提供了一种特别引人注目的劳动形式，同时她们也是不那么引人注意的一部分女性劳动阶层的典型代表——小妾、女佣和婢女，家庭服务和性服务的提供者。

和脆弱性一样，工作场所的暴力在更大的城市环境中也能发现它的回声。脚行和工厂有组织的暴力行为，其目的是寻找保护人和保护其地盘，以便反过来可以继续为每个工人提供保护。本章所讲述的个人的、“私下的”暴力行为，大都很可能被工人们理解为是有关失去保护的人的最终命运的一种警示。那些不幸的、失去保护的工人，很容易被迫铤而走险从事经济犯罪活动，使他们的（女性的）品行受到指责，或很容易遭到同行业仇人的报复。有组织的暴力行为显然一直是

① 这两项数字分别是 2 910 和 1 543。参见吴瓯《天津市社会局统计汇刊》，以及《天津市纺纱业调查报告》第 39—41 页。

工人阶层生活中持久不变的特征，是因为它强化了保护人的权力，而保护人可以保护工人免遭经济脆弱性和个人暴力的伤害。

工人阶层生活中节日和庆典，为城市工人阶层文化的出现提供了关键线索。天津流行的节日风俗习惯和庆典仪式，大都与农村的风俗习惯非常一致。而且，这些也为在城市环境中确立新的社会关系提供了机会。当工人们为了争取能按照乡村的风俗习惯过节日的权利和方式而斗争时，重大节日也就成了工人阶层在工作场所采取明显的和有组织的方式发泄不满的时候。乡村的传统以及城市中的社会关系和工作场所的压力，促进了工人阶层抗议形式的构成。

喻满意　译　　刘海岩　校订

（原载 Gail Hershatter, *The Workers of Tianjin, 1900—1949*, Stanford: Stanford University Press, 1986）

《大鼓书与鬼市：工人阶层的生活方式》导读

许哲娜

本文选自《天津工人，1900—1949》(*The Workers of Tianjin, 1900—1949*)，该书英文版于1986年由美国斯坦福大学出版社首次出版。2016年，该书推出中译本。[①]

作者贺萧(Gail Hershatter)，美国加州大学圣克鲁兹分校历史学特聘教授，美国亚洲研究协会前主席(2011—2012)；主要从事1800年至今妇女和中国革命历史的研究和写作；著有《天津工人，1900—1949》(以下简称《天津工人》)、《个人声音：20世纪80年代的中国妇女》(*Personal Voices: China Women in the 1980s*, 1988年，与韩起澜——Emily Honig——合著)、《漫长的20世纪中的中国妇女》(*Women in China's Long Twentieth Century*, 2004年)、《记忆的性别：乡村妇女与中国的集体往事》(*The Gender of Memory: Rural Women and China's Collective Past*, 2011年，中译本即将出版)。

《天津工人，1900—1949》是贺萧在斯坦福大学的博士学位论文基础上完成的。为撰写这篇论文，她曾于1979—1981在天津南开大学进行了为期两年的访学，也是中国改革开放以来第一批来华美国留学生。从贺萧后来的学术走向可以看出，她的学术兴趣点主要在于妇女与中国革命历史。据她自己介绍，她当时到天津来的初衷是开展近代天津女工研究，正如后来一段时期内她重要的学术伙伴韩起澜所从事的近代上海女工研究那样。在此之前，她们已经于1977年合作完成了《纱厂女童工的艰难岁月：上海棉纺业中的女工，1895—1927》

① ［美］贺萧著：《天津工人，1900—1949》，许哲娜、任吉东译，天津：天津人民出版社，2016年。

(*Hard Times Cotton Mill Girls: Women Workers in Shanghai's Cotton Spinning Industry, 1895—1927*)。[①] 然而贺萧在前期资料搜集过程中发现了天津的特殊情况,天津娼妓人数大大超过了女工。这迫使她不得不调整研究范围,将之扩大到整个天津工人阶级。不过,有关天津娼妓与女工人数对比悬殊的资料线索也在某种程度上促进了她对城市生活中的另一个沉重话题"娼妓"的关注,激发了她对近代娼业研究的研究兴趣,撰写出版了《危险的愉悦: 20 世纪上海的娼妓问题与现代性》[②](*Dangerous Pleasure: Prostitution and Modernity in Twentieth-Century Shanghai*, 1997 年,2003 年出版中译本)。这部著作为她带来了极大的荣誉,也奠定了她在美国亚洲研究中的崇高地位。该书获 1997 年美国历史学会"琼·凯利女性史纪念奖"(Joan Kelly Memorial Prize in Women's History)。

一、生活史视角下的新劳工史研究

在贺萧从事天津工人研究的同时,韩起澜独立进行并完成的上海女工研究以《姐妹们与陌生人: 1919—1949 年上海纱厂的女工》[③](*Sisters and Strangers: Women in the Shanghai Cotton Mill, 1919—1949*)为题于 1986 年出版。通过对这两部著作的比对可以看出,她们都深受英国著名历史学家 E.P.汤普森(E. P Thompson)学术思想和研究理路的影响,从问题的提出、材料的选取、写作的思路、篇章结构的布局等方面体现出几乎完全一致的风格,是那个时代鲜明的学术特色的典型体现。这两部著作与另一位劳工史研究专家裴宜理(Elizabeth

---

① [美] 贺萧、韩起澜(Emily Honig):《纱厂女童工的艰难岁月: 上海棉纺业中的女工,1895—1927》(*Hard Times Cotton Mill Girls: Women Workers in Shanghai's Cotton Spinning Industry, 1895—1927*),手稿(Ms.),1977 年 6 月(June 1977)。

② [美] 贺萧:《危险的愉悦: 20 世纪上海的娼妓问题与现代性》(*Dangerous Pleasure: Prostitution and Modernity in Twentieth-Century Shanghai*)。

③ [美] 韩起澜:《姐妹们与陌生人: 1919—1949 年上海纱厂的女工》(*Sisters and Strangers: Women in the Shanghai Cotton Mill, 1919—1949*),加州斯坦福: 斯坦福大学出版社(Stanford, Calif.: Stanford University Press),1986 年。

P. Jerry）稍后出版的《上海罢工：中国工人政治研究》①，可以视为开创中国工人阶级历史研究新局面的三大奠基之作。

汤普森是新劳工史理论的重要开拓者，其代表作《英国工人阶级的形成》②（*The Making of the English Working Class*）被视为新劳工史的奠基之作。在这部著作中，他强调了自己一贯的学术主张：阶级意识才是阶级形成的核心标志。这就改变了以往研究中工人被视为资产阶级派生物的"被动"地位，赋予了工人研究以重要的学术价值，也在世界范围内掀起了一股工人研究的热潮。

贺萧在《天津工人》导论中指出了汤普森对传统劳工史的重要突破。汤普森最早把目光从工会和工人阶级政党领导的正规活动转向了工人阶级形成的各个方面的历史，特别关注工人从自在阶级向自觉积极的自为阶级的转变过程。因此他主张从工人生活史当中寻找工人阶级形成的线索，把大量笔墨倾注于英国工匠在进入工业资本形成时期所特有的思维方式、惯习以及联合的模式，提出工人"不是被动的群体"，而是"对扩张中的资本主义的规则的反应"。汤普森"看到工人阶级在自身的形成过程中是非常积极的行动者"。③

工人生活水平统计数据与工人真实感受存在着怎样的关系，工作方式和休闲方式的改变对于工人阶级意识的形成起到了什么样的作用，宗教生活对工人阶级意识的影响，都是汤普森关注的重要问题，在《英国工人阶级的形成》一书中进行了充分论述。该书是较早一部能够有力印证生活史研究独特而又重大的学术价值的重要著作，证实了生活史研究对学术的贡献不仅仅是研究内容的拓展或细化，更是研究视角的深化和突破，甚至有可能重新书写历史。

---

① ［美］裴宜理（Elizabeth P. Jerry）：《上海罢工：中国工人政治研究》（*Shanghai on Strike: the Politics of Chinese Labor*），加州斯坦福：斯坦福大学出版社（Stanford, Calif.: Stanford University Press），1993年。

② ［英］汤普森（E. P Thompson）：《英国工人阶级的形成》（*The Making of the English Working Class*），纽约：古典书局（New York: Vintage），1966年。

③ ［美］贺萧著：《天津工人，1900—1949》，许哲娜、任吉东译，天津：天津人民出版社，2016年，第1—2页。

汤普森新劳工史研究的后继者从诸多方面拓展了劳工史研究，包括把汤普森的研究拓展到其他时间和其他地区，把数量更多和更加多样化的劳动者群体包括妇女纳入研究范畴，从工人阶级的结构和传统或者工人阶级的政治经验出发对工人运动加以解读，以及阐释工人阶级文化与经济和政治的关系。但是他们基本上都遵循了把生活作为劳工史研究主要切入点的研究思路。比如研究工人运动的多数研究者继承了汤普森的学术思想，认为被视为“工业激进主义”的罢工运动“并不是突然爆发，而是工人们在日常生活中共同联合的自然延伸”，并从“共同的乡下祖籍、共同的工厂经历和共同的方言和习惯，战争和经济危机时期面临的共同问题”等诸多方面去寻找“共同联合的各种根源”。[①]

受到汤普森及其追随者的影响，贺萧也把天津工人的工作方式、生活方式作为研究的重点，从中发现“工人阶级与其他社会阶级互动”的形式，以及“意识、组织和行为之间的关联”。[②] 工人阶级是在特定的社会结构中形成的。城市是近代中国工人阶级形成的空间和舞台，与工人的农村原籍有着天壤之别的城市生活是近代中国工人阶级形成的社会性因素。天津工人“作为城市人口重要组成部分的群体却不是城市生活的常住人口”的特殊身份，以及如何利用过去的社会关系网络包括家族、籍贯、朋友等，积极主动地应对眼前的城市生活，对工人阶级意识的形成产生了重要影响，从而对工人抗议的组织方式和行动方式起到关键作用。

在此基础上，贺萧还结合天津工人阶级形成的实际历史情况，对汤普森学术思想进行了重要发展，展现了天津工人阶级的独特性，为新劳工史增添了新的研究视角。著名经济学家方显廷在受聘南开大学经济研究所期间，对天津的针织、地毯等行业进行了深入调查。1929—1930 年期间的统计数字显示这些行业工人绝大多数来自周边

① [美] 贺萧著：《天津工人，1900—1949》，许哲娜、任吉东译，天津：天津人民出版社，2016 年，第 7 页。

② [美] 贺萧著：《天津工人，1900—1949》，许哲娜、任吉东译，天津：天津人民出版社，2016 年，第 1—2 页。

省份，如河北和山东的农村。94%的针织工，92%的地毯工和77%的手摇纺织工人来自河北，其余的大部分来自山东。学徒工的构成以及其他行业情况也基本相似。这促使贺萧对天津工人乡村出身与城市生活的关系给予特别的关注。众多的农村人口进入城市工厂，承受工作和生活压力的同时还要接受“城市化”的洗礼，这种有别于英国工人阶级的生活经历，必然对天津工人阶级意识的形成别有一番影响。①

在城市的空间视角下，以生活史的观察方法取代政治史的分析方法，呈现出天津工人形成过程的复杂性和“不规则性”，是《天津工人》在新劳工史研究领域占有重要一席之地的重要原因。

《天津工人》全书共分为八章，第一章对天津工人赖以谋生的城市地理环境进行了概述，指出城市空间的“碎片化”是天津工人阶级形成过程“不规则性”的环境根源之一。

第二章对天津工人阶级赖以生成和发展的城市经济环境进行了概述，指出帝国主义、军阀纷争带来的政治动荡以及投资者对工业投资的兴趣缺乏，导致天津地方工业缺乏稳定的政治环境和较为单一的资本来源，从社会阶层到经济发展都呈现出“碎片化”的发展特征是天津工人阶级形成过程“不规则性”的经济根源之一。

第三章对不同层次天津工人的工作状况和生活条件进行了充分描述，如工厂工人的籍贯来源、找工作的方式、年龄和性别差异、婚姻状况、薪酬水平和职业流动的情况，临时工的家庭构成、住所、饮食、服饰、公共卫生情况，失业工人沦入城市最底层后悲惨窘迫的日常生活，以此来揭示天津工人的“分离性”和共同之处。

第四章展现了三条石地区机器制造业工人特别是学徒工的生活：受虐待的痛苦经历、与世隔绝的封闭生活，以及反抗虐待和盘剥、改善生活质量的策略，包括（用“泡蘑菇”的方式）减轻劳动强度、（偷窃原料变卖）获取额外收入等。

第五章重点关注了运输行业中一个最具有特殊性的行业——脚

---

① ［美］贺萧著：《天津工人，1900—1949》，许哲娜、任吉东译，天津：天津人民出版社，2016年，第71—72页。

行，论述了脚行在以帮会为主要特征的城市传统中的发展历史，分析了脚行之间以及脚行与商人、脚行与政府等多重关系，从中发现了脚行工人对把头时而保护、时而反抗的不确定态度。

第六章涉及棉纺厂工人工厂生活的方方面面，包括生产空间对健康的影响、男女工人加强自我保护的不同组织方式、宗教信仰在工厂生活中的流行情况，特别是作为工人抗议活动组织基础的功能，还有针对厂主强制推行工业纪律以及过低薪酬的斗争策略，等等。

第七章着力描绘了工人在工厂以外的休闲娱乐生活、暴力冲突和风俗习惯。本文下节将对该章节作进一步解读。

第八章从工厂抗议活动中的三组关系入手，即工人之间的关系、工人与支配群体包括国民官员和政府军的关系、工人与外部政治组织的关系，论证“劳动力的结构性变化、外部组织者的控制及其策略的反复无常，还有统治阶级的不稳定”注定了天津工人抗议活动“异乎寻常的阵发性和漫无目的”。

《天津工人》一书有两个主要特点。一是对工人生活的关注贯穿全书。工人阶级战斗性是《天津工人》一书的关键词，这是判断天津工人阶级意识的重要标准之一。所谓战斗性，正是发源于工人保护物质、精神等各个层面生活利益的强烈愿望和需求。而战斗力则来源于他们在日常生活中结成的各种形式、各种性质的联盟，这也成为政党和工会组织发动有组织的工人运动时必须加以利用的重要基础。《天津工人》在生活史视角下对传统劳工史中关于战斗性问题的反思与反拨，把战斗性问题的思考从抗议活动集中爆发的特殊时刻延伸到了“两段激进时期之间”的日常生活中，延伸到了工人从农村到城市的生活经历中，在日常生活中发现工人阶级战斗性的社会历史根源，从而纠正了罢工作为“工人阶级意识唯一可靠的标志”的偏见，使得天津工人摆脱了“匆匆登上和离开相隔20年的历史舞台，同时被动和无人察觉地等待着”的角色地位。①

---

① ［美］贺萧著：《天津工人，1900—1949》，许哲娜、任吉东译，天津：天津人民出版社，2016年，第14页。

二是传统与现代、城市与乡村的碰撞与融合作为本书一个特别重要的阐述主题。进入城市工厂之后，乡村出身对于工人阶级战斗性的形成究竟是利是弊，这是贺萧撰写该书所要解决的一个重要问题。但是贺萧认为这种判断是无法通过预测模式作出的。与此同时，城市影响也是天津工人阶级意识形成条件中必须考量的一个重要因素。贺萧同样认为城市生活对于工人阶级的形成也是一把“双刃剑”。

因此，贺萧对天津工人的工作环境、衣食住行、婚姻状况、公共卫生、健康问题、休闲方式、宗教信仰、生存策略、结盟组织、暴力冲突、犯罪特点等，进行了细致入微的全面考察，多方寻找线索，以发现“工人如何在特定的历史时间和地点运用他们的乡村关系纽带”，城市生活又通过何种途径对工人阶级意识的形成产生深刻影响。①

二、休闲娱乐生活与工人阶级战斗性的内在关联

节选部分为全书第七章《大鼓书与鬼市：工人阶层的生活方式》。如果说第一、第二章关注的是天津工人赖以生活的地理空间和政治经济环境，第三章到第六章聚焦的是不同行业的工人在工厂内部世界的生活，那么第七章则把目光投向了更为广阔的城市生活，显示了工人与工厂之外更加庞大而复杂的城市世界的密切而广泛的联系。

大鼓书与鬼市是工人阶级休闲娱乐生活的重要标签。大鼓书是伴随着城市发展而新兴的公共娱乐活动之一。表演者一手敲鼓，一手夹板，说唱故事，并配合以动作和表情。由于表现形式极为生动，很受欢迎，也是城市工人休闲娱乐生活的标志性内容。鬼市位于天津市南开区天宝路上，据说由于一般是黎明前开张，天一亮就收摊，这段时间正是传说中鬼怪出没的时候，加之市场里人影憧憧，形似鬼影，故得名“鬼市”。在这里出售的多是二手商品，甚至是赃物，价格相对低廉，因

① ［美］贺萧著：《天津工人，1900—1949》，许哲娜、任吉东译，天津：天津人民出版社，2016年，第11页。

此是工人阶层广泛接受的主要消费场所。

“无序”是天津工人生活方式给贺萧留下的第一印象。《天津游览志》是著名的方志学家张次溪根据多次来津的经历撰写的一部介绍天津城市景观和风土人情的志书，出版于 1936 年。其内容涵盖天津的历史沿革、古迹名胜、文化娱乐、宗教风俗、军政机关、水陆交通、住宿旅馆、工业金融等方方面面，被誉为“上个世纪三十年代天津的百科全书”，为了解和研究 20 世纪二三十年代天津社会文化提供了重要史料。[①] 贺萧通过对这部志书中相关资料的爬梳，向读者展示了一个嘈杂而混乱的消费市场和娱乐场所。

天津工人经常出入的消费娱乐场所主要有位于南市的“三不管”，中心车站附近的“小营市场”等。这里有品种丰富、生意火爆的地方特色食品小摊，有工人经常需要光顾以缓解资金方面燃眉之急的当铺，也有为工人带来短暂欢乐的表演活动，包括倍受欢迎的“拉洋片”、蹦蹦戏、大鼓、评书、时调以及充满性暗示的相声，催生了“雨来散”这样独具草根特色的表演空间和表演方式。与此同时，这里也充满了缺斤短两、小偷小摸、出售赃物、坑蒙拐骗等卑劣行径。

但是显然，“无序”并不是贺萧对天津工人认识的最终结论。贺萧希望在天津工人从农村家乡来到城市之后看似“无序”的生活方式中，探索天津工人是否具备工人阶级意识赖以生成的基础——“社区纽带和行为标准”。结果发现乡村出身与城市影响在工人阶级意识形成过程中发挥了几乎同等重要的作用。

为了更好地解答这两种因素的交替作用具体是如何发生的，如天津工人会在哪些特定的历史时间被动地受到这两种因素的影响或是主动运用这两种因素，贺萧从休闲娱乐、犯罪行为、风俗习惯等诸多层面，进一步追寻了天津工人强化自身与农村家乡联系的原因和方式，以及他们接受城市影响的渠道和途径。

戏曲表演是最受工人阶层欢迎的休闲娱乐活动之一。一方面，流

---

① 侯福志：《最早的〈天津游览志〉》，《天津日报》2010 年 8 月 8 日，第 5 版。

行于天津娱乐场所的多种地方戏曲，成为来自相应籍贯的工人寄托乡情、化解乡愁的工具以及强化自身对家乡的认同和联系的重要纽带：

> 来自河南、思念家乡的农民可以听到河南坠子；山东人则可以听到梨花片。……乐亭大鼓来自河北东部的乐亭县……北平来的工人特别喜欢听单弦……而绝大多数工人以前是河北农村的农民，喜欢“蹦蹦戏”。①

另一方面，戏曲剧种的地域来源和受众籍贯的多样性，是城市生活有别于农村生活的重要特征，对于城市工人阶层的形成产生了重要影响。对于那些来自其他地方的工人，其他地域的戏曲是他们接触和接受家乡以外的文化元素，形成超越于家乡的思维方式的一个重要契机：“在‘三不管’的苇棚中，各种戏剧曲艺爱好者聚集在一起，听着来自其他省县的民间艺术的表演。”②

贺萧对戏曲来源地域的多样性在工人阶级意识形成过程中所发挥的功能进行了辩证的分析之后，进一步阐述了戏曲内容与工人文化的关系。

戏曲中与乡村生活相关的内容，为天津工人提供了继续与农村家乡保持情感上紧密联系的纽带：“大鼓艺人表演的曲目尤其注重农村移民所熟悉的主题……还有一些则讲述乡下的故事。”这也充分展现了工人对天津城市文化有着不容忽视的影响，是城市文化中乡村元素的主要媒介和载体。

天津工人不仅是城市文化的消费者，也逐渐成为城市文化的创造者。对于“在城市环境下由天津工人用天津特有的方言和腔调创造”的本地娱乐表演如“时调”，贺萧从创作者和传唱者的行业进行了较为

---

① ［美］贺萧著：《天津工人，1900—1949》，许哲娜、任吉东译，天津：天津人民出版社，2016年，第254页。

② ［美］贺萧著：《天津工人，1900—1949》，许哲娜、任吉东译，天津：天津人民出版社，2016年，第255页。

详细的区分：如制鞋工匠创造的“靠山调”流行于其他手工工匠和搬运工人当中，此外还有人力车夫创造的“胶皮调”，还有“富于戏剧性的段子”，不但受到搬运工人的欢迎，还被当地艺人“挑选、提炼和表演”，得以成为固定的文艺节目，并在当地广为流行。这些都是城市生活融入天津工人情感体验乃至精神世界的文化产物。

在对工人休闲娱乐生活进行了趣味盎然的回顾之后，贺萧作出了一些沉重的暗示：“即使在休闲娱乐的时候，工人们也无法摆脱他们辛苦劳作背后那个严酷的世界。”[①]她还对消费群体的性别差异进行了初步分析，指出这些娱乐场所的消费者主要是未婚男性和把妻子留在农村家乡的男性工人，而出入此地的女性多数并不是消费者，而是茶馆里的表演者或者妓院里的性服务提供者。这些都为下一节对工人“无序”生活的进一步论述埋下了伏笔。

在贺萧的笔下，工人生活的“无序”不仅仅体现在喧闹而杂乱的市场和茶棚，更体现为“性、暴力和脆弱性”。因此，贺萧在第二部分论述的两个主题分别是天津娼妓的等级结构和工人犯罪的逻辑。

随着天津城市工业化速度的加快，日益扩大的产业工人群体成了继商人和城市驻兵之后第三个主要的性服务消费者。妓院为一些运气不好或没有社会关系帮助她们找到工厂工作的女性提供了就业机会。贺萧通过对天津志书中娼业史料的梳理，发现和其他消费场所存在社会等级区分一样，妓院在城市中的分布空间也有鲜明的社会等级差异。吸引男性工人的妓女主要聚集于天津城的西门外，这里年老色衰的土娼与城北高级妓女有着天壤之别。贺萧借助 20 世纪 30 年代天津社会局等机构对妓女行业的调查以及其他观察者的记录，再现了当时天津工人在性服务方面的消费情况以及对妓女的认知。尽管对棉纺织业的调查显示，很多男性工人在妓女的诱惑下把血汗钱花在了妓院，甚至染上了性病，但贺萧从工人的自述中发现大部分天津工人居民对妓女的看法与当时社会的主流认知有着微妙的差别，“虽然同

---

① ［美］贺萧著：《天津工人，1900—1949》，许哲娜、任吉东译，天津：天津人民出版社，2016 年，第 255 页。

样有羞耻、厌恶、好奇和幽默的成分，但都被一种道德规范所遮掩，即认为谈论这个话题是不得体的”。①

参加休闲娱乐活动为工人提供了与城市生活产生联系的机会，但也潜藏着发生冲突甚至引发犯罪的危险。

犯罪行为是日常生活中累积的矛盾和压力的爆发，而犯罪过程以及善后处理则反映了城市生活的明规则、潜规则，组织方式、关系网络，等等。工人的“每种犯罪都是对特定城市环境的一种反应，比其他的工人行为更能明显地显示出城市生活的压力”。② 贺萧通过《天津市社会局统计汇刊》和《南开统计周报》提供的数据比对发现，工人是城市犯罪活动的主体，工人在犯罪人数中的比例为40%，“远远高于他们在整个城市人口中所占的比例（大约6.8%）”。③ 这表明，工人在城市中可能承受了超过其他人群的生活压力。

报纸则为贺萧提供了工人犯罪的情节、动机、根源等更为细节化的情况。《益世报》是比利时裔天主教传教士雷鸣远1915年在天津创办的中文报纸。除了国内外时政新闻之外，社会新闻也是《益世报》非常重要的板块之一。对社会民众生活状况的报道占据了一定的篇幅，其中就包括城市工人的情况。在社会新闻中，容易引起读者好奇和关注并具有一定轰动效应的犯罪事件，又成为报纸青睐的报道对象。

根据贺萧的归类，工人的犯罪行为主要包括三种类型：一是“经济拮据导致的犯罪”，二是“激情犯罪”，三是“挫折与报复犯罪”④，反映了工人所承受的生活压力来自方方面面。经济上陷入绝境是工人犯罪的主要动机之一，情感犯罪使得性侵害对城市女工的威胁得以浮

① ［美］贺萧著：《天津工人，1900—1949》，许哲娜、任吉东译，天津：天津人民出版社，2016年，第258页。

② ［美］贺萧著：《天津工人，1900—1949》，许哲娜、任吉东译，天津：天津人民出版社，2016年，第261页。

③ ［美］贺萧著：《天津工人，1900—1949》，许哲娜、任吉东译，天津：天津人民出版社，2016年，第260页。

④ ［美］贺萧著：《天津工人，1900—1949》，许哲娜、任吉东译，天津：天津人民出版社，2016年，第261页。

现，挫折和报复犯罪则来源于“压抑的工作环境中郁积的怨恨”。① 工人在上工时或大街上的大规模的斗殴和冲突通常都是由小的口角或个人恩怨演变而来，而且很多都是针对同一阶层的成员。这反映了城市生活给工人带来的特殊影响，阶层的隔离使得工人失去了家族、朋友的保护，成为最容易遭受暴力袭击的脆弱群体。这就迫使工人建立起跨血缘、跨地缘的保护网络，而这种保护网络恰恰为城市工人阶级的形成奠定了重要基础。

工人在城市中延续农村家乡的风俗习惯，一方面为城市生活增添了新的元素，另一方面又与城市生活产生冲突。这种冲突往往会引发工人抗议活动，促使工人在运动中联合起来。乡村生活惯习对工人阶级形成起到助推作用，这表明乡村传统并不完全是工人城市化、现代化的障碍，相反有可能成为新型社会关系的孵化器。

贺萧通过对普通工人陈桂兰等人的访谈，获取了 20 世纪上半叶天津工人生活习俗的许多资料，包括岁时节日、婚丧嫁娶、生育习俗等。以往的研究通常都是从民俗学、人类学、社会学的角度解读民俗现象的文化内涵，更多地关注民俗现象作为一种社会认同的文化现象对社会各阶层的普遍意义。而贺萧则从工人阶级史的视角发掘这些民俗现象对于天津工人的独特意义。她认为民俗活动在天津工人阶级的形成过程中发挥着非常特别又非常重要的作用。

民俗文化在天津工人社会关系的维系和再生产过程中扮演着重要的角色。很多民俗活动实际上包含了对一个人应尽的社会义务和职责的规定，实际上是对其社会角色的定义，同时也就是对其在社会关系网络中所处位置的再次确认和定位。参加民俗活动，一方面可以强化与农村家乡的关系，另一方面又是在城市生活中发展新关系网络的机会。

贺萧认为，天津工人在一些重要的岁时节日期间无论是选择回到

---

① ［美］贺萧著：《天津工人，1900—1949》，许哲娜、任吉东译，天津：天津人民出版社，2016 年，第 263 页。

自己家乡,还是在城市里"再现乡下的习俗",都是确认自身与乡村联系的一种方式。天津女工陈桂兰向贺萧讲述了从媒人说亲到举行婚礼再到新娘回门的全过程,使贺萧认识到婚嫁习俗也是天津工人乡村社会关系网络得以延续的保证,因为像陈桂兰这样和家人已经在天津生活了七年多的人,仍然"和许多乡下来的人一样,她的父母还是依靠乡下的关系给自己的儿女找对象",而婆家也仍然按照乡村好媳妇的标准"吃苦耐劳和深居简出"来衡量陈桂兰。[①]

这种与乡村社会有着紧密联系的民俗活动,一方面对天津工人在城市中缔造新的社会关系提供了很大帮助。共同的乡村习俗为天津工人在城市中实现身份认同、"重建乡村社会关系网络"提供了坚固的基础,也为天津工人增强与工头和盟兄弟之间建立的新关系提供了恰当的机会。在第六章,贺萧提到天津工人会根据不同的需要结成各种盟兄弟关系,盟兄弟除了一起玩耍一起喝酒,还有在红白事时彼此走动的义务,这对于强化他们互助和互相保护的关系起了重要的作用。

另一方面,又会对工人与工厂主之间的阶级关系产生一定的冲击。天津工人所坚持的乡村习俗与城市生活之间发生的冲突,常常演变成为一种阶级冲突。当工人们"争取能按照乡村的风俗习惯过节日的权利和方式"的要求得不到满足时,就会"在工作场所采取明显的和有组织的方式发泄不满的"。[②]

虽然贺萧没有对这个问题展开更加详尽的讨论,却为我们了解工人抗议活动的发生规律提供了重要线索和合理解释,即重大节日往往是工人抗议活动的高发期。通过查阅工人运动大事记可以发现,1946、1947 两年内接连发生与节赏争议有关的工人抗议活动。如 1946 年 5 月 14 日,天津东亚毛呢纺织厂工人因厂主拒绝阴历五月节发节赏等要求全厂怠工;同年 9 月 5 日至 9 日,仅仅在 5 日一天之内就

① [美] 贺萧著:《天津工人,1900—1949》,许哲娜、任吉东译,天津: 天津人民出版社,2016 年,第 271 页。

② [美] 贺萧著:《天津工人,1900—1949》,许哲娜、任吉东译,天津: 天津人民出版社,2016 年,第 278 页。

爆发了多起要求节赏的抗议活动，包括天津中纺二厂、中纺七厂工人要求中秋节发放双薪，天津渤海造纸厂工人罢工要求发放中秋节赏和增加工资，随后引发了多日的抗议活动；6日，天津恒源纺织厂罢工抗议厂方不发节赏和双薪；7日，中纺三厂筹划罢工要求节赏被阻挠；9日，资源委员会天津化学工业有限公司将五千元中秋节赏改为借支形式，从工资中扣除，引发全厂罢工。为此，天津市政府不得不召开"防止工潮紧急会议"，提出应对措施，但仍未阻止天津东亚毛纺厂工人继续举行旨在提高节赏的抗议活动。1947年6月1日至2日，两天内接连爆发天津中纺六厂、三厂、五厂和七厂要求厂方五月节发放一袋面粉的罢工活动。①

这充分印证了贺萧从工人生活惯习去阐释工人抗议行为模式的研究路径具有较强的解释力。

综上所述，《大鼓书与鬼市：工人阶层的生活方式》一章再次充分展示了贺萧所提出的问题的复杂性。乡村旧纽带与城市新生活究竟在工人阶级形成过程中发挥了怎样的作用？她从工人休闲娱乐生活的角度，提供了较为中肯的答案。在工人暴力冲突和犯罪行为中，与乡村生活模式过分紧密的联系暴露出的是不利之处："流动性、短期性和农村保守性可能使工人们更不适应城市条件，因此其战斗力也较弱"。② 在风俗习惯引发的冲突中，显示的则是乡村纽带对工人战斗意识的凝聚和引导作用，印证了如果乡村联系网络被带进工厂并加以重塑以适应新的生存策略，乡村纽带的持续也能增加战斗性。

城市生活的疏离性对工人的社会关系网络产生极大冲击，造成工人与其他阶层相互隔绝，但也迫使工人行为模式和组织形式的调整，即"以家乡不可能采用的也没有必要的方式"来寻求保护。③ 城市生

---

① 天津市总工会工运史研究室、天津社会科学院历史研究所编：《新民主主义革命时期天津工人运动记事》，天津社会科学丛刊编辑部，时间不详，第241—261页。

② ［美］贺萧著：《天津工人，1900—1949》，许哲娜、任吉东译，天津：天津人民出版社，2016年，第11页。

③ ［美］贺萧著：《天津工人，1900—1949》，许哲娜、任吉东译，天津：天津人民出版社，2016年，第245页。

活的公共性为工人打破地缘、血缘藩篱，产生新的交往方式和身份认同，提供了重要的土壤。

三、贺萧研究的学术影响与示范意义

综上所言，《天津工人》为新劳工史研究作出了一个成功的示范，为近代中国劳工研究开辟了一种全新的研究视角和方向。她把天津工人阶级“从单数变为复数”，对于行业、性别等诸多差异给予了充分关注，也为后来者留下了许多重要的提示和继续研究的空间。

譬如，贺萧对于天津女工的研究设想，随着资料的整理开放，由她的追随者得以实现，涌现出了一批相关的学术成果，如成淑君的《近代天津下层妇女就业的特点及其影响》[①]，王丽丽的《民国时期天津工厂女工研究》[②]等。特别是宣朝庆等学者对天津、上海女工在时代处境中的身份认同研究，不但将工人阶级形成过程中的性别差异问题研究推向深入，揭示了女工的“群体表现构造出不同于男工群体的社会运动特征”，更重要的是在一定程度上突破了贺萧、韩起澜等学者的社会结构论研究范式，即由“从社会结构的视角观察社会行动”的外部视角转向发掘工人“个体与社会之间的互动”基础上形成的主观认同，进一步强调了工人的主体性地位，为继汤普森之后劳工研究的新进展——解构主义和后结构主义的研究取向提供了一项重要的实证支撑。[③]

但值得注意的是，尽管贺萧、韩起澜等学者的研究取向成为解构的对象，但生活史的观察角度和方法仍是新一代劳工研究的重要研究视角和手段。贺萧、韩起澜等学者着重关注的生活经历、工作环境和亲缘关系等问题，仍构成了新一代劳工研究者的阐释框架。宣朝庆等学者认为，女工为应对国家、男权社会、经济霸权和传统社会等多重压

① 成淑君：《近代天津下层妇女就业的特点及其影响》，《城市史研究》第26辑，天津：天津社会科学院出版社，2010年。

② 王丽丽：《民国时期天津工厂女工研究》，河北大学2010年硕士论文。

③ 宣朝庆、司文晶：《工厂女工的身份认同与策略实践——基于1919—1936年津沪两地的分析》，《山东社会科学》2015年第4期。

力，以及适应从传统女性到现代工人的身份转型，在日常生活中逐渐发展出来的应对策略，即分离、联接和制衡策略，是其身份认同的重要基础。工作环境的艰辛是决定其分离策略的重要因素。亲缘关系为其联结策略提供了重要的社会基础等。[①] 此后宣朝庆等学者将女工研究进一步提升到国民意识层面的探讨中，但日常生活作为家国矛盾以及身份认同张力的场域仍是主要的出发点。婚姻自由、性骚扰等被贺萧关注过的女工困境，都仍是新一代劳工研究必须加以阐释的问题。[②]

这也是为什么当笔者接到《天津工人》的翻译任务时，距离该书英文版正式出版已经过去了将近三十年时间。无论是海外还是中国大陆，学术界的整体面貌从人员构成、意识形态、理论焦点、研究路径甚至资料构成以及查找方法都已经发生了翻天覆地的变化的情况下，该书仍具有较高的学术价值和示范意义，仍能给研究者以启发。最重要的原因之一恐怕就在于，从生活史视角出发的研究往往都具有更为坚实的可靠性。

日常生活才是历史的本质，这是因为在日常生活的逻辑中隐含着历史演变的逻辑。日常生活才是历史的推动力，看似一成不变的日常生活往往是巨大历史变革的孵化器，这是因为日常生活中的利益诉求才是最稳定、最持久的社会驱动力。日常生活的偶然性和不可捉摸性，铸就了历史的多样性和不可预见性。贺萧在生活史视角下观察到的天津工人“碎片化”“分裂性”的成长变化过程，印证了她为中文版撰写序言时再次强调的“阶级与阶级觉悟出现和变化的不规则性以及不可预测性”。时隔三十年的再度强调，也恰恰说明了生活史研究视角的长期有效性。

自下而上是较为有效地认识日常生活的一种视角。贺萧是较早将“自下而上”视角运用于近代中国历史领域的研究者之一。此后对

① 宣朝庆、司文晶：《工厂女工的身份认同与策略实践——基于1919—1936年津沪两地的分析》。

② 宣朝庆、司文晶：《国民意识建构的社会逻辑与张力——以民国时期的女工群体为例》，《学术研究》2017年第1期。

学界产生了较大影响的城市生活史著作，如卢汉超的《霓虹灯外——20世纪日常生活中的上海》①、王笛的《茶馆：成都的公共生活和微观世界(1900—1950)》②等，都是成功实践了"自下而上"研究范式的产物。

而口述访谈作为资料搜集重要方法之一，是"自下而上"研究思路和视角得以落实的重要途径。口述资料的大量运用是《天津工人》全书的一个重要特色，这与当时搜集资料的条件和方式有一定的关联。

贺萧第一次来中国的时候，中国大陆学术界正处于研究体制和秩序逐步全面恢复的特殊时期。虽然这为她的研究提供了尽可能多的方便，特别在资料方面提供了许多宝贵的一手文献，为《天津工人》的写作奠定了坚实的资料基础，但由于资料建设条件等方面的限制，使得该书仍存在不少遗憾。譬如，档案在今天已然成为近代中国历史研究不可或缺的资料来源之一，然而由于20世纪80年代初大批档案资料尚未整理开放，这使得本书的资料来源缺失了一个重要环节。然而与此同时，在那个年代却也存在着一个今天无法比拟的便利条件，那就是贺萧研究时段(1900—1949)内工厂生活以及工人运动亲历者当时还有不少人在世，为贺萧提供了许多口述访谈的机会。

事实上，由于天津是重要的工业城市，早在20世纪五六十年代，天津市有关部门就开展过对1949年以前工人生活的社会调查工作，因此保存了大量的口述访谈记录，为后来的劳工史研究提供了生动的研究素材，如南开大学史迹调查队三条石早期工业资料调查组对三条石地区的工厂主和工人都进行了访谈调查。保存在调查资料中的口述记录成为《天津工人》第四章《飞铁走鋈：三条石工人》的重要资料基础。

除了对这些口述访谈记录加以利用，贺萧还进一步扩大了访谈的对象和主题，收集了更多的口述资料作为研究素材。类型多元化的访

① 卢汉超：《霓虹灯外——20世纪日常生活中的上海》，上海：上海古籍出版社，2004年。

② 王笛：《茶馆：成都的公共生活和微观世界(1900—1950)》，北京：社会科学文献出版社，2010年。

谈对象，为作者和读者更加全面和客观地认识天津工人阶级的生活背景提供了更加多元的视角。

一是社会名流或知识精英，如亲历和见证了20世纪中国社会变迁，1957年加入中国籍的波兰裔国际著名记者爱泼斯坦。他根据自己在天津的童年回忆和对华北社会的观察，向贺萧提供了天津工人工作情形及其社会背景方面的情况，如天津城市空间的重要组成部分——租界中侨民的生活情况，天津移民来源之一——难民的生存境遇，脚行工人可能遭遇的生命危险，天津棉纺厂工人给人留下的鲜明的外观印象等，甚至还有秘密社会组织天津青帮的情况。爱泼斯坦还为贺萧所关注的天津女工数量为何远远少于江南地区的问题给出了自己的解释。

贺萧在英文序言中称赞天津史专家李世瑜是“天津风俗方面无所不知的‘万事通’”。李世瑜和贺萧分享了对天津地理环境具有重大意义的最新发现——古贝壳堤，并向她描述了天津工人饮食结构和种类的具体情况。作为华北秘密宗教研究奠基人并且曾经冒着极大风险深入教门组织卧底的研究者，李世瑜是对天津秘密教门内幕了解最全面、最深入的知情人，而这些都是文字资料鲜有记载的，因此他也是贺萧关于天津工人与帮会组织、秘密教门关系研究中最重要的资料提供者。比如在《大鼓书与鬼市：工人阶层的生活方式》一章，李世瑜向贺萧解释了天津工人经常出入的消费娱乐场所——南市中各种暗语的含义。

二是工人运动的组织发动者和工会干部，如解放战争期间的中共地下党员左建，原纱厂工人、总工会干部孙少华，原毛纺厂工人、总工会干部杨春等，向贺萧讲述了在工厂里建立中共网络、秘密联络和发动工人的途径和方式，展现了工人斗争的复杂性。

三是在1949年以前从事过经营活动的工厂主，如马云龙讲述了金聚成，一个典型的三条石企业，在动荡不安的政治环境中跌宕起伏的发展历程，使得读者对更加充分地理解了贺萧的核心学术思想——正是不确定性的政治经济环境导致了天津工人阶级形成模式的不可预测性。

四是普通的工厂工人，如先后在纱厂和地毯厂工作过的女工陈桂兰，铁厂工人陈义和、纪凯林等。他们为贺萧了解工人的生活、惯习乃至思维意识提供了极为丰富甚至是隐秘的细节，使得她将研究视角“转向工人阶级自身”成为可能。

首先，以口述资料弥补书面文献多限于记录重大历史事件的缺陷，补充了衣食住行、家庭结构、家庭生活、公共卫生与健康、婚丧礼仪、节日风俗等诸多资料，全方位展现了 1949 年以前天津工人日常生活的历史场景，特别是他们与秘密教门、帮会组织的关系。

其次，通过对日常生活的“深究”，使城市的“隐痛”得以浮现。出于禁忌、羞愧等种种社会心理或文化传统方面的原因，很多城市“隐痛”通常遭遇到文字、文书有意或无意的回避、忽视和遗漏。贺萧在《天津工人》中探讨的诸多问题就触及了近现代历史上在天津这座曾被誉为“小上海”的繁华城市中挣扎在“霓虹灯外”的下层社会种种不为人知的痛楚：女工相较于男工而言，不但遭遇与男工相同的困难以及在薪酬方面低于男工的不公平待遇，更要面临另一种难以启齿的压力——性暴力，其中包括男工的性骚扰以及工头作为惩罚措施的性虐待；近代天津纱厂普遍存在由工头把持招工、培训、分配工种以及执行工厂纪律的“潜规则”，因此工人在求职以及工作过程中不得不忍受工头的欺凌与盘剥。另一方面，天津工人又在工头的默许或配合下，通过“泡蘑菇”（消极怠工）反抗恶劣的工作条件，通过偷盗原料或产品等方式来抗议并弥补过低的薪水，等等。正是由于有了口述访谈的资料支持，才得以对这些涉及禁忌、隐秘的话题进行充分揭示与深入探讨，也使研究者和读者得以窥见一个超乎想象的惊心动魄却一直以来鲜为人知的近代天津工人生活世界。

最后，口述资料的介入为城市劳工史研究视角的真正转向提供了“必需条件”，使得研究者在转向从“民众”立场出发思考问题的过程中，逐渐意识到“下层”民众及其所承载的乡土传统并非“现代化”进程中注定被摒弃的落后事物，相反其中可能包含着有助于促进“现代

化”的积极因素，甚至可以作为“孵化”具有现代特征的社会关系和文化的重要基础。口述访谈中工人对结盟关系的亲口描述，使得贺萧认识到，20 世纪上半叶的城市工人正是借助“血缘关系、地域网络与帮会关系的交集”等传统方式来建立自我保护的社会“联盟”以及增强阶级战斗性，这对传统城市劳工史以“建立在共同工作经历而非籍贯或家族地位基础上的新关系”作为衡量工人阶级觉悟标准的观点是一个修正。

可以说，贺萧正是通过开拓新的研究视角，运用新的研究方法和发掘新的资料来源，对天津工人阶级形成了新的认识，并把天津工人研究乃至中国劳工研究推向了一个新的阶段。

图书在版编目（CIP）数据

中国城市社会史名篇精读 / 常建华主编. — 上海:上海教育出版社,2020.8
ISBN 978-7-5444-9891-3

Ⅰ. ①中… Ⅱ. ①常… Ⅲ. ①城市 - 社会发展史 - 中国 - 文集
Ⅳ. ①K928.5-53

中国版本图书馆CIP数据核字(2020)第130341号

责任编辑　董龙凯
封面设计　陆　弦

中国城市社会史名篇精读
常建华　主编

出版发行　上海教育出版社有限公司
官　　网　www.seph.com.cn
地　　址　上海市永福路123号
邮　　编　200031
印　　刷　上海展强印刷有限公司
开　　本　700×1000　1/16　印张 17.5　插页 1
字　　数　235 千字
版　　次　2020年8月第1版
印　　次　2020年8月第1次印刷
书　　号　ISBN 978-7-5444-9891-3/C·0031
定　　价　59.00 元

如发现质量问题，读者可向本社调换　电话：021-64377165